管理九章

提升效率的常识

胡卫东 著

WHAT IS MANAGEMENT

The Common Sense of Improving Efficiency

中国人民大学出版社
·北京·

序言 FOREWORD

管理工作终归要基于常识

做企业的实践中，每个人都有自己闪光的思想，我对战略、管理的思考也一直没有停止过。1993年创办嘉德拍卖，1996年创办泰康人寿，嘉德也好，泰康也好，20多年来一直坚持走市场化、专业化、规范化、国际化的道路。这四化成为我管理企业的信条。

一

在我创办泰康的第二年1997年，亚洲金融危机爆发，这次危机对政府、企业和企业家都产生了深刻影响，使三者发生了巨大的带有积极意义的变化：政府从参与市场竞争到回归裁判的位置；企业从粗放扩张、多元化到集约化、专业化经营,并引入现代企业制度和治理结构;企业家从经营思想浮躁到经营思想沉稳,出现职业经理人概念。在这样的时代背景和市场环境下,我通过判断未来中国寿险业的发展趋势,给泰康定下了走"市场化、专业化、规范化、国际化"的发展道路。

多年来,我坚定地奉行专业化。我对专业化有宗教般的顶礼膜拜感,我是用一种虔诚的宗教心态来对待专业化。因为中国早期的民营企业都是走多元化道路,最终特别持续稳健的比较少;而从西方企业历史来看,专业化公司做成百年老店的成功概率是最高的。

关于市场化,我有一句话,叫"做市场的好学生",即对市场要敬畏,对专业要有一种宗教般的膜拜。我曾经总结泰康的发展是"因时而生""因市而兴""因势而变",这里的"时、市、势"指的就是每一个战略机遇期。如果一个企业能时时站在时代的风口,根据市场情况不断创新,就能实现跨越式发展,这也就是我把市场化排在第一位的原因。

规范化和国际化是很多企业家都提倡的。如果说企业的速度是发展问题,规范就是生存问题。国际化的核心,就是与国际惯例接轨,也是实现专业化的捷径。

二

当然,强大管理的核心还有更重要的。自创立泰康起,我就把与西方企业的交流和合作视为改善企业治理结构的契机,致力于改善企业治理结构。泰康是中国金融领域率先在董事会层面引入独立董事、首家设立首席执行官(CEO)的企业。

改善企业治理结构，实际上就是建立现代企业框架性法制化的结构，它是关系一个企业长久永续经营的重大问题。第一，要把决策权力的中心建立在一个真正高效率、专家型的董事会基础之上。第二，要引进独立董事制度，聘请一两位社会上著名的企业管理专家、经济学家或者跨国企业著名的高层管理者为独立董事。独立董事代表企业的利益，敢于直言，敢于对企业进行公正的评判。第三，要全面实行CEO制度，建立一个行政管理委员会。第四，要全面实行高层管理者持股计划、期权计划。第五，要用市场定价人才，用市场价格吸引人才。"从摇篮到天堂"是一句话，泰康却通过模仿和创新，把它变成一种战略性的商业模式，把虚拟的金融和现实的养老、医疗对接起来。八年前，我们考察了美国、日本的养老社区，一位百岁老人的快乐开朗感染了所有人，我们想让中国老人改变对生命的态度。于是，我们将人寿保险与养老社区、医疗服务嫁接起来。从产业链来看，养老社区向上衔接医疗保险、护理保险和养老保险等产品，推动保险产品的创新，同时带动下游的老年医学、护理服务、老年科技产品等产业，能够极大地延伸和扩展寿险产业链，同时有效整合关联产业。这是泰康的战略，也是世界上最伟大的商业模式、最伟大的创新之一。

三

在我看来，真的用心做企业的企业家，并不是为了赚钱而来，更重要的是，他矢志不渝地追求各种模式的创新：商业模式、产权模式、治理模式等。《管理九章》一书也谈到，战略性商业模式、激励性产权模式、制衡性治理模式，是管理的三大主要任务。这本书的可贵之处，就是从纷杂的管理丛林中理清了管理的常识。企业管理回归常识，才能真正地把企业做强做大。企业竞争环境越来越复杂，纷杂的现象和零乱的信息都在不断干扰企业的发展，我们在做出重大决策时经常不忘这些最基本的"常识"，正是本书的意义所在。

泰康人寿保险公司董事长兼 CEO
陈东升

前言 PREFACE

新商业时代的管理常识

我曾在原电子部直属机构工作 20 年，担任过中层、高层管理者。进入 21 世纪后，开始以企业研究咨询为职业，2006 年起担任海南省管理现代化研究会会长。在日常工作中，我亲身经历了国有企业改革 30 年，目睹并参与了民企的迅猛发展，担任了一些民企的顾问，还参与了这个时代对很多所谓最前沿管理理论的讨论，为金融贸易、工业制造、旅游服务、学校医院等行业几万名管理者主讲了管理培训课程，接受了国企管理者、民企创业者的咨询。我作为海南蓝海沙龙的创始人，在长达 50 多期的沙龙中与众多管理学者、企业家对许多具有重大突破意义的新管理思想进行对话与讨论。毫无疑问，这种特殊的经历，使我对管理的认识逐步深化：管理是有成本的，既不能过度，也不能不及；管理必须回归本质和常识，不能把管理泛化；管理是以效率为目标的学问，不是简单的心理学和伦理学的延伸；管理正成为新时代企业发展的新动力；等等。

中国历经了30多年的经济高速发展，以资源消耗和政策红利为特征的企业发展模式正面临新的挑战。有效配置资源是管理的基本职责之一，提高要素资源的有效性是管理的本质。正是从这一本质的认知出发，本书高度关注商业模式的战略性、产权模式的激励性、治理模式的制衡性。这三大问题是资源配置的基本任务。只有有效应对各种变化，更准确地把握在互联网技术支撑下战略执行、产权设置和体制安排的新变化，才能在资源越来越稀缺的情况下，提高管理对企业发展的贡献率。本书所要讨论的，正是这些具有新意的管理任务、经历了时间检验的常识性管理职能和核心的管理思想。

自本书开始构思以来，中国的经济状况和企业状况发生了很多变化。21世纪第一个10年中，经济繁荣、高涨的同时也有令人痛苦的世界性金融危机。经济高速增长时期，一些企业野蛮式生长，领导者信心满满；而在成本越来越高、盈利空间越来越窄的年代，他们陷入困惑迷惘之中，开始失去往日的自信。在经济高速增长时期，所有的成果都可归结为管理有道，总能总结出许多光鲜的管理口号。可现在，不但盈利越来越少，甚至出现了不同程度的亏损，至此才明白管理居然还存在这么多常识性问题。这正是本书写作的缘由之一。

管理学是一门发展中的学科。它的源头可以追溯到19世纪中期，正式作为一门学科却只有100多年的时间。过去几十年来，管理学发掘出了自己真正的优势，将复杂、专业的知识转化成具体的操作体系。尤其在中国，管理学正在成为一门显学，日益受到广泛的重视，中式管理和西式管理的冲突不断引发争论。作为一名管理学的实践者和研究者，我有机会身处信息化全面推进的关键时期，有责任站在管理学科发展的前沿来破解真谛，正本清源。我的使命就是帮助更广泛的群体，包括正在从事具体工作的管理者和专业人士，把握管理本质，回归管理常识。

本书首先是为管理者写的，同时也是写给大众的。之所以如此，是因为今天的中国正在进入一个由管理组成的社会，管理者在企业中的责任不用怀疑，大众的管理意识和管理素养自然成为企业发展的软件和不可或缺的要素。不论是否明确意识到这一点，我们每个人都与管理有着千丝万缕的联系，特别是在互联网时代，每个人都是管理者，都希望在管理上表现得好一些。如果想在自己参与、支持、投资或者创立的企业中有更好的绩效和成果，必须弄清什么是管理，哪些关键因素影响着企业从而成为管理的主要事项，如何做计划，如何设计组织，如何实施领导，如何进行控制。特别需要将管理学运用到具体的工作之中。

管理是人类与生俱来的行为。无论在什么情况下，只要有需求和供给行为存在，我们就需要管理，特别是当供给超过需求时，管理甚至成为一种刚性行为。或者说只要我们参与了工作或者社会活动，就需要管理。在当今社会，要干得好一些，甚至做些有绩效的事，就需要我们像管理者那样进行思考，即使我们并非管理者。

刚刚步入管理领域的读者，将会从本书中发现基本的管理逻辑。本书首先回答了什么是管理，介绍了管理学产生和演化的脉络，紧紧围绕管理的本质——有效性这一非常重要的管理学思想展开讨论，运用了大量实例引发大家思考和联想。如果大家感觉书中引用的故事非常有趣，系统地把握了管理的三大主要任务（战略性商业模式、激励性产权模式和制衡性治理模式）以及四大基本管理方式（计划、组织、领导和控制）的本义，那么，本书将会逐步让你领略管理多变的特征和魅力。你会体会到规则约束的艺术性管理内核，可以进一步理解管理事务和管理者本身。

有着较多管理实践的读者，将会经受许多新管理观的冲击。本书着眼于管理解决问题的价值本性，提供了一系列重要管理思想与实践相结合的概念，比如计划必须做到目标与资源统一，组织必须做到责任与权利统一，领导必须强调原则性与灵活性统一，控制务必做到执行与结果统一。上述观点正是管理的难题和困惑，这些概念和其他很多思想共同构成了本书的核心。我们尝试用一种新思路来解释上述概念，以帮助读者在相当广泛的管理和专业工作领域运用，使本书成为一部无须请教别人就可以使用的管理手册。

管理专家也将从本书中获得新感受。本书中的一些观点或许不能让你心悦诚服，比如，管理主要是管事，重点是通过组织指导员工把事做好、做出绩效。许多专家都认为管理就是管人，理由是管理者是人，管理的对象也是人。本书的一些观点你或许不能接受，但可以帮你启迪思维，开阔视野，对于管理这门综合性学科的内涵与外延边界形成更加清晰简明的认知。我们的目的就是把对管理实践深度思考所形成的新认识告诉大家，以期引起讨论。信息化时代，制约管理的信息不对称现象正在发生改变，但是管理的本质和常识并没有变化，坚持效率目标、探寻新的管理方式，是管理界的使命。本书虽然讨论的是管理基础知识，但这些知识并不总是显而易见的。

是为序。

胡卫东

第一部分　管理演进的启示

第一章
管理是为了提高效率

泰勒的效率思想　　　　　　003
亨利·福特的效率观　　　　　007
效率从哪里来　　　　　　　011
丰田的管理奥秘　　　　　　014
中国学不会丰田　　　　　　018
管理的迷失　　　　　　　　022
哪些因素影响效率　　　　　025
如何理解管理　　　　　　　028
海底捞的管理智慧　　　　　032

第二章
信息化：管理如何变革

信息时代在裂变　　　　　　037

管理面对的十大新挑战	042
百年管理变革在延续	046
信息时代的管理变革机会	049
聚焦效率目标	053
从大处着眼	056
海尔在行动	060
管理变革大趋势	065

第二部分　管理的三大主要任务

第三章
商业模式：必须具有战略性

商业模式的力量	073
构建战略性商业模式	077
将战略转化为行动	081
中小企业更需要商业模式	086
盈利、持续盈利	090
确保整体利益最大化	093
以养老项目为例看商业模式	097
创造控制产业链的关键能力	100
以客户价值为中心	103
运用战略思维指引	107

第四章
产权模式：必须具有激励性

影响效率的资源因素	113
企业体制的基石	117

对人力资本的产权激励　121
产权结构模式的多种化　124
产权必须明确界定　130
适时优化产权结构　134
股权方案的激励原则　137
股票增值权与员工持股　140
股票期权与混合股权　144
高盛的合伙人制度　147

第五章
治理模式：必须具有制衡性

万科控制权之争　153
股东与管理层分权　157
互相约束就是制衡　161
生命周期制约治理模式　165
家族企业治理策略　169
国有企业治理的典范　173
上市公司治理新动向　176
民营企业淡化家族治理　179
众筹公司治理基本原则　183
创始人如何避免被扫地出门　187

第三部分　四大基本管理方式

第六章
计划：目标与资源的统一

管理从计划开始　193
决策就是选择计划　197

让计划驾驭变化	200
目标是计划的灵魂	203
目标必须清楚简单	207
将目标转化为计划	211
计划是寻找资源的行动	215
要善于整合资源	218
从预测开始	221
以价值主张为准则	226

第七章
组织：责任与权利的统一

组织的能量	231
发挥集聚效应	235
必须贡献绩效	239
始终盯着目标	243
组织结构要为经营服务	247
企业文化须以绩效为导向	251
鼓励全员全力以赴	255
机构越简化越好	259
精准划分部门和职权	263
要保持扁平迅速	266

第八章
领导：原则性与灵活性的统一

服务是领导的核心	271
领导是管理行为的转型	275
管理者向领导者转换	279

牛根生的领导力	283
领导力来自影响力	286
培育领导影响力	290
郭士纳的原则性领导	293
一般的领导原则	297
原则性领导修炼	300
领导者要专心经营公司	304

第九章
控制：执行与结果的统一

执行力就是控制力	309
不能随心所欲	313
控制风险就是消灭死亡	317
四大控制模式	321
树立明确的结果意识	324
严守标准不断纠偏	327
麦当劳的控制系统	330
着眼于整个企业控制成本	336
有效控制财务隐患	339
企业集团如何控制	342
结语	346
后记	347

WHAT IS MANAGEMENT
The Common Sense of Improving Efficiency

第一部分
管理演进的启示

管理学是人类历史上最伟大的发现之一，真正进入中国却只有短短30余年时间。管理学在100多年的演进过程中，从与人类共生的一般行为逐步演化成专门的学问，始终与资源稀缺程度以及人类配置资源的能力密切相关。管理学以人性的假设为主线，不断探索以较少投入获得较多收益的方式。在第一部分，我们将通过一些中外企业的成功或失败经历，从源头上探讨管理的核心概念，目的就是简明地表达一些复杂的管理思想。我们将要介绍管理是如何演变的，以及一些管理思想的相互关联。在这一过程中最大的启示是：管理的本质就是追求效率，没有效率就没有管理存在的价值基础。

第一章
管理是为了提高效率

无论从实践还是理论的角度，管理所要面对的关键问题都是效率。当前，我们面临资源越来越稀缺、商品越来越丰富的现实。资源的稀缺将不断推升企业的成本，商品的丰富将不断降低企业的利润。为了提高资源的有效性和商品的竞争力，管理的唯一目的就是提高效率。

泰勒的效率思想

管理学诞生的时刻有一个令人难忘的意象：美国人泰勒手拿跑表，对一个名叫施米特的铲装工人的操作进行分解试验。泰勒对施米特的每一个操作细节都作了具体规定，如铲的大小、铲斗重量、堆码、铲装重量、走动距离、手臂摆弧及其他操作内容。他使用一只跑表对所有操作动作进行了细致、准确的测量，通过对无效部分的去除和对技术的改进，使施米特的劳动生产率由每天 12 长吨增至 47.5 长吨。

工程师出生的泰勒特别关注企业效率问题。在工作过程中员工的磨洋工使他头痛，如何提升企业效率成为他不断思考的问题，比如公司定额如何确定，单位小时可以产出多少产量，对每一个劳动者的劳动如何计价，如何实行计件工资制等。随着思考的不断深入，泰勒开始了实证研究，他根据效率动力原则，围绕一个完全工件来分析：所需要的动作中哪些是必要的、哪些是不必要的；如何将无效的动作省掉，保留有效的动作；在一个工件制作中，到底有多少有效动作，每个动作需要花费多少时间。通过有效动作的连接，完成一个工件所需要的时间是其效率的基础。泰勒的研究开创了企业管理的先河，这种研究显然是以提升企业效率为目的的。

泰勒用了近 30 年的时间完成了其主要著作《科学管理原理》。泰勒在书中系统地提出了科学管理的基本思想、基本内容以及具体方法。在科学管理的基本思想方面，泰勒提出了专业分工、标准化、最优化等管理思想。在科学管理的基本内容方面，泰勒对企业作业管理、组织管理等进行了全面阐述，包括对工人进行挑选和培训、确定标准作业条件、明确规定作业量、建立激励性的差别工资报酬制度。在管理科学的方法方面，泰勒提出了定额管理、差别计件工资制、挑选并合理使用第一流工人以及如何进行标准管理的一系列具体的步骤与方法。

泰勒立足于当时美国资源浪费严重、劳动生产率低下的事实，着眼于企业的基层管理，提出了科学管理原理。他认为，企业管理的主要目的是使劳资双方都得到最大限度的利益，而实现这一目的的方式只能是提高劳动生产率，即每个工人都下定决心每天努力完成尽可能多的工作。然而，事实上绝大多数工人却反其道而行之。泰勒认为，导致这一情况的原因有三个：一是工人中普遍流行一种谬见，认为如果他们全速工作，就会使大量工人失业，从而对整个行业造成巨大伤害；二是当时通行的管理体制缺陷甚多，以致怠工和磨洋工成了工人为保护自身最大利益而必须采取的一种防卫手段；三是凭效率低下的经验法则行事，这是当时各行各业中普遍存在的问题，由于这种做法，工人浪费了很大一部分努力。

泰勒认为，必须采用科学管理来代替传统的经验法则。泰勒的科学管理思想建立在劳资双方利益一致的基础之上，他要求企业的每个成员充分发挥最高的效率，争取最高的产量，实现最大的利益。这既阐明了科学管理的内涵，又综合反映了泰勒科学管理的思想。泰勒的科学管理演示了工作要素的可辨识性和可重复性，他声称："我们不要求工作的人有什么主动性，我们不需要什么主动性。我们要求他们只是服从我们给他们的命令，干我们要他们干的活，而且要尽快干好。"尤其是他赤裸裸地向工人宣讲："我雇你们来是为了利用你们的体力和操纵机器的能力。至于头脑，我们另外雇了人。"泰勒科学管理思想的本质是：企业高层经理对于下属的工作要实施绝对控制。这一思想从某种意义上说符合那个时代的要求，20世纪早期的美国劳工绝大多数未接受过教育，不善于表达自己，也对工厂体系不习惯，对他们来说，严格规定的工作步骤是切实有用的。

提高生产效率是泰勒科学管理思想的出发点和归宿。泰勒认为，生产效率的巨大增长是文明国家与不文明国家的区别，是人类社会巨大进步的标志。任何一种阻碍劳动效率提高的行为，都是不道德的行为。提高劳动效率对劳资双方都有利，它可以增大盈余，保证双方"最大限度的富裕"。他的计件工资制、各种管理原则和规范、所设计的职能组织结构、所进行的科学研究和实验，以及各种发明，无一不是提高效率的具体措施。在他看来，管理的根本目的就是提高效率。整个工业史就是一部效率史，任何提高效率的措施，无论遇到多大阻力，最终都会胜利。

泰勒的效率方法是将操作分为最基本的机械元素并进行分解，而后再将它们最有效地组合。泰勒一直是人本主义者憎恨的对象，他们指责他的科学管理方法将工作"非人化"，并把管理变成了简单的衡量。但自从20世纪泰勒的管理思想在企业中扎根，人类对于高效率的胃口似乎就再难餍足。泰勒的跑表—时间—动作研究、坚信任何工作场所的任何操作活动都只有"唯一最佳方式"的执着，所有这一切彻底改变了员工和管理者的工作生活。

泰勒管理思想的应用使得美国许多生产领域的劳动生产率提高了2~3倍，工人的工资增加了30%~100%。泰勒极大地促进了美国工业的发展，因而被西方学者称为"美国工业迅猛发展的一支最为重要的促进力量"。著名的管理大师德鲁克对泰勒给予高度评价：泰勒是人类历史上第一个开始对工作进行研究的人。泰勒的思想是继联邦宪法之后，美国对西方思想所作的最持久的一项贡献。福特的汽车生产流水线就是泰勒制基本原理的简单逻辑拓展。

泰勒的效率观一直影响着企业管理理论和实践。他的基本假设就是工作者是一定需要和追求物质利益的，因此，提升效率的管理手段就是"面包"和"皮鞭"。你做出了业绩，就采用"面包"之类的物质给予奖励；你完不成任务，就采取"皮鞭"之类的措施予以处罚。泰勒的效率观经常受到质疑，主要理由是对人性的扭曲预测和残暴的管理手段。尽管如此，泰勒效率观的思想光辉仍然奠定了企业管理的基础——提升效率是企业的生存之道。在我国的工业化进程中，特别是人口红利拐点和刘易斯第一拐点到来之际，运用泰勒的管理思想全方位地提升劳动生产率，无论对于个人和企业，还是对于国家，都具有重大的现实意义。

亨利·福特的效率观

如果说泰勒的效率观是企业管理的开山之祖，那么，亨利·福特则是企业管理成功的实践者。20世纪初是美国"大王"频出的时代。铁路大王斯坦福、银行大王摩根、石油大王洛克菲勒、钢铁大王卡耐基，当然，还有汽车大王亨利·福特。虽然同被称作大王，亨利·福特和之前的大王却有本质的不同——福特是一位真正的企业家，他最杰出的贡献不仅是一家效益卓著的汽车企业，还有提升企业效率的伟大实践。

1887年，24岁的亨利·福特进入爱迪生电灯公司成为一名技术员。10年之后，亨利·福特辞去工程师职位，在底特律和别人合伙创立了汽车公司，直到1947年去世，亨利·福特一生都领导着以自己的名字命名的汽车公司。

1913年8月一个炎热的早晨，在福特工厂里，当工人第一次把零件安装在缓缓移动的汽车车身上时，标准化、流水线和科学管理融为一体的现代大规模生产就此开始了。犹如第一次工业革命时期诞生了现代意义的工厂，这一创造成为人类生产方式变革进程中的又一个里程碑。流水线彻底改变了汽车生产方式，同时也成为现代工业的基本生产方式。时间过去了100多年，流水线仍然是小到儿童玩具大到重型卡车的基本生产方式。

流水线之前，汽车工业完全是手工作坊型的。每装配一辆汽车要728个人工小时，当时汽车的年产量大约是12辆，这一速度远不能满足巨大的消费市场的需求，使得汽车成为富人的象征。亨利·福特的梦想是让汽车成为大众化的交通工具，所以，提高生产速度和生产效率是关键，只有降低成本，才能降低价格，使普通百姓也能买得起汽车。

福特工厂的自动化流水作业线组装起来了，但这并不意味着大规模生产就可以实现，因为还有大量的配套工作要做。整个生产过程是部联动机，其中每一道工序停留时间长短、所需配备工人数量都要精确计算，还不能出哪怕是微小的事故，即使是一个螺丝钉也应在规定的时间内装好。否则，一处出麻烦，整个流水线就会停滞。福特公司的技术人员花了一年的时间，才把全厂的输送系统调试完毕。

当新的生产方式运转后,整个生产环境显得紧张有序。车间内的每一个零件都在动,不是被吊起,就是在移动,要么就在被加工。而各种加工设备则分秒不停地在动,没有一分钟时间、没有一个劳动力浪费掉。装配线还在不断改进。生产一台车体由12.5个工时减少为5小时50分钟,进而减少为93分钟。工效纪录每一天都在刷新。从流水线这一头进去的是原料,那一头出来的是零件;这一头进去的是零件,那一头出来的是大部件;最后出来的是一辆涂成了黑色的福特T型小汽车。

自动化流水线给福特公司带来了奇迹般的飞跃。福特公司由年产7 800辆跃进到17万辆,第二年25万辆,第三年73万辆,也就是每十秒钟从它的传送带上开下来一辆新车。奔驰公司的经理参观海兰帕克时说:"这个工厂无论是设施还是生产方式,都是世界第一流的。"历史证明,福特公司这些开创性的业绩,标志着世界工业史上一个新时代——大规模自动生产时代的来临。

1914年,福特公司的雇员已达13 000人,他们生产的汽车相当于美国300家汽车公司66 000名工人生产的汽车之和,生产量达美国汽车产量的一半。而美国汽车产量超过全世界汽车产量的一半。可以说,T型车的畅销迫使福特公司不得不寻找高效生产的方式,而大规模生产方式又使得T型车的成本降得更低,质量更可靠,从而更畅销。

亨利·福特在实施大规模生产方式的同时,开始了对工人工作状态的关注。福特公司成立之初是麦康森拿出了25 000美元资本金,到1913年公司资本已是原来的上千倍了。公司的利润不断翻番,但是工人的收入却没有增长。虽然福特公司成为底特律经济效益最好的公司，但它的工人拿的仍是这一地区平均水平的工资，每天2.34美元。劳资利益开始冲突，一方面出现招工难，另一方面工人开始怠工。

自动化生产线工作岗位枯燥乏味，不停运转的传送带迫使工人整天处于高度紧张状态，工人与公司离异的心态日益强烈。早在1910年就有大批工人辞职而去。1913年，工人的变动率更是高达380%，不断变换的工人队伍给流水线作业带来了很大的损失。更为严重的是，这种状态继续下去，迟早要在公司爆发一场劳工运动。

亨利·福特察觉到了高产量、高工薪和高消费之间的内在联系，并注意到这种联系对企业效率的直接影响。他提出了"每天工作8小时付5美元工资"的举措，这一举措在当时的美国工业界引起了很大的震动，后来逐渐成为美国工业界的一项制度性措施，工人的收入也因此得以普遍提高。亨利·福特认为，提高工人的工资并不是对贫苦人的施舍，只是把由于工作效率的提高而产生的利润让大家分享。这一行动的后果是，当员工工资提升之后，其消费能力也随之提高，这些货币在市场上的流通使福特公司生产的T型车销量提高，从而促进了福特公司的发展。

亨利·福特效率观的核心是：通过流水线使产品的生产工序分割成一个个环节，工人间的分工更为细致，产品的质量和产量大幅提高，极大促进生产工艺过程和产品的标准化；依靠机器，排斥人力，把汽车生产的每道程序、每个岗位全部简单化，90%以上的新员工只需要一天的培训就可以上岗；建立管理权威，依靠管理上的专制，让员工服从分配，然后服从分配给其的利益；

将公司50%的利润拿出来与工人分享，而且首次在公司设立最低工资标准，有效建立了管理上的权威。通过生产方式革命和工人利益的满足来提升企业的效率，是亨利·福特在企业管理中的特殊贡献。

效率从哪里来

海尔集团的张瑞敏认为，西方管理理论中对海尔影响最大的当属泰勒的科学管理思想。海尔不断从这一思想中汲取有益的要素，比如海尔集团的斜坡球体论就把泰勒的管理效率思想彻底贯彻其中了。这理论说的是：企业就像一个向上爬坡的球，要想使球不掉下来，需要给它一个止动力，这个止动力就是基础管理。当然，要想使球继续爬坡，还需要给它一个牵引力，这个牵引力就是不断创新。海尔的基础管理主要汲取了泰勒科学管理思想的基本原理。海尔以OEC为管理的基本理念。这里的"O"代表overall（全面的）；"E"代表"everyone, everything, everyday"（每人每事每天）；"C"代表"control and clear"（控制和清理）。故OEC的含义是全方位地对每个人每天所做的每件事进行控制和清理，做到"日清日毕，日清日高"。就具体管理内容来说，OEC管理尽显泰勒的影像。曾有学者这样评论：美国用泰勒制在60~90天内把足不出户的农妇变成一流的锻工、焊工和造船工人；海尔用类似的方法，把招聘的农民在1个月内训练成合格的流水线作业工。不仅如此，走进海尔的生产车间，会震惊地发现泰勒动作研究的现代版本生动地呈现在眼前，令人仿佛走入了"跑表控制世界"的泰勒时代。海尔将生产的工艺流程进行动作分解，以上螺帽这个工位为例，共有13个动作：（1）（右）将手伸向螺杆；（2）（右）用手抓住螺杆；（3）（右）将螺杆搬到跟前；（4）从右手换到左手；（5）（右）将手伸向螺帽；（6）（右）用手抓住螺帽；（7）（右）将螺帽拿到跟前；（8）（左右）将螺帽与螺杆定位；（9）（右）用手旋转螺帽；（10）步行；（11）（右）用手将成品搬到工位上；（12）（右）将手从成品上移开；（13）（右）将手收回。每个动作用时多少以秒计算，每个员工的操作时间要同标准用时比较，如45秒。海尔再将标准与世界同行业的类似工位作比较。假设世界上某家一流企业在类似工位用时为40秒，那么这5秒就是海尔同一流企业在效率上的差距。海尔管理者就会要求员工像搞科研那样查明5秒差距的原因所在，从而改进管理，提高效率。

上述案例说明，企业管理是由分工一体化引起的。人类最伟大的能力就是分工，分工的形成有两个动因：一是每个人都有发挥自己长处的愿望；二是大家都希望在分工之后的一体化状态中获取个人的最大价值。分工跟一体化是相辅相成的，一体化就是专业化分工之后形成一个整体状态，这种状态叫作企业组织状态，也称为企业组织。企业如何组织起来，有两种基本的方式：市场协调方式与管理协调方式。市场协调方式主要是价格体系在市场领域范围配置资源；管理协调方式是指企业内部通过分工的方式处理劳动之间的关系和利益分配之间的关系，管理协调的主要手段即劳动分工和利益分配。

企业管理是通过提升效率来体现其价值的。假使社会资源的供应是无限的,任何企业要钱有钱,要物有物,要人有人,要时间有时间,要空间有空间,企业的经营活动将会随心所欲。然而,在当今世界,企业的资源总是有限的,而市场的需求却是不断增长和变化的。人类社会面对着一对尖锐的矛盾:一方面,企业中可供利用的各种资源是稀缺的;另一方面,人类的欲望却是无限的。特别是随着生产力的发展,资源与需求的矛盾越来越复杂、越来越突出。急需一种既能控制成本又能增加收入的办法,而管理配置资源的功能恰恰能满足这一需要,于是,企业管理的价值开始凸显。

企业管理的目的就是利用资源来有效实现自身的目的。企业活动的任务或目的,不像其他实践活动、认识活动那样,是发现客观事物的规律或改变外部客体的存在形式,直接获得一定的物质和精神产品,而是通过协调、组织、领导和控制,使人力、物力、财力等资源有机地结合起来,形成某种合理的组合方式,使企业成员投入最少的时间、精力、资金和物质实现企业的目标。企业管理活动和业务活动的区别在于:前者并非直接实现目的,而是通过提高效率间接实现目的。追求效率也正是企业管理活动和业务活动的区别之所在,因此,追求效率是管理的基本功能。

企业管理的使命是最大限度提高劳动生产率。企业目标、管理主体、管理客体和企业环境是影响管理行为的四大要素。在这四个要素中,企业目标已经确定,不能随意改变,企业环境、管理主体和管理客体是变化的,企业环境随着时间的变化而变化,管理主体和管理客体随着企业目标的不同而不同。但不论企业追求的是什么样的目标,所有企业的目标都是维护企业利益相关者的利益。由于企业目标固定,而管理行为要受企业目标制约,只要企业目标不变,不管其他管理要素如何变化,管理行为始终都要以尽可能少的资源来尽可能多地实现预期的目标,追求企业资源的有效利用。

企业管理必须对企业的效率负责。企业管理者的责任就在于利用好企业的各类资源,争取最大化的成效和贡献。管理者必须掌握企业的行动方向,仔细考虑企业的使命,制定企业的政策,组织好各种资源,最终提高企业的效率。对于任何一个企业而言,都必须把注意力集中在效率上,因为结果说明一切,结果决定一切。企业要建立效率精神,效率精神的第一要求就是建立高绩效的标准。无论是企业还是个人,为达到绩效标准,都必须坚持不懈地努力。为什么美国通用电气公司作为一个世界"巨无霸"企业,还能像小企业一样决策和行动?关键就在于建立了完善的绩效标准,这一标准激发了企业和个人无穷的创造力。古人云:"取法乎上,仅得其中。"只有确立高绩效标准,才可能实现企业的高效率,才可能超越过去,超越现在。

任何一种管理理论与管理模式,其出发点都是提高企业效率。效率是企业管理的灵魂,它既是管理者所追求的最终目标,也是判断管理成败的最终标准。管理就是为了使组织获得更高的效率,更快更好地达到企业的目标。任何忽略效率的行为,都是对管理理论和实践的蔑视。

丰田的管理奥秘

丰田是世界十大汽车生产企业之一,是日本最大的汽车公司，创立于1933年。早期的丰田、皇冠、卡罗拉名噪一时，后期的克雷西达、雷克萨斯豪华汽车也极负盛名。

1929年，丰田创始人丰田喜一郎首次造访欧美大陆，他花4个月的时间，走访了英美尤其是美国的汽车生产企业，弄清了欧美国家的汽车生产状况。他被马路上飞驰的汽车深深震撼了。在回程的船上，他伫立船头任凭海风洗面，那一刻，他意识到汽车会改变未来社会，并立志要造出日本人自己的汽车。

丰田喜一郎的想法得到了父亲——纺织大王丰田佐吉的支持。丰田汽车部由丰田喜一郎于1933年创立，进而在1937年8月成立丰田汽车工业株式会社。丰田公司从零开始，跌跌撞撞，战后重新起步也异常艰难。1949年，公司已经到了山穷水尽的地步，由于订单缺乏，银行资金抽紧，公司经营困难，银行强行要求裁减3 000人，否则就断贷。丰田喜一郎不得不裁减1 600名员工。为此，他主动承担责任，辞去了社长职务，以谢顾全大局的员工。

接任社长的丰田英二带着高管去美国考察了12周。原本预期会对美国工厂制造流程与方法的进步感到惊叹，事实则不然。他们惊讶地发现，大规模生产方式自1930年到1950年根本没有太大的改变。这个制度本身存在许多缺点：过多的生产设备制造了大量库存，稍后才会被运送到另一个部门。接着需要更多的设备、流程处理这些库存，然后又被运进仓库堆放。过一阵子再送到下一个流程。大规模生产、各步骤中断，导致大量材料变成等待输送的存货。设备不停地生产，员工不停地工作，最后就是制造出一大堆在制品存货。存货成为大规模生产的顽疾。

为了实现更好地生产汽车的目标,丰田英二授权大野耐一以美国为鉴,彻底改造丰田生产线。大野耐一不辱使命,带领工程师、员工和经理人,开展了几十年的"亲自动手"之旅,创造出闻名世界的丰田生产方式。大野耐一可以说是丰田生产方式之父。

为了探索新的生产方式,丰田喜一郎提出"只生产必要的东西",丰田喜一郎的父亲丰田佐吉由纺织机想到了"一有问题就停止生产"。丰田父子的想法,还带有农民的朴素直觉:没钱囤货,不生产次品。就是这样两条普通的常识,在大野耐一的强力推行下,于20世纪70年代末演化成闻名世界的丰田生产方式的两大支柱:准时制生产和自动化。

在创建这一系统时,大野耐一遇到了无法想象的阻挠。而他以自己独特的强势管理和绝妙的造人之道,将所有阻挠一一化解,从而成功确立了丰田生产方式。后来又经过丰田公司内外研究者的广泛提炼和推敲,形成了一个简单的定义:

丰田生产方式=准时制生产+自动化+造人

丰田生产方式改写了全球产业的历史。它带动几乎所有产业转型进而实行丰田的制造和供应链管理理念与方法,促成了全球制造业与服务业的经营管理变革。在欧美与日本,在其他公司因为资源价格上涨而日显疲态的境况下,丰田公司却因丰田生产方式逆势而上。

中国企业目前正面临资源越来越贫瘠、经营成本越来越高的严酷环境,按理说,在困境中突围的丰田生产方式应该为中国企业所效法,可是迄今中国企业学习丰田生产方式成功的案例却很少。为什么？

有人认为，丰田生产方式是专为日本人设计的。大和民族在骨子里就有一种很强的团体观念，即使有很优秀的人并且作出了很优秀的成绩，他也不会独占好处，反而会心甘情愿地与他人分享。丰田生产方式可以说是日本人的人性、心智、理念的整体体现。丰田生产方式完美得让人心动，一旦转换文化背景，就难免水土不服。可是，丰田美国、丰田巴西、丰田印度等全球丰田工厂的运营却很成功。不同国家的人性与心智虽然差异很大，丰田生产方式却都能畅行无阻。

有人认为，丰田生产方式过于微观，中国现在的机会很多，许多公司处在战略定胜负的阶段，精益生产还排不上队。实际上，丰田公司因为在全球实施丰田生产方式，抓住了一个又一个战略机会，在混合动力等一系列汽车先进技术和工艺上，持续领先，丰田系列产品更是琳琅满目。

有人认为，丰田生产方式只适用于品牌确立、订单不愁、销售渠道畅通的公司，因为它们可以静下心来练内功。而中国中小企业还处在吃饭困难，全力搞销售、求生存阶段。实际上，丰田生产方式的产生正是缘于"没有钱，想制造汽车"的艰难困境，如果当时丰田公司有钱，可能会直接从美国或英国引进一流生产线，就不会有丰田生产方式的出现。

还有人认为，丰田生产方式对流水线作业的要求太高，一般公司达不到那样的标准。其实，丰田公司实施看板管理，一目了然，因为看板管理让一切都简单直接。

丰田生产方式的奥秘就是泰勒管理思想在日本的延伸和发

展。围绕低成本和高产出的基本规律，他们没有照搬福特公司之类的大规模生产方式，而是结合日本实际和汽车产业发展趋势，对生产线进行了彻底改造，对现场管理进行精细化安排。比如，他们对员工动作的研究非常精细，以至于在考虑如何节省0.1秒这样的事情上，员工紧张不得闲。而在生产线上，员工在一个马蹄形的空间里，有节奏地在几个加工动作中串换，像是在打太极，根本没有紧张这回事。相反，丰田生产方式所着意的正是员工如何可以有空闲使运作变得更有效。现在的做法是最坏的，却一直是员工不断寻求改善的激励器。

中国学不会丰田

丰田公司与中国企业的第一次接触是在1971年9月，当时以加藤副社长为团长的丰田代表团访问中国。随后，丰田方面发出邀请函，周恩来总理亲自签发许可证，促成了中国汽车考察团访日。1972年9月，以中国汽车工业总局局长为团长的12人考察团访问丰田集团，时间长达一个半月。

如果把这看做丰田生产方式在中国实践的前奏，1978年6月第一汽车制造厂厂长带队的一汽考察团访日，则正式拉开了中国学习丰田的帷幕。此次共20人的考察团在丰田也泡了一个半月，对丰田精益生产模式进行了全面的学习。随后，丰田还在南京汽车厂和西安交通大学等地举办精益生产模式讲座。2000年6月，丰田和夏利合资成立天津丰田。

经过多次交流乃至合作，丰田专家对在中国推广丰田生产方式的可能性产生了怀疑。他们认为丰田生产方式在中国的可移植性很小，主要原因有：中国汽车厂家的销售信息和生产信息没有对接；与少量、高频率进货方式正好相反，中国企业习惯于多量、低频率进货，导致大量的中间库存非常普遍；中国企业存在比较严重的封闭"系统交易"和"杀价购买"，再加上"延期支付"和"三角债"横行，使得丰田生产方式落地前途渺茫。

为了避免上述情况的发生，2002年，天津丰田和长春一汽合资重组，成立天津一汽丰田，由日本丰田主导运营，使导入丰田生产方式成为可能。当时采取的关键措施有两条：一是从零开始，招聘新员工所占比例为95%，一张白纸可以画最新最美的图画；二是从日本派出豪华专家团，从初期的50名，到顶峰时的260名，一对一进行集中灌输，但丰田生产方式最终在中国还是没有完全落地。

中国企业与日本丰田生产方式的差距主要体现在如下方面：

丰田生产方式的核心是"造人"，而中国企业习惯了"零和博弈"。引入丰田生产方式最大的障碍，就是要在企业中重新确立对与错的标准，赋予现场员工独立思考和追求的权力，这首先侵害的是企业当权者的利益。而中国的国企主导者是政府的力量，民企则是老板的力量，长期在口号上为企业主人的基层员工天职是服从，如果一线员工没有一定的资源配置权，要想提高企业管理效率基本上只是一种奢望。没有从现场开始的意志和团队协作新思维，就无法掌握丰田生产方式的本真，更无法使之落地。这或许正是丰田生产方式没能在中国铺开的理由。

丰田生产方式的核心是现场管理，而中国企业容易形成企业官僚。在日本偌大的车间，连一台电脑都看不见，到处是原生的看板。正如大野耐一所说，"能够扳手指头从1数到10的人，就可以导入丰田生产方式"。丰田生产方式是管理的一种简单回归——回归到现场的创造力。不去现场就不知道丰田是凭借末流厂房和设备生产出世界一流汽车的。中国的企业家在起步时没人不知道现场的意义，他们自己可能就是一线技工、研发或销售人员，那时他们对手中的绝活有一种激情和追求。但是，当公司有了规模、构建了管理团队、一切听凭处理数据的电脑指挥时，他们在经营管理上也就出现了迷失。中国的企业家甚至早上不起床，习惯于电话指挥和隔空骂人。他们开始怀疑先前做法的意义，怀疑那些创业初期有效经验的价值，开始把权力集中到职能部门和高层领导者，基层员工只是一部会说话的机器，现场与管理职能部门的距离成为管理的临门一脚。

中国企业界长期对美国管理模式迷信，而对日本管理模式漠视。中国久立集团董事长周志江也是一个从现场管理起家的老板。公司年销售收入超过40亿元以后，身边各种企业规范管理的声音越来越多，他不信邪，还是照样带领高管每个月像普通工人那样至少到车间值一个夜班。从一线摸爬滚打出来的他，还是被丰田注重发掘一线员工智慧的精神深深震撼了。他在学习丰田生产方式课程时，曾反复询问讲课的日本高木老师：一般日本一线员工跟高管的收入差距有多大？得到的回答是，一线员工与工长、课长的收入差距在2倍左右，与董事、工厂总经理的差距最多不超过3倍，一线员工与公司最高级别董事副社长、总裁、专务等的收入差距在7倍左右。周志江不由得回应，我们的收入差距都是几十倍上百倍呀。高木老师说:"这是你们从美国搬用的做法,不创造价值的高管拿很高的薪水,这是美国公司的问题,也是中国公司的问题。"

美国管理模式的核心是精英文化,强调管理者是上智,员工是下愚。高管可以拿到比一线员工高几百倍、几千倍的薪酬,而员工还要接受随时可能发生的裁员,以承担高管决策失误的风险。对现场管理美国是不屑一顾的,或许美式管理强调的个人英雄主义,常常能化腐朽为神奇,挽狂澜于既倒,最适合中国企业集权人物的心态。还有庞大的美国"海归军团",渐渐统摄了中国公司高层,体现着"权力与利益"的美式管理,很容易成为中国企业权势人物心有灵犀的"圣经"。美国高管的高额年薪更是受人青睐,以至于企业还没有搞出点名堂,甚至严重亏损,高管的薪酬依然可以达到几百万元、几千万元。企业经营状况一看好,就更不得了。一家上市公司的董事长,一年下来单奖金一项就高达1亿元,而一个时常在不同公司晃悠的美国"海归",居然可以拿到10亿元的年薪,是一般员工薪酬的5万倍。

长期以来,我们非常重视国民经济生活中物质消耗的多少,却比较忽视人力资源的作用。我们可以看到和感觉到物质的直接浪费,但对由于人们笨拙、低效率或指挥不当的行动造成的浪费则是既看不见又摸不到的。也正是由于这个原因,尽管每天由此造成的损失要比物质的直接浪费造成的损失大得多,但后者使人触目惊心,前者却使人无动于衷。这种对现场与基层员工的漠视,不是企业昏了头,就是中国管理悲哀到了极致,这或许是中国离丰田生产方式还远的原因。

管理的迷失

中国企业曾经创造出不少管理方法,例如满负荷工作法、承包制、产销工资函数、竞争上岗、末位淘汰、目标成本管理法、成本否决法、岗位工资制等。这些方法在企业管理的某一方面或环节的确发挥过作用,由于缺少一个科学的企业管理体系,企业每一位领导者上台,都按自己的思路设计一套管理体制、管理办法、变革章法,莫衷一是,导致不少企业至今在管理方面还处于摸索、徘徊的状态。

最令企业管理者普遍感到心灰意冷的是,很多企业管理方法刚开始还有效,时间一长就不起作用了,以至于管理者对一些新的管理办法丧失了尝试的兴趣和信心。企业现有的管理方法,无论是从外国搬进来的,还是自己摸索积累的,有效期越来越短,从三五年之痒到一年之痒。在中国当下变化如此迅速的社会环境中,我们企业的管理者对失效如此快的管理经验,变得越来越没有耐心了。他们急需一套有效、稳定的管理体系来指导实践,于是,管理培训的目的就是要在几日之内务必提高收益,一些培训机构大行其道,几万元到几十万元的培训课程不断出现。需知这些成功的经验变换了时间和空间就会失效。

目前,我国企业普遍存在一个悖论性管理难题:外部竞争压力越来越大,而员工工作不紧张,导致员工高敬业和高离职倾向并存。我们在为企业提供咨询时发现,员工敬业度在经济下行的情况下,不降反升,但是与此同时,员工也表示市场上如果有更好的机会，他们会追随机会而去。员工面对可以随时挑选新工作的可能性，在企业遇到竞争压力和困难时，心态往往和企业投资人不同。管理者与企业员工利益的关联越来越少，员工离职的随意性基本上成为一种常态。海南有一家食品企业，在头一天上午早会上员工还在高喊以敬业为内容的口号，就因为晚上吃夜宵时，一个员工聊起食堂晚餐饭菜不好，认为老板不尊重员工，第二天早上120多个员工全部离职。而在离职时，这些员工并没有新的工作和可靠的经济来源。

企业组织形态是制约我国企业效率提升的关键和短板。企业组织落后主要表现在以下几个方面：一是组织模式单一化。经过近30年的发展，仍有68.3%的企业不考虑自身的规模、产品、工艺、市场等情况，采用传统直线职能制组织形式。二是企业领导者的管理幅度普遍过宽。许多企业领导者每天的工作时间在12小时以上，但由于应酬太多，学习时间太少，会议太多，导致解决企业大政方针问题的时间太少，与直接下属的联系沟通越来越少。三是组织系统互相交叉，导致信息不畅，容易发生矛盾，企业领导者决策依据不准确、不及时，工作责权不清。四是适应性差，工作效率低下。

我国企业的组织结构基本上分为两种，国企的组织形态基本上模仿政府部门，各类职能部门齐全，职能划分过细，常常出现"九龙治水，无人负责"的现象，管理部门层级多，职能部门多，存在一些无用的部门。而民企在成立之初，由于资金、人员等因素的限制，常常一人身兼数职、掌管多项事务，并且在企业扩大规模的过程中机构设置未能做到同步调整，使得各职能部门之间职责划分不清，权力分配不明确，擅自做主和相互推卸责任现象并存。一些民企在初具规模后，在部门机构设计安排上又简单照搬国企的组织结构形态，出现严重的官僚化和人员冗余现象。

我国企业管理的难题还表现为缺乏相应的有效监督。主要表现为：一些企业缺乏基本的监督管理制度，一些则不够完善，不能做到有制可依；企业监督意识淡薄，有些人员缺乏相应的积极性、主动性，导致制度只停留在表面，不能得到有效执行；企业监督方式单一，缺乏多样化的内部控制。尤其是企业规模扩大后，治理机制不完善，控制方式缺乏，国企的"一管就死，一放就乱"的难题并没有找到有效对策，民企规模迅速增长后又模仿国企模式。于是，企业内部人控制现象不断出现，利益输出和权力寻租行为、不作为与难作为同时主导着企业。

我国企业的粗放式发展方式导致成本敏感度极高。一旦成本压力加大，效益就会明显下降。最近几年，我国企业主导产品的单位成本上升了18.4%，尤其是亏损企业上升了22.1%。成本费用利润率由2009年的11.69%下降到2014年的6.08%，特别是亏损企业，在销售收入下降的情况下，管理费用及利息支出都呈现出成倍增长的趋势。由于一些企业的生产能力没有得到充分发挥，投资浪费成为普遍现象。2013年，我国25%的企业处于开工不足或停产半停产状态，19%的企业有产品积压的情况，还出现了一些僵尸型企业。产品积压的主要原因是部分产品不适销对路，技术含量低，质量差，没有市场竞争力。我国企业由于质量问题造成的损失惊人。2009年与2014年比，平均每家企业的质量损失额从256.28万元增加到332.64万元。同时，企业资金运用效率低，应收账款大幅增长。2009年，我国接受调查的500家企业平均应收账款达到12 254.6万元，其中亏损企业平均达到8 035.69万元。我国企业管理上"散""乱"状况有加重趋势。不少企业反映，企业办事、请客、出差、开会等项开支无标准，财务管理混乱。此外，许多企业的内部经济责任制度虽然制定得很细，也很严格，但考核却是走过场。

上述管理困惑有些是世纪之难。如对中国化管理模式的探索，管理者往往在企业经营困难时，轻视和放弃自己有效的管理模式而盲目模仿和引进其他管理模式；而一旦企业取得了一些经营业绩，则强化为"中国式"。由此周而复始，很难找到一种符合中国实际的管理模式。有些管理困惑是阶段性之难，如鉴于我国企业所处的特定发展阶段，企业整体上还习惯于采取资源性投机和政策性红利驱动发展方式，公关政府成为企业效率提升的有效方法，对有效管理方式的探索和积累的重视程度还很低。世纪之难和阶段性之难叠加，造成了我国企业管理的迷失。

哪些因素影响效率

毫无疑问，影响企业效率的因素很多，诸如管理体制、文化传统、生活习惯、价值观念以及人们的行为方式等，都会在一定程度上影响管理效率的高低。

毋庸置疑，管理是影响企业效率的直接环节。如果管理者不是企业的所有者，那么管理者与所有者之间的关系以及由此衍生的二者之间的管理和决策权限的划分,甚至所有者对管理者的激励方式都会影响管理者所采取的管理模式和自身的努力。因此,企业效率涉及企业的约束机制、企业自主权的大小、所有者对企业管理者的激励方式和企业内部的激励方式,以及企业外部市场的竞争程度与企业管理模式等。

中国当代企业的效率革命应该是从呼唤企业自主权开始的。1985年8月13日,《福建日报》刊登了福建省参加省厂长(经理)研究会第二次会员大会的全体会员的一封公开信。公开信的标题醒目而响亮:放权要落实,不走回头路。公开信的关键内容有二:一是迫切要求各级有关部门认真贯彻省委、省政府领导的指示,在大的方面管住管好,小的方面放开放活,要把该放而没有放的权迅速放给企业,把放了又收回去的权统统还给企业,不要再搞中梗阻,要为企业改革开绿灯。二是希望全省的厂长、经理要发扬自强精神,对国家规定给企业的自主权,一定要拿到手,要敢于捅破中梗阻,争得自主权。只要合理、合法、合章、合纪的事,就大胆放手地干,绝不向"左"的思想和习惯势力妥协。这封信说明了两大问题:第一,长期以来,我国国企效率低下的关键因素是企业没有自主权,而自主权的核心就是企业配置资源的权力空间;第二,自主权改革是我国企业管理的关键,因为企业没有自主权,任何管理都不能解决企业效率问题。

值得注意的是,到2016年"两会"期间,李克强总理在政府工作报告中,还在强调"赋予地方更多国有企业改革自主权",可见自主权对企业的重要性与改革的难度。时至今日,我国国企和民企在所有者和企业之间的决策权划分上仍存在明显差异。截至 2011 年，国企拥有的决策权空间仍明显小于民企。在涉及企业长期发展和短期经营的重要决策方面，国企能够作出独立决策的比例的算术平均数是 68.5%，比民企低 31 个百分点。国企经理能够作出独立决策的比例的算术平均数不到 5%，而民企却高达 91%。这是因为在国企中一部分决策权分摊到了企业党委和职代会头上。而民企内部决策权相对集中于经理，可以降低决策上的摩擦成本，因而对于提高企业效率是有益的。

在企业剩余索取权的分配与管理者的积极性方面。实践证明，企业剩余的不同分配直接体现了企业所有者对管理者激励方式的差异，企业管理者获得多大程度的剩余索取权会直接影响到他对企业管理和监督的积极性。我国企业一般通过利润分成或承包制的方式使得管理者能够获得有限的剩余分享权，但在制度设计上存在明显不足。例如，剩余分享利益低于工资水平；有分享权而实际上没有分配，就是民间所说的"吊着干鱼吃白饭"。企业获得的剩余在企业内部的平均分配削弱了对企业管理者的激励效应。

在企业监督与企业效率的关系方面。根据张维迎"初始委托人的最优监督积极性和最终代理人受监督下的最优工作努力"都随委托—代理链的加长而"严格递减"的命题，相对于民企而言，国企至少会由于其委托—代理链的过长而遭受委托人监督积极性和代理人工作努力下降带来的效率损失。另一方面，政府对国企的监督成本是巨大的，这一点也是对民企的监督成本所无法相比的。民企效率高于国企的主要原因是委托—代理链直接，导致企业发展目标一致、企业动力源充分。

在企业奖金与企业全要素生产率的关系方面。企业管理实践中我们发现，计件工资和福利两个激励变量对企业生产率的影响是不显著的，只有奖金这个激励变量对企业全要素生产率有显著影响。2009年以来，我国企业职工奖金对企业生产率的正效应是递减的，员工对奖金的关注度明显下降，可能是员工开始追求一般性奖金以外的利益，如股权和职业尊重感等。

在企业产权与市场竞争的关系方面。市场的竞争程度取决于参与市场的企业产权结构的多样化程度。第一，市场的整体充分竞争性与参与市场企业产权拥有者的数量正相关。第二，市场中企业的竞争意识和竞争程度与企业之间相互协调的可能性负相关。

总之，考察影响中国企业效率的因素，不要仅仅从人性出发，还要从体制机制方面来思考，否则，就会让企业管理变成一门随心所欲的学问，使企业效率处于自生自发的状态。

如何理解管理

我们认为，企业管理是管理者在一定的环境和条件下，为了实现特定目标，动员和运用有效资源而进行的计划、组织、领导和控制等活动过程，即企业内人与资源结合，为实现目标共同工作的过程。

在对管理做出定义时，我们特别强调，它是一门追求效率的学问。管理之所以能成为一门学问，是因为它能够带来效率。学问的特点就是规律性，作为提高效率的管理，主要任务就是探寻企业提高效率的规律。

管理是由管理者进行的活动。管理者是在管理过程中组织、指挥、领导和控制其他组织成员活动和行为的人，因此，管理是管理者进行的活动。在现代社会，管理者呈现出多样性的特点，既包括国家的统治者、政府的领导者和管理人员，生产资料的所有者以及他们以各种形式委托的代理人和经理人，也包括各种非政府的公共组织的领导者和管理者。管理者可以是以个人形式存在的领导者和管理者，也可以是以集体形式出现的决策者和领导者。我们重点讨论和辨析企业管理的内涵。

管理是在一定的环境和条件下进行的。管理的环境和条件，主要是指管理者面临的内外部环境和条件。企业外部环境和条件，主要是指企业管理者所掌握的企业和成员所面对的自然环境和社会环境。一般来说，企业管理的环境和条件的构成要素是多方面的。其中，自然环境的主要构成要素有经济发展水平、自然资源状况、气候和地理状况等；社会环境的主要构成要素则有特定的社会文化、制度、法律、政策和心理等。企业内部环境和条件，是指企业管理者所管理企业的内部状况，包括企业性质、企业制度、人员状况、企业技术水平、企业文化等。

管理的目的是实现特定的目标。目标是管理活动的出发点和归宿，因此，企业管理活动应该围绕企业目标进行和展开。就此而言，企业管理就是为了有效地实现企业目标而进行的活动。由于企业的环境、条件、类型、性质、层次、对象以及时间跨度不同，在现实生活中，具体的企业管理活动会有不同的目标。尽管如此，为了实现企业特定的目标仍是企业一切管理活动的共性。

管理需要动员和配置有效资源。特定企业目标的实现，需要有效资源的支撑，这就要求企业管理者在可能的范围内动员和配置有效资源，以保证企业目标的实现。管理所需要的有效资源既包括人力、物力、财力、组织等方面的，也包括机会、时间、信息等方面的。对于管理者来说，围绕企业目标的实现而合理动员和配置资源，是实现有效管理的重要途径。

管理具有基本的职能。这些基本的职能包括计划、组织、领导和控制等。在企业管理中，尽管具体的管理活动在其性质、环境和条件、资源、层次和企业目标等方面千差万别，企业管理的这些基本职能仍是一切具体管理活动共同具有的。同时，在企业管理实践中，管理会有各种各样具体复杂的职能，但是，这些职能也不过是这些基本职能的进一步具体化。

管理是一种实践活动。在实践的意义上，一方面，企业管理是人们事先拟定计划和目标并经过组织活动实施的自觉行为。因此，企业管理是管理者有目的和有意识的活动，是其主观作用于客观的活动。另一方面，管理要通过被管理者的活动来有效地实现企业的目标，因此，管理的主要作用对象是被管理者，同时管理者要对被管理者的工作后果负责，管理的工作成效要以被管理者实现的工作成效来检验。

管理强调人与其他资源的结合。企业管理中最容易犯的错误，就是设立了职位，却没有配置相应的资源，或者说强调了岗位责任，却没有配置岗位资源，导致责任与资源脱节。还有就是把优秀的人都放在企业的职能部门，资源也牢牢把握在职能部门，而在一线都是一般的人员，也不配置相应的资源，这样的管理一定无法发挥作用。企业管理上很多问题都出在资源没有给到一线，一线要解决问题时非常困难，这样的管理不可能产生效率。

管理是共同工作的过程。这个过程依赖企业成员的个人效率和彼此之间的配合度，所以要提高效率，主要从提高个人效率和增强成员间的协作度两方面着手。组织成员的个人效率，是由成员个人能力以及工作态度决定的。如果个人能力高，对工作又热情认真负责，那么他的个人效率显然是高的。

在共同工作的过程中，有一个流传很广的所谓木桶效应，就是说一个木桶能装多少水，是由最短的那块木板决定的。在这里，即共同工作组织的效率取决于效率最低的那个人。这里的效率最低，不一定就是说该成员的能力最弱，而有可能是该成员没有将他的能力发挥出来，比如闹点小情绪、偷点懒之类的。那么在共同工作过程中，不同类型的组织各自是用什么方法解决自己组织中"最短的那块木板"的呢？

有种方法叫"淘汰"，即通过换木板这种方式来解决这个问题，也就是将那块短木板抽出去，换上一块更长的木板。按照道理，木桶最短的地方更换了，整个组织的效率理应得到提高。不过，换木板这种办法虽然是最快捷的，但由于有些木板表面上看起来很长，但可能有沙眼，或者有疙瘩，装上去可能一样会漏水。所以，换木板不见得就能提高效率。还有一种办法是用更多的短木板将桶围得更大，桶径大了，容积相应地也就大了。

目前，中国的管理正处于转型的重要时期，从经验管理向科学管理转型，从传统管理向现代管理转型，首先还是要正确了解管理的本义，让管理回归常识，否则就会让管理失去存在的意义。

海底捞的管理智慧

有一家餐饮企业叫海底捞火锅店，最近几年火爆得不得了。企业老总张勇的管理诀窍就是重视现场和基层，让不同层级的员工得到资源并有权运用这些资源。

1994年，还是四川拖拉机厂电焊工的张勇在家乡四川简阳支起了4张桌子，利用业余时间卖起了麻辣烫。张勇不会装修，也不会炒料，只得将店址选在了街的背面，刚开始连毛肚儿是什么都不知道，想要生存下去只能态度好些，别人要什么快一点，有什么不满意多陪笑脸。刚开张时不知道窍门，经常出错，为了让客人满意，送的比卖的还多。注意，这就是感知能力作用时期。

经过用心经营，张勇的海底捞火锅店总是顾客盈门，排队等餐的人和用餐的人一样多。几乎所有光顾过海底捞的顾客都会死心塌地地成为它的回头客。海底捞最有吸引力的是：如果顾客在就餐中不满意，在一线的任何服务员都有权进行处理，包括退菜、换菜、免单等，不需要去向上一级管理者请示。

海底捞的各级管理者都有与职位相配套的权力。如公司副总有200万元以下的开支权，大区经理的审批权为100万元，30万元以下各店店长就可以签字。授权如此放心大胆，在民企中实属少见。如果说张勇对管理层的授权让人吃惊，他对一线员工的信任更让同行匪夷所思。海底捞的一线员工都有免单权，不论什么原因，只要员工认为有必要就可以给顾客免费送一些菜，甚至有权免掉一餐的费用。在其他餐厅，这种权力起码门店经理才会有。高明的管理者能让员工的大脑去工作，为此，除了让员工把心思放在工作上，还必须给他们权力。张勇的逻辑是：顾客从进店到离店始终是跟服务员打交道，如果顾客对服务不满意，还得通过经理来解决，这只会使顾客更加不满，因此把解决问题的权力交给一线员工，才能最大限度地消除顾客的不满意。当员工不仅仅是机械地执行上级的命令，他就成为一个管理者了。按照这个定义，海底捞的员工都是管理者，海底捞是一个由6 000名管理者组成的公司。

设想一下，如果海底捞的一线服务员没有这些退菜、换菜、免单的处置权，他们能够提供让顾客满意的服务吗？如果这些资源的运用都需要层层上报才能进行，服务员的责任心和效率从何谈起？我们经常讲要重视人，实际上重视人的目的是让员工为企业作贡献。我们总是担心员工权力太大，而不愿给员工与责任相关的资源，有些表面给了资源也限制了许多条件。

难道张勇就不怕员工利用免单权换取个人利益？这种情况确实发生过，只不过极少，而且那些员工做第二次时就被查处开除了。两个因素决定了海底捞一线员工不会滥用免单权：第一，管理层除了财务总监和工程总监，全部从服务员做起。这条政策极端到包括厨师长的职位，不论你的厨艺有多好，没有亲自服务过客人，就不会知道服务员需要什么样的后厨支持才能把顾客服务好。管理3 000多名员工的海底捞北京和上海大区总经理袁华强，就是从门童、服务员一路做起来的。他和手下每一层管理者都非常清楚,什么时候必须用免单的方式才能让顾客满意。因此,作弊的人骗不了他们。第二,人会自律。人都有邪恶和正义两重性,两者谁占上风经常是生存环境使然。孟子有言:君之视臣如手足,则臣视君如腹心;君之视臣如犬马,则臣视君如国人;君之视臣如土芥,则臣视君如寇仇。海底捞把员工视为手足,员工自然把海底捞当作自己的心脏来呵护。

当然,更重要的是海底捞的晋升制度让他们看到了真切的希望。海底捞任何新来的员工都有三条晋升途径可以选择:管理线——新员工→合格员工→一级员工→优秀员工→领班→大堂经理→门店经理→区域经理→大区经理;技术线——新员工→合格员工→一级员工→先进员工→标兵员工→劳模员工→功勋员工;后勤线——新员工→合格员工→一级员工→先进员工→办公室人员或者出纳→会计、采购、技术、开发人员等。在海底捞,学历不再是必要条件,工龄也不再是必要条件。这种不拘一格选人才的晋升政策,不仅让这些处在社会底层的员工有了尊严,更是给这些没上过大学的员工心里打开了一扇亮堂堂的窗户:只要努力,我的人生就有希望。

海底捞的老板张勇非常有智慧,不是只给资源,还制定了一系列目标,包括服务的标准,他要求每一个服务员都让客人觉得他们在尽心尽力地服务,高高兴兴地工作。比如,有的服务员不善言语,但她可以一溜小跑给客人买烟;有的服务员喜欢说话,他可以陪客人海阔天空,这种标准化轻易学不来,因为它要求每个服务员都是管理者。海底捞的很多具体服务方式,比如眼镜布、手机套、免费电话等这几年被很多餐馆效仿,可是细心人一看就会发现形似神离，因为它们的员工只是用双手为客人服务。海底捞对店长只有两个考核指标：一是客人的满意度；二是员工的工作积极性。同时要求每个店按照实际需要的110％配备员工，为企业扩张提供人员保障。企业考核什么，员工就关注什么，于是大家每天都在努力"造人"，完全不知平衡计分法为何物的海底捞，竟把平衡计分法的精髓发挥得淋漓尽致。

企业管理的智慧往往体现在管理的感知能力、辨析能力和觉悟能力上。海底捞在它发展的过程中基本上都做到了，这就是对管理内涵最深切的诠释。

第二章

信息化：管理如何变革

我国企业管理理论和实践正在一条特殊的道路上探索和发展：当我国工业化所引发的企业管理机制尚未形成时，我们又必须面对信息时代的管理变革新要求。由于管理总是与生产力有着紧密的联系，当信息技术（IT）作为生产力的基础发生重大改变时，利用信息技术实现企业管理方式的转变显得尤为急迫。

信息时代在裂变

2013中国经济年度人物评选获奖名单揭晓，小米公司董事长兼CEO雷军、格力电器董事长兼总裁董明珠获奖。在颁奖台上，雷军与董明珠当着全国人民打了一个赌，赌小米5年之内销售额能不能超过格力电器，赌资为10亿元！商界从来不缺赌局。一个是有着20多年发展经历的老牌大企业，一个是新近崛起的新型企业，如此两家企业居然在全国人民面前"豪赌"，其背后是互联网时代的新型企业模式对传统企业模式的挑战。

小米公司的主营产品是小米手机、MIUI和米聊，外加电子商务，其特色发展模式依赖于这四大产品业务体系。小米手机是一款搭载MIUI操作系统的高性价比智能手机，由小米自行设计、采购、销售、服务，生产由代加工工厂负责。这种硬件＋软件＋服务的模式不同于其他互联网公司和终端厂商，而是将二者的特点结合起来，用互联网公司的思维和方式做智能手机，开创了互联网公司做智能手机的新模式。

小米手机的电子商务销售模式具有互联网公司的鲜明特色。同时由于小米的成功，也促使众多互联网公司纷纷加入智能手机市场，未来通过电子商务渠道销售智能手机将逐渐成为主流。小米手机定位于低价格高配置的智能手机，是专门为发烧友研制的高端智能手机。另外，小米手机青春版的定位人群是学生群体，其精确的产品定位带来了众多的"米粉"。这也是其他智能手机厂商所无法比拟的，一大批忠诚的"米粉"为小米手机带来了良好的口碑和品牌形象。同时，小米手机的特色营销方式使其品牌广泛传播，通过论坛、微博等营销渠道，小米受到了广泛关注。

小米手机的定位人群与其产品配置、价格做到了精确的匹配，在智能手机还未普及的2011年，凭借1 999元的低价格，小米手机拥有了众多用户。随后,虽然也有众多互联网公司推出价格更低的智能手机,但是小米获得了进入智能手机市场的最佳时机。

小米模式可以总结为:饥饿营销＋炒作宣传＋较低门槛。与其说小米是"互联网＋手机"模式的开拓者,不如说小米是第一个享受"电商渠道"红利的企业。因此,小米将知名度和关注度做到了极致,但是用户体验仍然非常缺失。这使它很难追上苹果或者三星。独特的渠道模式曾经是小米的法宝,如今却成了小米的死穴。曾经高高在上的小米如今开始磕磕绊绊。由于抄袭者众多,以"抄小道"起家的小米手机,正在被60多家同种性质的公司"抄后路",而小米还没有反抄袭策略。这就是信息时代裂变对企业模式的影响。

信息时代是从计算机的发明与应用开始的。几十年来,计算机技术发生了天翻地覆的变化。随着信息技术的发展,计算机正在演变成智能手机,计算机的功能正在逐步被智能手机替代,人们随时随地都可以用手机进行信息交换,计算机的移动化趋势使得信息时代正在发生裂变。这种裂变主要表现在如下方面:

社会活动网络化。当今社会的信息化过程实际上就是实现网络经济、网络社会的推进过程,各种各样的信息网络成为基础设施,构成社会活动的基础平台。互联网技术成为信息化的主要手段,其特性包括高速度、多媒体、交互性、匿名性、个人性、数字化、异步性、升级性、虚拟性、开放性、自发性等。

信息互动多媒体化。与传统信息技术相比,现在的计算机和互联网处理和传递的信息都是多媒体的。多媒体是指文本、图形、图像、声音、影像等这些单媒体和计算机程序融合在一起形成的信息媒体。但多媒体并不仅仅是结合了影像、声音和数据的综合物，电视与计算机系统中的多媒体有两个重大区别：人们接收和使用电视所携带的信息往往是被动式的，而计算机多媒体技术为用户提供了交互能力，使用户可以参与甚至改造多媒体信息。

原材料消耗减少。随着技术的进步，大型计算机的体积不断缩小，液晶显示器的出现大大节约了用于显示器的材料。笔记本电脑的登场更使制造主机的材料大为减少。通信媒介方面，过去用铜线、双绞线、电缆传递信息，需要耗费大量的铜。光导纤维的大量使用极大地节约了铜矿，至于无线通信技术，除了发送、中继和接收，其他根本不用什么传统物质。存储技术的发展极大节约了过去用于存储信息的资源。光盘和互联网的出现，使同样数量信息的传递只需要消耗很少的物质。

知识化程度加快。信息技术的研究与开发、信息产业的形成和发展、信息化应用工程的设计和实施，都需要较高水平的专业技术人员，对相关工作人员的知识技能有较高的要求。特别是软件的开发需要投入大量的脑力劳动。在信息化过程中，还需要大量的管理人员，他们不仅需要懂得大量的管理知识，而且要掌握一定的信息化知识，在信息化过程中投入复杂的脑力劳动。在信息化的中后期，一般的社会成员为了能够有效地使用和简单地维护信息化的各种设施，也必须掌握一定的知识，投入大量的脑力劳动。它说明，人们的劳动方式由以传统的体力劳动从事产品制造为主，转变为以脑力劳动处理信息为主，社会知识化程度明显加深。这就导致了劳动者队伍构成和素质的根本转变,并且成为社会信息化的必要条件。

时空限制突破。信息化使过去无用的时间能够发挥巨大的作用。移动通信、视频点播、数据库等信息技术使人类可以非常灵活地安排活动的时间。信息化还可以让即时性复原,使人类自由支配任何一个时刻。信息化极大地缩短了信息活动所需要的时间。它削弱了固定空间对人类的制约,也使得遥远的距离在信息传递过程中的消极意义极大降低,甚至完全消失。信息化使很多信息活动和物质活动减少了对巨大空间及相关空间设施的需求,节约了空间、材料和能源,使空间的积极意义大幅下降。信息化还使中心地区的相对信息地位大大下降。

虚拟世界出现。电子邮件、电子商务、电子交谈、电子图书、远程医疗、远程教育、虚拟设计、虚拟制造、虚拟社区、虚拟战场等都是虚拟的表现。虚拟世界有自己的特点。一是速度极快,包括数字化信息的存取、处理、检索和传输。二是不受三维空间的限制。三是节约甚至不用物质材料,因为虚拟现实技术可以省去现实中的试验过程,减少很多浪费。

信息资源充足。各种现代信息技术极大地增加了信息的数量,提高了信息的可得性。各种遥感遥测技术使大量的信息产生。数字化技术使所有形式的信息都可以高质量长久地存储起来。光纤通信技术使海量的多媒体信息可以极为迅速地传递。超文本链接技术和检索技术可以使人们轻而易举地得到自己想要的大量信息。

组织扁平化明显。与传统科层结构相比,信息技术使管理幅度扩大，从而使管理层级减少。组织的内部沟通状况是影响组织管理幅度的基本要素。沟通渠道畅通，沟通技术先进，组织所需要的信息就充足、准确。计算机及互联网技术在组织中的广泛应用，使组织内部和外部大量的信息可以更直接快捷地以发散的形式传递，从而从根本上改变了传统组织内信息自上而下或自下而上的垂直分层次交流形式。

个性充分张扬。互联网赋予社会成员以自由。这是指个人从资本力量、国家权力、社会习俗的控制中解放出来。在信息化之前，资本和权力控制着信息的产生和传播，个人在信息、言论、思想方面受到很多限制。信息化则使信息的生产和发布成本极大降低，使权力对信息的控制极大削弱，从而使个人获得了很多信息方面的自由。有了这种基础层次的自由化，才能有现象层次的个性化：可以选择各式壁纸，起极富个性的网名，设立独具特色的个人主页。在互联网上，个人发表言论比较自由；互联网使个人获得个性化的信息服务；信息化使大众传媒正演变为个性化的双向交流；信息化也促成了物质产品消费的个性化，因为信息化导致了生产的个性化。

管理面对的十大新挑战

在信息时代，企业至少要包含三种重要的资源：信息、信息技术和人。企业将信息、信息技术和人合理地组合运用时，管理活动将受到不同方面的新挑战。面对挑战，我们别无选择，只能勇敢面对。

信息思辨能力的挑战。工业革命时期，企业面对的最大问题是信息不对称，进入信息时代后突然出现了信息爆炸，信息量大幅增加，反而出现了新的信息不对称。为什么现在出现了大量的猎头、服务代理等中介性行业，而以前却没有这些行业？也就是说，在资讯最为发达的时候往往最容易出现"买方找不到卖方，卖方也找不到买方"的"双盲"现象，由此诞生了大量的中介服务机构。信息现象无时无处不在，就其空间状态来说，信息广泛分布于自然界、人类社会和人的思维活动过程中。就其时间来说，信息现象是永远存在的，是超越人类社会自身的发展过程的。当企业资源的内涵包括信息时，必将给企业带来新的挑战。

企业成长方式的挑战。进入信息时代，经济正从由稳定的商品供应垄断者主宰转变为由临时的商品供应垄断者主宰，大批量制造和大批量销售正在让位于大批量定制和精准销售。信息时代市场竞争的焦点不再集中于谁的科技更优良，谁的规模更强大，谁的资本更雄厚，而是要看谁最先发现最终消费者，最先满足他们的需求，并在短期内占有满足这种需求的排他性。谁最先顺利地为消费者提供了其所需的商品或服务，谁就是成功者。

企业组织结构的挑战。企业组织结构的网络化，既表现为企业内部的网络化，企业内部决策层次越来越少，管理幅度越来越宽，决策越来越分散于最接近客户的经营前沿，又表现为企业之间组织的网络化，形成了以专业化联合的资产、共享的过程控制和共同的目的为基本特征的企业集群组织方式。

企业运营方式的挑战。企业运营方式出现了虚拟化趋势，体现在两个方面：其一，利用信息技术手段，在全球范围内通过软性操作系统整合优势资源，既增加企业运行的效率和活力，又避免工业经济时代常规运行中的硬设施投入，从而降低企业运行成本；其二，只需要保持对市场变化的高度敏感性和研发设计能力，而不必将自己耗费在低价值产出和常规的普通工业生产中，后者完全可以通过市场分工体系由订货或合营方式完成。互联网背景下的企业开始以品牌为龙头，通过代工（OEM）的方式把生产过程分包给下游厂商，其极端的形式就是全部产品均为外包生产，品牌公司只负责设计和营销。

企业内部机制的挑战。电子商务将使企业内部机制进一步电子化、信息化，最后达到企业管理技术的变革。第一步是通过互联网实现企业内部的信息沟通，形成内部资源的高度整合；第二步是将上网寻找客户、构建和扩大新的销售渠道作为新的管理职能；第三步是对价值链或供应链进行全面整合，实现电子化管理的高效运作，使企业内部机制和管理进一步发生实质性的变化。在企业对企业（B2B）的电子商务中，还将实现供应商与客户之间不同生产经营流程或价值链的高度整合，从而使企业的经营管理技术和水平得以空前提高。

企业公关方式的挑战。信息时代对所有企业而言，无论想不想让别人知道你的信息，别人都可以从网上快速知道。只要随便点击某个关键词，马上就会有相当一部分与这个企业和企业家相关的信息展现出来，比如王石爱好登山，潘石屹喜欢演电影，张朝阳曾经在网上公开过一张非常性感的半裸艺术照等。这些信息如果在过去是很难被大众知道的，但现在被网络弄得尽人皆知。信息时代企业形象的全方位展现可谓"防不胜防"。对企业的公关部门或者信息管理部门来讲，要想做好企业及企业家良好形象的输出与维护，正面临新的挑战。

企业人才管理的挑战。按照传统方式，一个企业使用一个优秀人才时，通常采取相对"独家专有"的方式来管理，绝不允许跟他人共有。某种程度上说，企业的人才竞争战略就是对优秀人才的排他性占有。到了信息时代，一个人不管身处哪个具体的企业，只要能够在某个领域独树一帜、有所成就，就将不再局限于某一单个企业，优秀的人才可以实现社会共用、市场共享。如何恰当控制优秀人才的流通性，通过对一部分优秀人才的"专有"而有效巩固人才竞争优势，是企业人才管理面对的新挑战。

员工与领导关系的挑战。很长时间以来，企业内部的管理往往是等级森严的。比如，老板可以名气很大，万众瞩目，万人追捧，员工则必须低调内敛；老板可以有广阔的社会交往，员工则必须表现得对外界"安守本分"，一般不允许出现"声名盖主"。而现在却是一个很低调的老板手下有一个或一群高调的员工，这些员工还可能会频繁活跃在各自的领域，出尽风头。这不能不说是对老板的权威性和心境宽度的极大挑战。

企业员工管理的挑战。企业在日常管理工作中，对员工往往要有相对严密的监控，否则，员工就极有可能消极懈怠甚至是迟到早退。因此，可以轻易看到几乎所有企业都有非常明确的考勤制度，比如上班要求打卡，有事必须请假，上班时间严禁干私事，禁止用公司电话聊私人事情等，这些都是最为基本的日常工作要求和管理手段。有关资料显示，现在企业办公室工作人员在日常工作中，除了正常需要的上网查阅、搜索和聊天，其他消耗在网络上的"无聊时间"竟然高达 3.4 小时,这么长的时间自然是在处理私事。对于如何管理员工,企业必须思考新的办法和机制。

企业办公方式的挑战。信息时代,大家可以在家自由办公,甚至一个人也可以成立一个公司,还有许多自由职业者陆续出现。这在过去是很难想象的,而现在则只需在家里插上一根网线,就可以"运筹帷幄,决胜千里"了。过去必须赶到单位去,而现在只要能做好并能及时用邮件给领导者交作业,原则上都可以认为是在上班。只要能够定期按时提交工作结果,你爱在哪里办公,没人管你,久而久之,就慢慢地被冠以非常好听的名字,叫做 SOHO 一族。

在上述挑战下,企业存在的形态和发展方式正在发生改变,信息不对称与交易成本的极大改善将会导致出现新的企业形态,尤其是大型企业通过内部配置资源来降低交易成本、增强信息透明度的必要性正在消失,通过关键要素能力控制产业链的企业形态正在出现。

百年管理变革在延续

一个多世纪以来,技术进步引发了一次又一次生产力革命,也推动着企业管理思想和企业管理实践的变革。管理与生产力相互作用的原理成为管理变革的重要启示。可以说,信息时代的管理变革无疑是百年管理变革的延续。

从大工业革命时代到**移动互联网**时代,技术既是促进经济社会发展的重要因素，也是企业管理理论和企业管理实践的帮手，企业管理思想的演变总是紧随技术发展的脚步不断前行。自18世纪工业革命至今，技术进步周期被划分为五个周期，每个周期长约半个世纪。随着技术进步周期的发展更迭，管理科学化的进程也在不断推进。

在第一个技术进步周期，纺织品实现了工厂化生产。以个体小业主和小公司为主，专业化分工的作用慢慢显现，企业管理处于经验管理阶段。

在第二个技术进步周期，世界进入蒸汽动力与铁路的时代。蒸汽动力降低了生产成本，拉低了产品价格，而且扩展了市场；同时，创新精神带来了各种发明创造，导致各类工厂的建立，这就直接产生了对领导和组织的需要。小公司迅速发展起来，出现了上千人的大企业和股份有限公司。

在第三个技术进步周期，电力技术的广泛应用引发了动力革命，促进了社会化大生产的发展，从而对规范管理提出了要求。这个阶段已经出现了巨型公司，大企业中还出现了专职的中层管理者，科学管理开始萌芽。在新技术的推动下，历史开始真正进入科学管理进程。科学管理之父泰勒在这一时期出版了著名的《科学管理原理》，提出了七项管理制度，并和其他同期先行者奠定了用科学方法提高生产现场的生产效率的理论和操作流程，极大地提高了生产效率，适应了资本主义经济在这一历史时期的发展需要。

在第四个技术进步周期，世界进入汽车与合成材料大批量生产的时代，大企业开始对外直接投资，跨国公司逐步发展起来。

可口可乐公司 1926 年就在海外设立了销售办事处。这段时期，全球主要经济体商业繁荣，房贷热情高涨，股票市场繁荣，鼓励企业进行扩张，但此时美国反托拉斯法案的严格执行却阻碍着企业收购本行业公司的横向整合，企业开始争先恐后地在行业之外合并和收购，进行多元化投资。企业原有的直线制结构渐渐无法适应这样的多元化，因此多部门结构开始用来配合这种不相关多元化的战略。这种组织结构帮助企业在规模和多样性方面得到了发展，突破了它所代替的职能制组织的限制，成为当时最重要的管理创新。1950 年《财富》500 强企业中有 20% 是多部门结构的分权模式，而到 1970 年这一比例上升到 80%。

在这一时期，始于 1929 年的经济大萧条阻碍着工业的增长，但却间接促进了管理的进步和管理思想的转型。在这个技术进步周期，企业管理思想百花齐放。德鲁克推动了管理学的诞生和发展，相继出版了《经济人的末日》《工业人的未来》《公司的概念》等著作，并在 1950 年受聘为纽约大学管理学教授，成为世界上第一个获得这一名称、教授这门学科的人。德鲁克在 1954 年出版的《管理实践》被誉为"管理圣经"，到今天依然被奉为管理学的经典，也标志着管理学作为一门学科正式诞生。管理过程学派代表人物之一戴维斯在这一时期提出了管理的职能、高层管理者的领导职能等理论，指导企业高层管理者进行角色转变，以协调和应对大型企业与市场。1945 年，哈佛商学院将高级管理人员培训项目定为日常活动安排。

始于 20 世纪八九十年代的第五个技术进步周期是微电子学与计算机网络的时代。在这一时期，信息技术带来了企业架构、形态、工作流程、客户管理等诸多方面的变化。几乎企业管理的各个职能领域都因为信息技术的应用而获得巨大发展。电子商务的出现解构了传统的机票代理行业,互联网的免费策略打压了传统唱片业。信息技术的发展使大工业时代的信息不对称发生了变化,对经济发展和商业社会产生了深远影响,也对企业管理提出了新的要求。在以往的时代,企业管理者站在管理金字塔的最高处,企业变革的指令在发布后会一层层贯彻下去。而进入互联网时代,企业中的底层员工成为接触市场一线最早的人,管理者却成为企业中最后一个感触市场变化的人。通过系统保证管理者和一线员工实时同步,将成为企业在未来管理中最需要解决的难题。

100年眨眼就过去了,随着科技的进步,整个人类社会的生活方式、思维方式以及追求的目标都已经有了很大不同。企业管理的基础已经改变,但现在大多数企业的管理基调似乎还停留在大机器时代。这就是会有越来越多的管理冲突和管理无效的原因。

回顾企业管理与技术交互发展的历史不难发现,企业管理已经到了大变革的前夜。对中国企业来说,在充分学习和吸收西方管理思想之后,如何结合互联网与中国文化两大元素,探索出信息时代的有效管理模式,更是值得整整一代管理者为之奋斗的目标。

信息时代的管理变革机会

每一个管理者都想把企业做大做强,都想通过企业获取更多的财富，或者实现创业的理想和价值。但是，随着信息时代的到来，互联网日益普及和推广，大数据广泛应用，市场竞争激烈程度不断攀升，使得企业在技术、产品、营销以及组织结构上的竞争变得更加复杂。企业要在传统的利润池中获得更大的利润，就必须做出适应时代的主动性变化，否则只能被动式进化。

信息时代竞争的范围和深度必将超过工业化时代。要使企业健康成长，管理者最需要做的就是让企业保持竞争优势。在信息时代，由于信息的共享和传播，一种新产品的推出、一套新策略的运用、一项新服务的推广，都会被竞争对手迅速模仿，从而使企业的竞争优势在难以察觉、较微妙的情形中趋同。保持竞争优势的唯一途径就是不断创新。管理变革也是其中的关键举措。

管理者面对挑战时也是机遇来临时。有效利用信息这种特殊的资源，可以为企业发展带来前所未有的机会。这种机会一方面使组织通过利用信息获得迅速的发展，另一方面又为企业开拓了一个全新的、广阔的信息服务市场。在信息时代，管理者可以得到更加广泛的深度信息，以减少企业发展当中的不确定性，制定更加明确有效的发展战略。信息时代所导致的全球化浪潮也大大扩展了企业生存发展的空间，使得管理者能够在全球范围内寻找和整合利用各项资源，促进企业的发展。对管理者而言，经济全球化为世界各国的经济发展提供了良好的机会，也有利于各国引进资金、人才、先进技术和设备等。对于作为人才的管理者而言，就有了全球开拓发展的好机会。在信息时代，管理者要迎接挑战，抓住机遇，顺应潮流，使自己跻身于有为有用的人才之林。

在信息时代，企业必须走上一条不断变革的道路。对于管理者而言，要对企业进行组织结构、薪酬管理、技术等一系列的变革，以此获得更多的生存空间，为企业创造更大的价值。在环境变化带来的冲击中，企业要认识到，唯有变革才能让企业摆脱传统利润池崩塌的命运，并带领企业加入社会大变局下利润池的争夺战。应该具有对社会环境变化的洞察能力以及理性地分析问题的能力，带领企业走上一条正确的变革道路。如何根据自身的优势制定正确的发展变革路线大有学问。发现企业优势与促进业务发展是两个关键，要精准地把握则需要科学的大数据技术来支持，信息时代为获取大数据提供了可能。企业，无论是初创的幼苗还是茁壮的百年品牌，在变幻莫测的市场中总是处于找死和等死的境地，然而，变革只要精准、正确，就可以化找死为新生，让企业得以转型与升级。顺应时代的变化、不断改革和创新是企业发展的不二法则，敢于改革、敢于突破才能打开企业在信息时代的新局面。

推进企业管理变革必须重新理解管理的新内涵。无法理解管理内涵的变化，就无法进行管理变革。而管理的新内涵不同于传统内涵之处在于，它不再仅仅从职能的角度，而是从管理本质的角度来诠释管理，而且最为重要的是必须基于未来看待管理。本书把商业模式的战略性要素、产权模式的激励性要素、治理模式的平衡性要素定义为管理的三大主要任务，就是基于信息时代管理本质导引的结果。影响企业效率的关键不仅包括原有的简单职能，而且包括从更宏观的层面来把握管理的效率要素。即便是传统经典的管理职能，也要注入新的管理元素。

信息时代企业管理的新内涵就是管理变革。如果管理者没有转变思维来认识管理的新内涵，就会使得企业一直流连于传统的对于管理的评判和习惯当中，无法跟上环境的变化，从而导致管理桎梏人们的能力和创造性的发挥。信息时代，新技术带给人们各种体验和无尽的可能，但是同时使得管理面对许多未知，也正是因为这样，管理者如果仅仅是以传统的方式来进行管理，会发现很多问题并不能解决。更加严重的是，标准的管理职能不能够概括全新的情况，当企业越来越网络化、信息越来越复杂化、价值越来越多元化时，如何管理企业成了一个全新的课题。

我们发现，30年前跻身于《财富》100强的企业有1/3已经被淘汰出局。同样是巨型企业，为什么有的企业能够长久不衰，有的企业却困难重重？这其中的一个重要原因是企业适应变革的管理机制。21世纪，在以网络信息技术为特征的新经济下，变革管理成为企业管理最重要的方面。管理变革带来新技术、新技能的同时也带来体制机制的变化。体制的关键是权力的分配，包括职务性权力分配和股权薪酬等利益分配，管理变革事实上也是进行管理利益的再分配。管理变革的难点和目标在于平衡好变革与发展的关系，企业首先要确保变革逻辑正确。管理变革最大的逻辑就是要以企业发展为目的。如果变革本身只是个零和博弈，不产生增值，那么就难以获得足够的支持。管理变革的逻辑性体现为变革要有长期目标、短期目标、合理的策略、较为详尽的计划和时间表、数据支持、具体的制度支持等。管理变革具有逻辑性只是确保变革成功的一小点，因为它只解决了变革与发展的关系问题。

管理变革不是以企业业绩在短期内达到预期水平为终结的，只有当企业内部员工及外部相关人员（如股东、投资者、社区等）都充分地从思想上理解了变革并在行为上给予支持时，企业的管理变革成果才可以长期维系。

聚焦效率目标

信息时代企业管理变革的总目标是：聚焦企业效率，形成以信息技术为载体的企业管理模式。其阶段性目标应当是配合企业制度创新进行管理的适应性创新，即为适应企业从战略管理到战略性商业模式管理的转变、产权从不明晰到具有激励性的转变、治理从混乱到制衡的转变所产生的管理新要求、新问题，而进行相应的管理创新。只有这样，才能迅速有效地帮助企业在信息时代站稳脚跟并有所发展。信息时代，企业管理变革的方面有两个：一是综合性变革方面；二是具体领域的变革方面。综合性变革方面可设想为构建互联互通式的管理模式；具体领域方面的变革则由目前的需要决定，构建关键能力要素控制性管理模式。

信息时代的企业管理模式可以表述为：在现代公司制度所规定的产权安排状况下，采用效率优先的价值导向、规范合理的管理制度、有机弹性的组织结构、系统优化的管理方法以及和谐一致的人际关系，有效整合企业资源和实现企业对社会负责的目标。这一模式是信息时代众多企业未来管理模式特性的总和，包括以效率优先的价值导向，吸收了中国古代管理思想的精华，也是信息时代企业发展的最新动向。未来企业应以此作为管理活动的价值导向，而不是仅以利益、物质等为导向。规范合理的管理制度是指融"情、理、法"为一体的管理制度，既有规范性，又有合理性，还带有人情味，有道德感化的成分。

系统优化的管理方法是指未来的企业应采用一切先进的现代管理方法与手段。要根据企业的特点加以选择，进行系统优化，使企业资源的配置更加有效、更加合理。和谐一致的人际关系是指企业应努力创造一个和谐愉快、归属感强的企业环境，树立优秀的企业形象，建立优秀的企业文化，使员工真正产生归属感。中国企业管理者的塑造本身就是一项复杂的系统工程，是一项高难度的创新工程，需要全社会的配合。中国企业管理者的社会土壤尚需改造，这种改造就是一种创新，若没有这种创新，则真正的管理者难以产生与成长。

处于信息时代，企业只有突破大规模、一体化、零和博弈等传统理念，树立起开放、协同、融合、共赢的新理念，把分离的企业内外部系统通过网络整合为以消费者为中心的圈环式价值创造网，才能使企业与员工、产业链上下游、合作者乃至竞争者等相关方成为利益有机体，实现商业生态系统的有效协同和共赢发展。这就需要管理者积极推动先进管理理念和信息技术应用的融合，重塑企业管理机制，构建信息时代的企业管理新模式。

树立互联网新思维。互联网思维是指企业管理层必须意识到随着经济互联网化步伐的加快及技术的日新月异，企业环境的不确定性和复杂性进一步加剧。面对动态、混沌和复杂的企业环境，管理者必须对企业的战略思想、战略目标、战略重点、战略阶段和战略对策等要素充分利用互联网模式进行整合，从而提升、改造传统企业,改变原有企业的发展节奏,提升运营管理效率,重新建立一套互联网和企业融合的运营机制,在管理模式、营销策略、创新方式、竞争策略等方面大胆创新,探索企业营销互联网化、产品互联网化、服务互联网化、运营互联网化,以适应当前需求个性化、消费移动化、传播社交化的新要求。

适应平台竞争新方式。从人类进入商品经济时代开始,就出现了市场,但由于空间、交易手段的限制,传统市场的参与人数和辐射半径都非常有限。这一切随着信息时代的到来都发生了巨变,信息化使地域垄断被打破,信息变得不再封闭,商品流动的速度、深度和广度都得到前所未有的提升。某些杀手级应用互联网平台迅速集聚了包括供应商与消费者在内的海量用户,使得类似平台的现实价值和潜在价值达到前所未有的厚度。信息时代,企业的竞争形态也在发生变化,平台竞争成为新的制高点。从商业史看,企业的竞争经历了一个从产品竞争到产业链竞争,再到平台竞争的阶段。在产品竞争阶段,企业之间比拼的是产品和服务的性价比;在产业链竞争阶段,企业之间比拼的是对产业链的掌控能力以及由此产生的议价能力;而在平台竞争阶段,企业之间比拼的是商业生态系统的构建和孵育能力。传统企业应根据自身行业特点,借助互联网手段,构建平台竞争新优势,将企业间的合作由一般合作模式转向供应链协作、网络组织、虚拟企业、国际战略联盟等形式。不能成为平台,就只能屈从于平台,能否适应平台竞争新方式将成为未来企业竞争的关键。

实施跨界创新新战略。电商平台正在完成从跨品类、跨平台到跨界的飞越,从而创造新的电商模式。通过一系列跨界创新,淘宝网打破边界逐步下沉，覆盖范围从此前的个人对个人（C2C）拓展到整个电子商务生态链。跨界竞争已经成为当前企业竞争的关键词。跨界的从来都不是专业的，以前所未有的迅猛速度从一个领域进入另一个领域，产业边界正在打开，产业之间加速融合，企业异质化竞争加剧。传统创新模式难以适应市场的竞争需要，整合企业内外部资源，实施跨界创新战略，正成为企业可持续发展的新动力。

构建实证管理新模式。信息时代，互联网信息平台的快速发展和广泛应用打破了信息传递的时空界限，用户和企业之间有了交流和互动的新机制。信息渠道的网络化带来用户需求的瞬息万变，使企业技术创新和产品更新有了强大的动力，导致经济变化的周期缩短、速度加快。无论是要适应变化周期短、速度快的新经济特点，还是要满足客户需求个性化的根本要求，企业都必须不断加快推出新技术、新产品的速度。这种高投入、高速度也对传统的规范管理提出了严峻的挑战，迫使企业必须紧紧跟踪市场需求和最先进的技术，为此企业管理体制迫切需要向高速运转、灵活反应、团队作业、扁平结构的方向转变，构建以客户为中心、以结果为导向、兼具一定灵活性的企业运行实证管理新模式。

从大处着眼

信息时代的企业管理变革是企业因应经营环境的变化，对企业内部层级、工作流程以及管理制度，进行必要的调整与改善，以促进企业顺利转型。信息时代，变革可能失败，但不变肯定失败。因而知道怎样变革比知道为什么变革和变革什么更加重要，在管理变革中要善于从大处着眼。

管理观念的转变。从企业最高层到最基层，以及核心作业层全员进行管理观念转变，要通过企业培训、自我学习、讨论会等方式，来学习高效处理信息的能力，并通过管理作业实践最终掌握信息管理的规律性，全员从观念上理解满足客户的特定需要贯穿产品创新、产品制造整个过程的意义，通过管理创新、产品创新达到优先满足最终客户的最终需要的目的。如此，在产品创新过程中，员工形成合力的方向一致性、同步性得到改善，工作速度大大加快，网络环境适应能力、市场竞争能力大为提高。

用户价值创新。从"以厂商为中心"发展到"以用户为中心"。在传统经营理念中，管理者往往以厂商为中心，并追求标准化、大规模生产、大规模促销和低成本竞争。信息时代，企业的生存和发展不取决于企业，而取决于用户，用户的需求正日益呈现出碎片化、个性化、体验化的特点。为此，企业必须突破原有的商业模式，对市场、客户、产品、企业价值链乃至整个商业生态进行重新审视和思考。在互联网时代，新的管理理念提出了开放、融合、协同、共赢的新要求，实现由生产型向服务型转变，由以厂商为中心的模式转变为以消费者为中心的个性化营销、柔性化生产和精准化服务的模式，并使企业与员工、产业链的上下游、合作者甚至竞争者等相关方成为利益有机体，实现商业生态系统的有效协同和共赢发展。

管理要素创新。从"生产要素管理"发展到"知识要素管理"。传统的管理往往关注采购物料、成本、库存、生产、销售渠道、结算方式、配送等环节，随着互联网时代的到来，企业越来越深刻地意识到需要从物料生产转向以智慧为基础的服务。传统的物料生产在日益激烈的市场竞争中会随着有形资产的消耗而出现生产要素报酬递减；相反，知识要素因可在其自身作用下，通过技术创新、流程再造等方式，发掘和创造市场需求的"蓝海"，引起并产生更多的创新，从而达到报酬递增。因此在互联网时代，企业应利用大数据的支持、采集和分析，将信息技术和科研、运营、管理深度融合，对上下游产业链、客户需求、成本管理、生产管理、业务流程管理等多个环节进行管理手段更新，提高研发效益，增强研发能力；促进企业管理方式从生产要素管理向知识要素管理转变。

组织结构创新。从"金字塔式等级制垂直管理"发展到"网状扁平化水平管理"。在传统工业经济时代，企业依靠原来大规模生产、大规模促销和低成本竞争来获得利润，做大做强，因此企业管理一直沿用按职能分工、条块分割形成的金字塔形层级结构，以此来获得较高的效率。在互联网广泛应用和普及的经济背景下，多年来一直被提及的网状扁平化管理概念渐渐成为一种组织结构新趋势。它没有统一强制的中心，每个小单元拥有高度自主权，单元之间彼此紧密相连，点对点之间的影响不断扩散形成网状，这种组织结构在很大程度上比传统的金字塔更适应当今互联网时代。

管理方式创新。与组织结构相适应，企业的管理方式也要相应改变。主要表现在：第一，决策权由企业顶层转移到授权小组。在信息时代，一方面，互联网技术使以前组织中较高层次的专门信息更容易向低层次传递；另一方面，知识将主要分散在企业的底层，存在于专家的头脑中，由各个授权小组拥有。因此，每个授权小组自行决定其工作方式，每个小组及其成员具有自我优化、自我设计、自我创造和自我组织的自由。第二，管理范围由企业内部扩展到企业外部。传统管理理论侧重于公司内部关系的管理。但是，随着世界范围市场竞争的加剧，产品和服务越来越复杂，顾客的需求越来越趋于定制化。这一变化使企业必须具备一系列核心能力。对单一企业来说，这是难以做到的。所以，企业必须将其与其他企业或顾客的关系进行重新整合。同时，为了追求更短的产品开发周期，减少采购、生产等费用，降低经营风险，增加企业对市场等变化因素反应的灵活性，企业要扩大管理范围，一种基于合作的虚拟企业应运而生。

人力资源管理创新。工业经济时代，人力资源管理模式往往采用以规章制度为中心的刚性管理，凭借制度约束、纪律监督、奖惩规则等手段对员工进行管理，谋求最高劳动生产率被认为是科学管理的根本目的。当今社会在全球化的影响下，资本、技术、智力全球流动与扩散，个人再也不是机器上的一颗螺丝钉，而是成为企业中最基本的单位，是具有创造性的积极力量，能够推动企业发展，这就越来越需要一种与之匹配的人力资源管理新模式。在柔性管理这种模式下，决策不再由某位领导者个人作出。在整个组织中横向交流与纵向交流方便，沟通顺畅，广泛存在友好的上下级互动关系。这种反应灵敏、灵活多变的全新人力资源管理模式，体现出和谐、融洽、协作、灵活、敏捷、韧性等柔性特征，从内心深处激发每个员工的主观能动性和创造精神，使他们真正做到心情舒畅、不遗余力地为企业不断开创新的优良业绩，成为企业在激烈的全球市场竞争中取得竞争优势的力量源泉。

业务流程创新。也就是对企业的业务流程进行根本的再思考和彻底的再设计。信息时代，企业中的每个成员都成为整个网络中的一个节点，每个节点的不可替代性决定了节点间的交流是相互平等的。节点间的关系不再是管理与被管理，而是互相管理与监督。相对平等的关系可以充分发挥每个成员的才能；互相监督减少了互相推诿，达到了较好的效果。因为网络信息传递的存在，传统的层级传递逐渐减少，实现了组织结构的扁平化、网络化，职位权力也逐渐被职能权威或文化权威取代，局部的专业性、功能性小组出现，企业经营管理手段不断创新，从而使得组织机构决策迅速，反应灵活快捷，同行企业形成以专业化联合、共享过程控制和共同目的为基本特征的企业间合作方式。

以上所列的内容是企业管理变革的主要内容，但不是全部内容，信息时代的动态复杂性特征会不断提出新的管理变革的内容和要求，唯有适应和识别，才能保证企业发展处于健康的状态。

海尔在行动

海尔是目前我国为数不多的将创新聚焦到互联网的传统企业。2005年以来，海尔为应对互联网的挑战进行了一系列颠覆性的变革，从战略到机制，从运营到考核，涉及企业所有业务、所有环节和所有员工。可以说,海尔正在进行一次具有原创性的伟大管理变革实验。

海尔认为,互联网时代企业生存和发展的权力不取决于企业,而取决于用户。正如张瑞敏所说的"固定靶"变成了"飞靶",而要"打中飞靶",企业就必须突破原有的商业模式。为此,海尔在战略指导思想上的重要创新点就是实现由生产型向服务型转变。由原来以厂商为中心、大规模生产、大规模促销和低成本竞争的企业对个人(B2C)模式,转变为以消费者为中心、个性化营销、柔性化生产和精准化服务的个人对企业(C2B)模式。海尔的服务转型不是简单地"去制造化",搞虚拟经济,也不是狭义地向产前、产后等服务环节拓展,而是企业整体服务化的全面变革。

在经营模式上,海尔推行"人单合一"管理。传统的经营机制是人单分离的,"内部管理与市场拓展两张皮",权力集中在领导。海尔彻底扭转了这种经营机制,把经营决策权、资源配置权和利益分配权下放给一线员工,由他们根据市场变化和用户需求来自主经营,并通过"倒逼机制"让研发、生产、供应、职能服务等后台系统与用户需求有效衔接,从而使企业全员面对用户,黏住用户。领导从原来的决策、分配、监督转变为主要向一线员工提供支持和服务,将原来企业员工听领导的,转变为员工听用户的,企业和领导听员工的。

在产销模式上,海尔推行"零库存下的即需即供"。长期以来,海尔与中国大多数制造企业一样,实行的是生产—库存—销售的传统产销模式,存在很大的刚性。库存一直是困扰海尔的一个十分头疼的问题。向服务转型以来，张瑞敏借助互联网提出了"零库存下的即需即供"，将海尔从大规模制造转变为大规模定制。2008年8月，海尔取消了全国26个中心仓库，要求"真单直发"，销售人员必须获取零售终端的真实订单，然后再在内部下单，从"为产品找客户"转变为"为客户找产品"，"倒逼"产品设计、企划、质量、生产、供应等后台系统进行大规模调整，同时在研发、生产、供应、职能管理等领域大力推行模块化技术，以提高响应速度。

在营销模式上，海尔推行"零距离下的虚实网结合"，提出要"虚网做实，实网做深"。所谓虚网做实，就是在互联网上不仅开展电子商务，更重要的是通过互联网搭建与用户零距离互动的平台，深度挖掘个性化需求信息，并转化为有价值的订单，实现"以服务卖产品"。比如，海尔在脸书上黏住了10万多名铁杆粉丝。在澳大利亚，通过脸书实现与用户的互动，2011年海尔法式对开门冰箱在澳大利亚市场超越LG、三星，并连续两次获得用户最满意品牌第一名。海尔建立了专门的网上设计体验馆，用户可以根据海尔提供的模块自行设计产品，并随时下单。所谓实网做深，就是进一步完善营销网、物流网、服务网，形成一个覆盖全国甚至是全球的网络，实现与"虚网"的有效结合。海尔在全国建立了"销售到村"的营销网、"送货到门"的物流网和"服务到户"的服务网。完善的营销网络已经成为海尔的重要竞争优势。

在组织结构上，海尔的重要创新点是改变传统的以事业部为主要载体的企业组织结构，将其解构和裂变为2 000多个围绕市场的"自主经营体",实现企业由做大做强向做活转变,自主经营体完全是根据用户需求组建的。

首先,根据市场机会确定经营体准入标准(即竞争力门槛),再由有意愿的员工"抢单"进入。经营体长的聘任完全颠覆了传统由领导指派的方式,由员工拿出实施方案与可实施的凭证,包括三预(预算、预案、预酬)方案来公开竞聘,由横向部门、利益相关者、员工、客户担任评委,综合评估确定经营体长。

其次,经营体长拥有用人权和分配权,还拥有企业的大资源平台。经营体长无固定任期,而且随时接受经营成果检验和"官兵互选",2/3以上的成员就可以联名淘汰不合格的经营体长,重新竞聘。经营体的成员由人力资源部门与经营体长共同设定岗位标准和定编,通过公开竞聘"抢入"。竞聘过程既明确了最终要完成的目标,又明确了完成目标所需要的手段、方法、路径和资源等,还明确了完成该目标之后所应该有的薪酬水平。经营预案都是员工根据自身能力确定的,是员工与自身能力的博弈,而不是员工与企业的博弈。对于未能竞聘成功的员工,海尔给予多次机会竞聘。如果3个月后还没有"抢入"新的经营体,就被淘汰,淘汰率不高,只有 $2\%\sim3\%$ 。

最后,海尔对经营体的要求是标准化、制度化、量化。如何量化为客户创造的价值以及在此过程中量化个人的贡献是重中之重。为此,海尔自主发明了三张表:战略损益表、日清表和人单酬表。其中,战略损益表具有非常重要的理论价值和现实意义,已经申请了国家专利。战略就是与用户零距离,收益是自主经营体为用户创造价值获得的收入。

自主经营体的实质是将市场竞争引入内部管理。企业内部经营单元变小了，员工变活跃了。为了活而不乱，海尔将经营体分为三类。活跃在市场前线的是2 000多个直接按"单"定制、生产、营销的一级经营体。中间是平台经营体，为一级经营体提供资源和专业服务。之后是战略经营体，即原来的高层管理者，主要负责创造机会和创新机制。海尔要求各级各类经营体必须面对同一目标，实现纵横连线，其中，"倒逼机制"是三级经营体之间能够有效连线的关键，自主经营体已经不存在传统的向领导汇报的概念。对于一级经营体，通过一个公开的信息平台提出自己的需求，二、三级经营体均会根据平台机制给予解决，如果解决不了，则是平台和机制出了问题，需要二级甚至是三级来关闭差距。"关差"的过程就是二级甚至是三级经营体的"单"、它们的需求。通过这样的"倒逼"和纵横连线，将海尔传统的金字塔形组织结构转变为以自主经营体为基本单元的倒三角网络型组织结构，使企业的所有环节和员工都面向用户，为创造和满足用户需求而创造性地工作。

在合作模式上，海尔的重要创新点是坚持从"分工"转向"合工"，从"零和"转向"共赢"，在"地球村"里构筑起市场拉动的"价值创造网"。为此，海尔提出了"资源换资源"的新理念，基于终端用户的需求与上下游甚至是竞争对手开展广泛合作，共创共享，合作共赢。在市场资源方面，新西兰斐雪派克公司和美国通用电气公司利用海尔在中国的市场网络和资源拓展中国市场；海尔则利用斐雪派克公司和通用电气公司分别在澳大利亚、新西兰和美国的市场网络拓展当地市场，实现了优势市场资源的互换共赢。通用电气冰箱业务 2009 年"嫁入"海尔营销网络后 3 个月就超过了其 2008 年全年在中国市场的销量,一跃成为外资冰箱品牌的第二名。在供应合作方面,海尔邀请有实力的供应商参与产品的前端设计与开发,使其由传统的零部件供应商上升到以订单为中心的战略合作伙伴。在国内,海尔还与分销商在需求预测、挖掘用户需求信息、个性化定制、售后服务等方面进行了全面的深度合作。

管理变革大趋势

21 世纪将成为完全意义上的信息时代,因此必将导致一场极其深刻的管理革命。对这场管理革命的丰富内涵及其深远意义,目前还难以全面准确地把握,但从现在已经观察到的汹涌势头看,至少将出现如下变革趋势。

企业的战略变革趋势。战略由求大求全向求新求快转变。工业时代的神话标准是规模,其理论基础是规模经济,当企业的规模增长时,产品的成本降低,从而产生价格优势,在市场上更容易被消费者认同。在边际收益递减的情况下,企业的利润在边际收益为零的那一点上实现最优。这种分析方法是以成本为中心的,即各种要素(资本、人力、资源)在产品中的比例随着总产出的扩大而减少,在最优点上边际收益等于边际成本。战略经营要求管理者必须审时度势,及时作出反应,从实际出发,注重对长期计划和战略的研究。战略与商业模式的深度融合必将成为企业管理中突出的热门课题。

企业信息化趋势。企业决策对丰富准确的信息依存度越来越高。一个企业能否在激烈的竞争中生存和发展，它的产品和服务能否跟上时代的要求，取决于该企业能否及时掌握必要和准确的信息，能否正确地加工和处理信息，能否迅速地在员工之间传递和分享信息，特别是能否把信息融合到产品和生产服务过程之中，融合到企业的整个经营与管理工作之中。企业对信息进行管理，不仅需要有强大的信息网络和信息收集能力，更为重要的是要有出色的信息分析、传递和利用能力。随着信息技术的推广应用和信息资源的不断开发利用，管理信息化正在往广度和深度发展，这导致信息管理在整个管理中的地位提升。信息管理渗透和体现在各种管理职能中，以及企业管理的一切方面和全部过程。可以说，现代企业和组织若无信息管理，也就谈不上任何管理了。

管理人性化趋势。管理对人性的假设越来越复杂。管理学差不多所有理论都建立在人性假设的基础上。20世纪初泰勒的科学管理基于"经济人"这一假设；20世纪30年代梅奥等人的行为管理基于"社会人"这一假设；20世纪50年代又有了马斯洛基于"自我实现的人"假设的人性管理；20世纪80年代以来出现的文化管理强调实现自我的企业文化。管理学发展史表明，管理建立在对人性假设的基础上，因此将提高人的素质，处理人际关系，满足人的需求，调动人的主动性、积极性和创造性的工作放在首位。在管理方式上，现代管理更强调用柔性的方法，尊重个人的价值和能力，通过激励、鼓励人，以感情最充分地调动员工的积极性、主动性和创造性，实现人力资源的优化及合理配置。

组织弹性化趋势。管理正从固定的组织系统向富有弹性的组织系统转变。过去在组织管理中建立起的一套完整系统长期固定不变,显得僵硬。现在,由于社会环境不断变化,要求企业组织结构趋于灵活而富有弹性,以求信息畅通并行动敏捷,具有很强的环境适应能力。在企业各下属机构变小的同时,赋予它们更大的自主权,实行经营权和管理权下放,这既有利于发挥下属人员的专长和创造精神,又有利于企业领导把主要精力集中在高层战略决策上。随着信息技术的不断进步和网络经济的不断发展,企业组织结构必然会趋于随意和多样,组织的管理也必将日趋弹性化。

变革和创新趋势。变革是企业为适应外部环境变化而进行的自身改变。这些改变既包括企业战略、体系、程序和实践等外在因素的改变,也包括员工价值观、理想和行为等内在因素的改变,因此是深层次的变革。人们不仅关心企业一些具体事项的变革,更关心其不断变革的能力。变革是企业的现实,应对变革是每个管理者工作中不可分割的部分。可以看出,富有创新力的企业能够不断地将创造性思想转变为某种有用的结果,无论是大公司还是中小公司,成功公司还是处于危机中的公司,都在努力地进行创新和变革。

管理体系的变革趋势。在互联网时代,经济活动的市场对于任何一个潜在的进入者和退出者的开放性远比工业社会大得多,因为互联网是没有疆域的,不存在各种限制。互联网的冲击在于将原来围绕资本建立的管理体系转向以信息流动和知识开发为中心的管理体系。从这种意义上说,任何企业只要有了充分的知识资源，就可以进入市场，因为有关的资本要素不再是竞争的关键，市场基本是存在大量资本而知识稀缺，良好的知识将会是资本争抢的目标。

营销物流体系的变革趋势。营销物流体系朝多样便捷方向转变。互联网的发展首先对零售业发起了强大的冲击。在互联网时代，生产商不仅可以直接面对零售商，而且可以直接面对消费者，省去了代理商的佣金及中间的各种成本和费用，拥有更多的价格优势，并根据消费者的需求来进行生产，通过网络直接将客户的需求信息送到生产线，从而实现了消费者需求的个性化和市场细分。同时，通过互联网生产者还可以直接和供应商联络，在原料采购方面享有更多的灵活性和价格上的优惠，并保持最优化的库存量和顺畅的物流体系。传统科层的销售体系中厂商的配送是大宗的、一次性的。而直接面对消费者时，厂商必须建立一个庞大的、快速灵活的配送队伍以保证商品的快速送达。

组织结构的变革趋势。网络化组织是以信息为基础的，其结构是扁平的，管理层级比等级制组织少得多。这是因为：由于企业计算机技术及互联网技术的应用，企业内外的信息传递更为方便、直接，大量原有组织内传递上下各层级信息的中间组织可以消除，这样就减少了管理层级，增强了组织的反应能力；在网络经济时代，企业所有部门及人员应充分了解、掌握各类信息，更直接地面对市场，这也促使企业尽量减少中间层级，保证组织结构扁平化。扁平化结构的益处之一就是减少决策与行动之间的延迟，加快对市场竞争动态变化的反应，从而使组织的能力变得柔性化，反应更加灵敏。

管理方式的变革趋势。由命令与控制向集中与协作转变。在工业时代的等级制中，工作先按过程分解，然后通过命令和控制进行连接。通常，指令来自组织上层。下层人员要发挥创造性，必须得到其主管的许可。这种命令与控制方式，使企业管理上层仅擅长发布命令，而不对创新性问题仔细倾听，有意义的交流、沟通过程没有滋生的土壤。互联网可以很方便地使企业内部和企业之间的人员、过程动态、对等地协作。互联网上，人们可以交互式工作，在开发思路时反复即时传递信息，企业管理者、专业人员和员工都是网络中的知识贡献者，都可以成为网络上的决策点或节点。

业务链管理的变革趋势。通过计算机集成技术实现企业管理的一体化，实现基于业务处理的柔性组织结构和工作网络，实现以供应商、制造、分销、销售、消费者为主线的事务处理和资本市场、投资、资金、财务、银行为主线的价值链集成，实现事务处理和价值控制的协调管理。通过供应链管理、客户关系管理等系统在产品、合同和需求方面与上游供应商、下游消费者完成信息集成，实现订货、交付、支付等活动与企业内部相关业务的实时交互。

总之，信息时代管理变革的最大可能性，就是在互联网技术的基础上，重新明确管理的任务和构建新的计划、组织、领导与控制职能体系，使企业管理进入更高的层次和境界。

WHAT IS MANAGEMENT
The Common Sense of Improving Efficiency

第二部分
管理的三大主要任务

过去30年里，管理学及其赖以生存的环境发生了急剧的变化。以互联网为代表的外部环境和人们对创业创新的渴望，都使管理的任务变得更为复杂。应对各种变化是管理最为困难的职责之一，充分有效地应对各种变化，需要准确把握正在发生变化的要素。为此，通过对众多企业的成长经历进行分析，我们发现商业模式、产权模式和治理模式是企业管理面对的新挑战，无论何种类型和规模的企业都面临这三大任务的考验。我们不准备将这些概念当作技术工具，因为已经有好多书那样做了，我们将通过对国内外一些经典案例的解析，将这些概念当作主导企业管理的途径和方法。我们认为，这些任务已经成为企业必须面对的管理问题。

第三章

商业模式：必须具有战略性

商业模式是新经济环境下企业管理的第一项任务。商业模式是透过现象去挖掘企业利益的根本手段，是企业战略的具体化，是包含在企业组织结构和企业行为中的商业逻辑。实践证明，成功的商业模式需要建立在企业战略的基础上，而成功的企业战略必须有成功的商业模式来支撑。

商业模式的力量

国内外许多学者为了避讳利润，都在"盈利"的外围发表对企业的观点。比如管理大师德鲁克认为，企业的本质是创造顾客，那创造顾客的目的是什么，不也是为了使顾客购买你的产品和服务吗？并且这种服务一定要产生利润，否则企业就活不下去。我们在讨论企业的定义时不强调结果而只讲结果之前的精彩过程容易误导管理者。

没有一个企业不希望盈利，只有追求长期盈利和短期盈利之分，因为没有利润就不能保证企业的生存和发展。企业的董事长或总经理经常探讨这样的话题：企业靠什么赚钱？企业的利润主要从何处来？我们通过对上述问题的长期观察和思考，获得了一个有价值的发现：企业首先必须依赖于它的商业模式来赚钱。

商业模式是企业的基本盈利假设及其实现方式，以及由此产生的不同价值链和不同资源配置方式。具体地说，商业模式就是要确定企业的利润从哪里来，企业利润来源于什么样的价值链，以及主要由价值链中的哪些环节实现，并要确定为什么是这样的而不是其他选择。因此，必须对企业盈利方式进行假设和设计，而这些必须依赖于企业对市场前景和发展趋势的思考，对竞争对手商业模式的分析和比对，对自身资源的优化和对外部资源的重新组合，所有企业无一不是通过商业模式来获取利润或超额利润的。企业的所有者或管理者要做的第一件事就是对商业模式进行安排：怎样保证盈利模式在盈利能力上超过竞争对手？希望利润主要来源于产业链条的哪些环节？为了实现企业价值设计，资源如何配置更为高效？

企业要获利，就要根据自己的需要使企业的价值链与产业价值链在形式和内容上产生巨大差异。利润的来源很大程度上取决于企业所选择的价值链，体现在价值链的差异和相同环节的内涵差异上，最终体现在企业资源配置方式的差异上。商业模式如何变化决定了资源配置方式如何变化，因为资源是有限的，如何将有限的资源发挥出比竞争对手更大的功效是管理者的价值所在。如果对一种新的更高效的资源配置方式无动于衷，就会面临被淘汰的风险。

市场竞争首先迫使企业进行商业模式创新，其次才是技术等其他创新，而且这些都要为商业模式服务。如汽车市场的竞争导致汽车信贷出现，现在无论通用汽车公司还是福特公司，其主要利润均来源于汽车信贷，汽车信贷的出现改变了传统汽车生产厂商的商业模式。后来的汽车生产配件分包的出现又一次改变了汽车生产厂商的商业模式，大型汽车生产厂商的利润不再来源于对自身生产成本的控制，而是来源于批量采购的低价格和品牌。国内建筑行业似乎也有向建筑金融商业模式转型的迹象。当今有建筑资质的建筑商，都在尝试二级承包商项目承包方式，建筑商主要进行资金管理和项目质量管理，其主要利润来自项目管理费和资金信贷服务费，成本和劳务管理完全由分包商负责，建筑产业链正在进行拆分和整合。湖北一家民营建筑特级企业最近几年发展极快，主要依靠的是特级资质、质量管理体系和强大的融资能力，而具体工程基本上都由分包商负责。上面的每一次变化都是商业模式的一种重大创新。不难看出，正是这种激烈的市场竞争使商业模式具有差异，这些差异因竞争对手商业模式和时间的变化而不断变化。

商业模式的本质是一种基于信息不对称的管理行为。随着经济社会的发展，特别是技术的进步，一方面，科学技术日新月异，消费者需求日益呈现出个性化和变动性的特征，市场细分程度越来越高，企业面临动态复杂的环境；另一方面，互联网有降低交易成本的极大潜能，发达的通信技术为企业间以低成本方式组建系统和联盟，顺利完成商业运作提供了机会和可能。这两方面的力量把商业模式创新推向了商业实践的前沿，商业模式成为新经济时代的热门概念。

商业模式的内涵在于企业通过对不同交易方式以及相关资源与能力的组合，形成相对稳定的经营机制，从而达成交易成本最小的制度安排。其要素主要由"战略""技术""市场"三大模块组成，即战略模块下的价值主张、产业价值链定位与发展模式；技术模块下的技术分解、技术门槛与技术创新；市场模块下的业态选择、盈利模式与业务模式。

随着市场经济的发展，同一领域存在众多的竞争者。"干什么"已经不能保证企业的竞争力提升，因此"怎么干"逐步成为成功实现企业战略，确保企业竞争优势与持续经营的关键环节。能否选择恰当的商业模式，并根据企业的内外部环境不断优化，成为一个企业能否保持优势、基业常青的决定性因素，即商业模式逐步上升为企业战略的核心问题。从现实看，有生命力的商业模式都建立在成功的企业战略基础上，而成功的企业战略也同样需要成熟的商业模式来支撑。因此，商业模式与企业战略并不是两个孤立的单元，而是在企业生存与发展过程中最重要的、需要有机结合的两个决定性因素。

商业模式并不是商业世界新出现的概念。现实中的每一家企业都有自己的商业模式，只不过在早期的企业发展中，竞争尚未达到直接影响企业生存和发展的程度，人们对商业模式并未采取专门的方式来进行设计和安排。直到20世纪末，很多电子商务企业凭借其独特的商业模式改变了游戏规则，甚至开创了新的产业，企业界才认识到商业模式的巨大威力。在新的管理实践中，商业模式已成为提升企业效率的首要工具。

构建战略性商业模式

20世纪90年代以来，日益加剧的全球化竞争导致企业的经营环境动荡不定，产业价值转移的趋势日益明显，有些产业甚至呈现超强竞争的态势。面临经营环境的结构性变化，颠覆产业规则的战略思维日占上风。因此从商业模式角度思考企业发展问题，逐渐受到管理者的重视。

企业战略必须是可操作、高效、可持续发展的战略布局，而其操作性、运行绩效、持久性恰恰又依赖于与之相契合的商业模式的支撑。因此，只有构建战略性商业模式，才能有效地想"干什么"就能"干成什么"，尤其要重视"怎么干"。海南航空集团最善于把企业战略与商业模式进行有机整合，通过构建战略性商业模式有效促进了企业发展。

海航集团于2000年1月经国家工商行政管理局批准组建，以航空运输业为主体，覆盖航空运输、旅游服务、机场管理、物流、酒店管理、金融服务、地产、商贸零售、航空食品和其他相关产业。从海航产业布局可以看出海航打造全产业的野心。

海航的产业分布看似杂乱，实际上主要是围绕航空旅游、物流与金融。海航三大支柱产业并不是孤立的。三大产业都有明确的主线,这也是海航的资源整合所要达到的目标。三大产业的三条主线分别是:以人的空间转移为主线的旅游的全部消费链;以物为主线的物流业;以企业为主线的金融服务业。归根到底,海航所有产业就是两个字:"服务"。

海航作为地方航空公司,为了扩大自己的服务规模,必须走国际化战略,但航空企业的关键资源是航线。如果与国内三大航空公司直接竞争,申请到飞往香港的航线机会很渺茫。经过系统调研,海航发现港联这家以前很少有人关注、规模极小的香港本土航空公司的价值正在迅速上升。

于是海航与港联2005年年初开始接触,双方正式商谈合作计划则是在2006年3月。港联的实际控制人是赌王何鸿燊,航线以支线为主,舱位单一,无商务舱,运营业绩并不理想。但是,内地和香港关于航空服务的政策却给港联带来了柳暗花明又一村的结局。根据以往的条约,香港航空公司开通内地航线的权利只掌握在港龙手中,而根据对等原则,只有国航这样的公司才能申请并拥有飞往香港的航线,因此海航要想开通内地城市至香港的航班机会是很小的。2004年后航权政策一再放松,内地和香港签署新航空服务协议,规定每条内地航线双方都可指定两家香港航空公司经营,这使得港联于2005年5月取得广州、杭州、重庆、南京和宁波五个内地城市的航线经营权。香港航空业竞争的剧烈变动让港联的价值凸现出来,而且在很大程度上其价值只对海航才存在。

2006年6月国泰吞并港龙后,香港突然就变成仅有一家航空公司开通内地航线了。而为了缓解国泰收购港龙后对内地民航业的冲击，协调双方的竞争关系，国航和国泰签订了一系列营运协议，由国航独家负责国泰（包括港龙）在内地的客运销售。这样事实上将使国航占据70%以上的香港市场和1/3的内地市场，形成北京—香港双枢纽网络的格局。国航掌控了竞争的主动权与话语权，对海航形成了巨大的竞争压力。虽然海航一直希望拥有以香港身份开通内地航线的新渠道，避免直接与国内三大航空公司苦苦竞争，但由于航空业祖父条款的约束被排斥于政策条款之外。这对于一个地方航空公司的发展极为不利。

而港联的身份和已经取得的内地城市的航线经营权恰好可以打破这种垄断，让海航实现"曲线救国"的梦想。

当然，为了顺利解决既拥有控制权又保持香港航空公司身份的问题，海航花了大量的心思。海航在同港联接触时本想成为其控股股东，但是，"如果控股，港联就将失去其香港航空公司的身份，从而失去香港至内地航线的经营权。这将使港联优势尽失。"出于保护港联香港特区"指定航空公司"（即在香港注册、管理层和决策层都在香港）身份的考虑，海航决定将入股计划变为45%，港联原股东继续持有剩余55%的股份，保持作为香港注册航空公司的地位。

香港经济发展及劳工局在对最新股权结构、新管理层架构、董事局成员等多方面进行审查后，认定港联股权结构改变后仍然无损作为香港"指定航空公司"的地位，拥有在香港申请航权的权利，该公司可以继续以香港为决策和营运基地。至此，海航这样一家地方航空公司也拥有了同国航、南航一样进出香港的权利，港联被收购后与中富航空（此前也被海航收购）合二为一，这样海航成为仅次于国泰的香港第二大航空承运人。

在这次资源整合过程中，海航的战略目标就是以参股方式实现资源互补，提高竞争力。其商业模式的核心是收购港联，以香港身份开通内地航线的新渠道，直接避免了陷入与内地三大航空公司苦苦竞争还几乎无望申请香港航线的局面。商业模式的盈利点主要是客运收入、货运收入、服务收入。

海航收购港联本身并不困难和复杂，关键在于如何发现以前很少有人关注的这家规模极小的香港本土航空公司的价值正在迅速上升。这一方面与航权新战略变动有关系，另一方面与国内航空业的竞争有关系。在生存空间日益缩小的情况下，大刀阔斧地收购是海航获得竞争空间的唯一选择，而对港联的收购则"曲线"实现了这一目标。海航从1 000万元起家，不仅创造了连续8年盈利的神话，也创造了在资本市场上长袖善舞的奇迹。通过一系列兼并、收购和重组，海航已经成为中国最富有竞争力的航空公司之一。目前，海航已经通过这种"曲线"方式开通了国内外的一系列航线。至此，海航的航权空前开阔，基本摆脱了体制的约束，将自己的竞争空间提高了一个台阶。

战略和商业模式是非常相似的两个概念。两者的主要区别在于：战略往往需要确定目标，但目标很少作为要素出现在商业模式中。盈利模式是商业模式概念的一个要素，而在战略概念中只是经营系统的一部分，如价值链中的定价、成本和收入等职能。在信息技术的普及引发价值创造与获取方式剧变的今天，企业当然应该重视盈利模式这个要素。尤其是对于电子商务企业来说，选择什么样的盈利模式往往是关乎其命运的重大问题。战略和商业模式在这方面的差别也反映了商业模式概念所承载的时代特征。

战略性商业模式是对企业运营性商业模式加以扩展和利用。应该说战略性商业模式涉及企业的方方面面，包括企业向客户提供什么样的价值和利益、品牌、产品等，企业如何向客户传递业务和价值，包括渠道倍增、渠道集中压缩等。随着企业环境的演变，商业模式已经成为管理的重要任务，而把握商业模式的战略性原则，才能保证商业模式既具有根本性、系统性和前瞻性，又高度关注客户价值在企业内部的导向性作用，并在此基础上形成有效的盈利杠杆和盈利渠道，从而构建系统化的商业效率体系。

将战略转化为行动

戴尔公司所采用的商业模式是世界上最好的商业模式之一。迈克尔·戴尔则作为当代典型的企业家而备受商业媒体的关注，这个年轻的电脑奇才从大学辍学，通过创立自己的技术公司赚了大钱。不过，迈克尔·戴尔真正有影响的见解并不是在技术方面，而是在商业方面。早在20世纪80年代初他就开始关注个人电脑生产企业的运作模式，并且发现了一条更好的路子。这种方法可以消除许多不必要的成本，让人们以更低的价格买到自己想要的电脑。

戴尔的商业发明就是向客户直销。戴尔公司从消费者那里直接拿到订单，接下来自己购买配件组装电脑。这就意味着戴尔公司无须车间和设备生产配件，也无须在研发上投入资金。消费者得到了自己想要的电脑配置，戴尔公司也避免了中间商的加价。

这种模式现在已成为一个很普通的商业行为，但在当时，真是一个奇妙的商业创意。戴尔本人通过为消费者消除中间环节获得了大量财富。他以很低的代价获得了技术，比其他个人电脑制造商获得了更为丰厚的利润。戴尔公司的直销商业模式就是利用现有的价值链，并且剔除了一个不必要、成本昂贵的环节（在经济学术语中，称之为"非居间化"或"脱媒"）。从消费者的角度看，这种新价值链更有意义。

戴尔从大学辍学、全力经营自己公司之时，也没有料到取消中间人会有那么多优势。这也正是我们在故事中发现的真正有趣的地方。按照订单制造产品的方法让戴尔公司避免了大量库存产品产生的所有成本和风险。无论商业环境发生什么变化，这都将是一件非常好的事情。20世纪90年代，伴随着骄人的创新速度，戴尔公司的商业模式更成为一道亮丽的风景。

大家耳熟能详的新经济的一个特点，就是价值的来源从具体事物向创意、从产品向服务转移。戴尔公司商业模式的成功进一步证明，产品甚至也可以像服务那样去做。这究竟有什么意义？为什么会这样？

库存对于服务企业来说一直都很重要。比如，在一家航空公司，每次飞行肯定都需要很大的固定成本。这些成本包括飞机本身、燃油以及机组人员，而且都是基本固定的。因为不论乘客是300人还是30人，这些成本都不会改变。为了赚钱，就必须设法让飞机满员，这在航空业中称为"上座率"。航空公司不可能将一个飞机座位放在库房里存起来,这些座位就像一盒非常容易腐烂的草莓一样,根本无法保留。医院也面临同样的问题,不可能将病床、仪器设备以及受过严格训练的医护人员放进库房中去。每一种专业人士,比如律师、医生、咨询师等,也都明白自己的时间不可能储存到库房中去。对于固定成本很高的服务行业来说,主要工作其实就是设法解决上述问题。

然而,制造企业过去往往依照不同的经济模式行事。如果生产的是一种小机械,那么你就可以将产品放在库房中,直到有消费者准备购买时才拿出来。不过,在一些产品更新换代很快的行业,消费者的欣赏口味也变化很快,这时产品就变得像在服务业中那样,很容易"腐烂"过时。戴尔公司前总裁凯文·罗林斯曾经感叹说:"我们现在就像卖菜的农夫,搞不好东西就会烂在手里。"他的意思是说,电脑技术的发展非常之快,如果公司不能迅速将电脑卖掉,产品就很容易变成一堆过时的机器,而过时的电脑就像已经开始腐烂变质的蔬菜、水果那样。这种关于库存和速度的认识,促使戴尔公司在过去十多年里表现不俗。因此,现在不论在什么行业,很多CEO都在讲,速度是他们优先考虑的问题之一。

直销模式让戴尔公司保持了一种令竞争对手疲于应付的速度,也让它与客户建立了直接联系。这种联系又让它及时掌握客户想要什么样的产品,何时需要这样的产品。然后,戴尔公司运用这些信息促使合作的供应商及时生产并将配件送到自己的装配工厂。正如迈克尔·戴尔本人所说:"我们用信息代替了库存。"这对于戴尔公司的供应商来说同样有利,因为它们可以更稳定地向戴尔公司提供电脑配件。

从一定意义上讲，这种故事的意义其实相当简单：为客户提供价廉物美的产品和服务的同时，自己的公司也得到长足发展。但是，从另一个意义上讲也会相当复杂，价廉物美的产品和服务需要通过一个系统、一个商业模式产生，商业模式建立在关于价值的远见之上，只有拥有优秀的商业模式，为客户提供价廉物美的服务才有可能实现。

戴尔公司自身的成本结构大大降低了各种支出，因此它可以为客户提供更多价格低廉的电脑。戴尔公司将来又会怎样做？随着个人电脑市场的发展开始放缓，戴尔公司迅速将自己的直销模式拓展到新领域，比如转向服务器等产品。事实上，这是一种非常明晰的模式，戴尔公司所有的管理者都深刻领悟了这种模式的真谛，从而也大大帮助他们很快适应变化。毫无疑问，戴尔公司开创的直销式商业模式在商业领域产生了巨大影响，之后又先后诞生了总代理制商业模式、联销体商业模式、仓储式商业模式、专卖式商业模式和复合式商业模式，商业模式出现了不断创新发展的局面。

总代理制商业模式。这种商业模式为广大的中小企业所广泛使用。中小企业在发展过程中面临两个核心困难：其一是团队执行力比较差，很难在短时间内构建一个强大的执行团队，而选择经销商做总代理可以省去很多当地市场开发的麻烦；其二是资金有困难，中小企业普遍资金实力比较薄弱，选择总代理制商业模式，可以在一定程度上占用总代理的一部分资金，更有甚者，可以通过这种方式完成原始资本的积累，实现企业快速发展。

联销体商业模式。随着大量中小企业选择采取总代理制商业模式,有能力的经销商成为一种稀缺的战略性资源,很多经销商对于鱼目混珠的招商产生了严重的戒备心理。在这样的市场状况下,许多有实力的经销商为了降低商业风险选择了与企业进行捆绑式合作,即制造商与经销商分别出资,成立联销体机构,这种联销体既可以控制经销商的市场风险,也可以保证制造商始终有一个很好的销售平台。联销体这种方式受到了很多有理想、有长期发展规划的制造商的欢迎。如食品行业的龙头企业娃哈哈就采取了这种联销体商业模式,空调行业巨头格力也选择与区域性代理商合资成立公司共同运营市场,取得了不错的市场业绩。

仓储式商业模式。仓储式商业模式也是很多消费品企业选择的商业模式。目前发展迅速的大型卖场,如沃尔玛、大润发等在中国市场如日中天,为降低渠道系统成本,提高企业在市场上的价格竞争能力,这些企业选择了仓储式商业模式,直接将产品配送到消费者手里。仓储式商业模式与直供最大的不同是,直供是企业不拥有直接的店铺,通过第三方平台完成产品销售,企业将货源直接供应给第三方销售平台。而仓储式商业模式是企业拥有自己的销售平台,通过自己的销售平台完成市场配货功能。

专卖式商业模式。随着我国市场渠道终端资源越来越稀缺,越来越多的中国消费品企业选择专卖形式的商业模式。如五粮液提出了全国2 000家专卖店计划、蒙牛乳业提出了蒙牛专卖店加盟计划等。选择专卖式商业模式需要具备三种资源(任何一种或者三种均具备):其一是品牌。选择专卖式商业模式的企业基本上具备很好的品牌基础,消费者自愿消费比较多,而且市场认知也比较成熟。其二是产品线。要维系一个专卖店具有稳定的利润，专卖店的产品结构就应该比较合理，因此选择专卖渠道的企业必须具备比较丰富的产品线。其三是消费者行为习惯。比如在广大的农村市场，这种专卖模式就很难起到推动市场销售的作用。

复合式商业模式。由于我国市场环境异常复杂，很多快速消费品企业在营销策略上也选择了多种形式。复合式商业模式是基于企业发展阶段而作出的策略性选择。但是要特别注意的是，一般情况下无论多么复杂的企业与多么复杂的市场，都应该有主流的商业模式，而不能将商业模式复杂化作为朝令夕改的借口，使得营销系统在商业模式上出现重大的摇摆。

中小企业更需要商业模式

我们经常看到诸如通用电气、丰田、海尔、格力、华为等国内外知名品牌的商业故事，思维的惯性会促使中小企业将大企业、大品牌的商业逻辑作为自己的标杆。因此，对中小企业进行商业模式的推广难免会受到企业的偏废。我们需要质疑的是，仅占企业总数不到1%的大型、特大型企业的某些成功商业模式，或在此基础上研究出来的一部分商业模式理论，是否也是能适应占企业总数99%的中小企业的普遍规律？至少，从统计学选样的角度来看，其结果更应该是否定的。

在实践中，越来越多的管理实践表明，简单地复制大企业的成功商业模式，效果往往不尽如人意。也就是说，中小企业的确需要摸索出一种与众不同的商业模式。一般来说，中小企业的快速成长有赖于两个方面：一是有利的外部市场和行业条件，一是内在的技术、人力等资源优势。但是要用企业内部有限的资源去把握"无限"（相对创业型企业的产能而言）的市场需求，需要有合理的商业模式去嫁接。

海南国盛古典家具公司是一家典型的中小企业。2012年前主要从事食品行业，2008年金融危机期间，公司意外获得了相当数量的老挝大红酸枝的存货，为此，公司以现有资源为导向，全面进军家具产业且发展迅速。由于家具是该公司的新产品，品牌知名度不高，当时企业不具备技术储备、研发能力和全面市场推广条件，而且技术研发需要时间和资金，我作为公司的管理顾问力推商业模式创新。在对市场机会和企业战略性资源进行分析后，我和公司决策层一道制定了品牌先导、专卖店造势、工厂展示中心促销的商业模式，并以此为基础，加大产能规模。为达到供求平衡，把海口作为根据地市场重点开发，率先构建了专卖店网络、高端展会宣传、品牌塑造、口碑营销体系等。坚持红木古典家具专业化全产业链的战略定位，大胆放弃原先的食品企业定位，迅速形成专业化优势。经过5年的发展，公司已经成为海南省古典家具第一品牌，是一家产销一体化、以专卖店联网与电商渠道为支撑的新型古典家具优势企业。

我们再来看一家信息技术企业的案例。这是一家年轻人创办的公司，主打产品是智能防盗电子系统。这种电子防盗器主要用来替代传统的防盗网和防盗门产品，产品技术含量高，附加值也高。在经营这种产品时，公司在销售方式上采取自营直销的方式，通过大量宣传推广来激发市场。另外，由于这种产品需要安装调试，企业特意培养了一支专业的安装服务队伍。这便是这家企业早期商业模式的基本雏形。

问及经营状况时，年轻的老板感叹市场的确很大，自己却感觉驾驭不了，主要是销售和安装队伍的扩张不能跟上市场发展的需要，另外由于资金越来越紧张，公司越发展感觉压力越大。

经过调研获悉，该公司的产品需要大量专业安装人员，但是产品的售价一般只有三五百元，粗略计算一下，一旦该企业的年营业收入突破5 000万元，根据工作量倒推，需要300~500名安装服务人员，而且管理安装员工的管理人员也要配置30人以上，一旦流动率高，其招聘培训成本将是一笔巨大开支。这种人员规模与市场成长之间的线性关系无疑给企业的成长埋下了定时炸弹。

从财务的角度来看，这种人工成本实际上就是固定成本。固定成本攀高意味着企业的盈亏平衡点更高，也就是说，市场虽然成长了，但是企业很难获得相当的规模效应，而且，一旦经营不景气，这种高额的固定成本很容易让公司陷入经营的困局。

再从战略的角度来看，该公司的大部分资源集中在人力资源要素上，顺其自然的逻辑是，该公司注定会决定将服务质量的提升作为重点工作来抓，如果公司在服务质量上不能提升，也是一种资源浪费。这种无奈让企业的战略选择形成了一定的路径依赖。对于这家公司的防盗系统而言，无疑技术含量应该是其核心竞争力的源泉，而不应该是服务，因为消费者不仅是在意安装时的服务态度，更在意安装后的防盗效果。通过分析，我们建议取消安装服务，尽快编制一本傻瓜式的《安装使用说明书》，通过程序化、标准化的安装和调试操作规范，替代专业的安装人员。

另外，鉴于中小企业在成长过程中常常因为扩大产能、增加研发资金、扩编队伍等，相比成熟企业更加需要资金的现实，我们建议该公司在前期销售模式上以代理为主，强化协销，既可以快速回笼资金，又可以整合社会资源，这样比单打独斗占领市场的速度要快得多。这种模式可以使公司腾出精力来专注于品牌营销和技术研发，也就自然抓住了价值链条上的关键环节，确保企业发展过程中具备整合价值链条的发牌权。该公司接受我们制定的商业模式建议后，迅速对企业组织结构和管理体制进行了调整，企业面貌随之发生重大变化。目前，这家公司已经成为区域性行业领军企业。

国盛古典家具公司和这家信息技术公司都是中小企业，它们都有很好的技术和市场商机，创业初期在商业模式上都存在一定的阻碍。在长期与中小企业管理者的交流中我们发现，中小企业发展阻力的主要成因是自身的资产增值能力和速度不能满足企业扩张对快速投入增量资产的要求之间的矛盾。上述两家企业就是通过设计一种对资源有很强整合力的商业模式，来破解这种矛盾的。它们原来的商业模式只是封闭式地配置自己已经拥有的资源，而重新塑造后的商业模式的一个显著特征是，对社会其他资源有更强的整合力。在新的商业模式下，它们所配置抑或整合到的资源不仅包括企业已经拥有的，也包括企业可以整合的社会资源。

中小企业商业模式设计有两个要点：其一，中小企业在商业模式上不能简单模仿成熟的商业模式；其二，中小企业的商业模式通常要具备很强的资源整合能力，尤其是创业型的中小企业，因为中小企业更关注扩张与发展，而大型企业更关注持续。中小企业的商业模式在具体设计和运用中，必须注意将战略要素贯穿其中，确保商业模式与战略的融合与统一，避免商业模式陷入具体业务性俗套，提高商业模式的战略定力，发挥商业模式承接战略、转化战略、推进战略落地的特殊作用。

盈利、持续盈利

商业模式是一个整体、系统的概念，而并非一个单一的组成因素。收入模式（广告收入、注册费、服务费）、向客户提供的价值（在价格上竞争、在质量上竞争）、组织结构（自成体系的业务单元、整合的网络能力）等，都是商业模式的重要组成部分，但并非全部。商业模式的组成部分之间必须有内在联系，这个内在联系能把各组成部分有机地关联起来，使它们互相支持、共同作用，形成一个良性的循环。盈利、持续盈利是商业模式设计方法的最高原则。

客户价值最大化。商业模式能否持续盈利与该模式能否使客户价值最大化有必然联系。一个不能满足客户价值要求的商业模式，即使盈利也一定是暂时、偶然的，不具有持续性。反之，一个能使客户价值最大化的商业模式，即使暂时不盈利，终究仍会走向盈利。所以我们把对客户价值的实现再实现、满足再满足当作企业应该始终追求的主观目标。

持续盈利。企业能否持续盈利是我们判断其商业模式是否成功的唯一外在标准。因此，在设计商业模式时，盈利和如何盈利也就自然成为重要的关注点。当然，这里指的是在阳光下的持续盈利。持续盈利是指既要盈利，又要有发展后劲、可持续性，而不是一时的偶然盈利。

资源整合。整合就是要优化资源配置，就是要有进有退、有取有舍，就是要获得整体的最优。在战略思维层面上，资源整合是指用系统论的思维方式，通过组织协调，把企业内部彼此相关但却分离的职能，把企业外部既参与共同使命又拥有独立经济利益的合作伙伴整合成一个为客户服务的系统，取得 $1+1>2$ 的效果。在战术选择的层面上，资源整合是优化配置的基础，根据企业发展战略和市场需求对有关的资源进行重新配置，以凸显企业的核心竞争力，并寻求资源配置与客户需求的最佳结合点，进行协调以增强企业的竞争优势，提高客户服务水平。

战略性商业模式必须具备如下条件：

持续创新。成功的商业模式不一定是在技术上的突破，还可能是对某一价值链某一环节的改造，或者对原有商业模式的重组和创新，致使整个游戏规则颠覆。商业模式的创新贯穿企业发展的整个过程，贯穿企业资源研发模式、制造方式、营销体系、物流配送等环节。也就是说，在企业管理每个环节上的创新都有可能变成一种成功的商业模式。

融资有效性。打造成功的融资模式对企业有着特殊的意义，对中小企业来说更是如此。企业生存需要资金，发展需要资金，快速成长更是需要资金。资金已经成为所有企业发展中绕不开的障碍和很难突破的瓶颈。谁能解决资金问题，谁就赢得了企业发展的先机，也就掌握了市场的主动权。从一些成功企业的发展过程来看，无论其表面上对外阐述的成功理由是什么，都不能回避和掩盖资金对其成功的重要作用，许多企业就是因为没有建立有效的融资模式而失败了。曾经与国美公司不相上下的国通电器，拥有过30多亿元的销售额，却因为仅几百万元的资金缺口而销声匿迹。商业模式的设计很重要的一环就是要考虑融资模式，能够融到资金，商业模式就已经成功了一半。

高效率。高效率是每个企业管理者都梦寐以求的境界，也是成功商业模式追求的最高目标。用经济学的原理衡量，决定国家富裕或贫穷的砝码是效率；决定企业是否有盈利能力的也是效率。按现代管理学理论来看，一个企业要想高效率地运行，首先要解决的是企业的愿景、使命和核心价值观，这是企业生存、成长的动力，也是员工干好工作的理由。其次要有一套科学实用的运营和管理系统，解决的是系统协同、计划、组织和约束问题。最后要有科学的奖励激励方案，解决的是如何让员工分享企业果实的问题。只有把这三个主要问题解决好了，商业模式才能贡献效率。

风险控制。再好的商业模式，如果抵御风险的能力很差，就会像在沙丘上建立的大厦一样，经不起任何风浪。这个风险既指企业系统外的风险，如政策、法律和行业风险，也指企业系统内的风险，如产品的变化、人员的变更、资金的不继等。当下企业的竞争不再是单枪匹马的竞争，不再是单打独斗的竞争，而是系统与系统之间的竞争、价值链与价值链之间的竞争。如丰田公司已经不是一个单独的汽车公司，它是由数千家研发外包公司，数万家 4S 店销售网点、服务网点共同构成的系统。所以别的企业要和丰田竞争，面对的是它背后这套庞大有序的系统，它的整个价值链才是真正无法逾越、难以挑战的。对企业来讲，如果能够建立这种透明、互信的商业机制，那么整个系统之间的效率将是最高的，成本将是最低的，风险将是最小的。

确保整体利益最大化

商业模式总体上要求我们实现企业整条价值链、整体利益的最大化，最终构成整体成本最小、整体风险最小的商业结构。这里需要革命性的创造与革命性的重组与颠覆，最重要的是建立一条价值链、一个生态系统，我们把它称为商业模式的设计与布局。

在商业模式价值链生态设计与布局中必须回答如下 7 个问题：谁是商业模式的利益相关者；提供哪些产品和服务；这些产品和服务何时可以提供；在哪里提供；企业为什么存在；交易如何进行；顾客支付多少价格。这些问题都具有综合性、直觉和创造精神，企业为了创造卓越的客户价值并持续获利，必须运用其资源进行整体布局。几乎所有大企业都是从小企业秉持商业模式的布局结构一步一步走过来的，企业要想成功，关键是要构建和布局以下商业模式要素的平衡点。

界定和把握利润源——顾客。企业利润源是指购买企业商品或服务的顾客群，他们是企业利润的唯一源泉。企业利润源及其需求界定，决定了企业为谁创造价值。企业顾客群分为主要顾客群、辅助顾客群和潜在顾客群。好的目标顾客群，一是要有清晰的界定，没有清晰界定的顾客群往往是不稳定的；二是要有足够的规模，没有足够的顾客群规模，企业的业务必然受到局限；三是企业要对顾客群的需求和偏好有比较深的认识和了解。

设计商业模式时，首先需要分析顾客需求，目的就是为产品寻找比较容易呈现价值的顾客群。一般来说，企业盈利的难度并非在技术与产品端，主要还是在顾客端。有时把握好企业顾客的一点点需求，也可能产生巨大的顾客价值。在复印机行业，施乐公司的利润源主要是大型企业与专业影印公司，因此，它看不到个人客户对于影印便利的需求，失去了开发桌上型复印机的先机。佳能在资源规模上无法与施乐竞争，因此采取差异化策略，重点对个人客户这一利润源进行系统分析和研究，根据个人客户的价值需求，发掘尚未满足的特殊顾客群，最后才导致开发简便型桌上复印机的创新构想。佳能推出了简便型桌上复印机，这项新产品的技术创新程度较为落后，不但影印速度慢、影印品质不佳，提供的影印功能也极为有限，不过在顾客看来却是一项能带来重大价值的成功产品，因为它能为经理人与个人工作者的工作提供极大的方便，这些顾客不再需要为影印一页文件专程跑到影印中心，只需简单的操作，在家或办公室即可满足影印需求。

不断完善企业利润点——产品。利润点是指企业可以获取利润的、目标顾客购买的产品或服务，利润点决定了企业为顾客创造的价值是什么，以及企业的主要收入及其结构。好的利润点是顾客价值最大化与企业价值最大化的结合点，它要求：一要清晰针对目标顾客的需求偏好；二要为目标顾客创造价值；三要为企业创造价值。有些企业的产品和服务或者缺乏顾客的针对性，或者根本不创造利润，因此就不是好的利润点。微软的商业模式是国际公认最为成功的商业模式，但回顾微软不断完善企业利润点的历史，就会发现它并不是一开始就能够设计出具有竞争力的产品的。看一看微软开发图形操作系统的历史就会发现，根据顾客的需求对产品持续改进是微软商业模式的竞争力之所在。当微软推出 Windows 1.0 时，这个产品比数字研究公司的 GEM 图形用户界面好不到哪里去，评论家甚至将它比作对施乐 PARC 所开发产品的苍白模仿。1990 年 Windows 3.0 发布时，微软才拿出了内存管理方面的改进成果，从而可以让用户利用 286 和 386 微处理器的能力。微软又用了 3 年时间改进了与 Windows 95 界面类似的 NT，新产品强大的管理控制功能使得 Windows NT 在 IT 社区中流行起来。在网络浏览器业务上，微软又用了三次长期的努力才赶上网景。微软之所以建立了伟大的商业模式，是因为倾听客户的反映，修复了产品中的不足。微软成功并不是因为它开发出了"轰动一时"的技术，而是在于完善了一个整合客户反馈和改进企业利润点的系统。

打造强大的内部运作体系——利润杠杆。打造利润杠杆、规划企业内部运作价值链是商业模式设计与完善的重要内容，它决定了产品或服务能否为企业带来价值和带来多少价值。企业利润杠杆主要包括以下几种：组织与机制杠杆、技术与装备杠杆、生产运作杠杆、资本运作杠杆、供应与物流杠杆、信息杠杆、人力资源杠杆等。这些内部运作活动可以清楚界定企业的内部运作成本及其结构以及计划实现的利润目标。在新经济时代，将没有竞争力的企业内部价值链外包，是打造利润杠杆的一条有效途径，很多公司意识到在一条非常长而复杂的企业内部价值链上，它们也许只在价值链的三四个环节具有高度竞争力，要想在所有环节上都具有竞争力是不太可能的。一旦认识到企业在内部价值链上的优势环节，就应该把公司定位在那个位置，将其他部分以签约方式外包给别的公司，从而使利润杠杆更加有力。

构筑企业外部运作价值链——利润渠。利润渠即企业向顾客供应产品和传递产品信息的渠道，是商业模式得以正常运作必不可少的外部价值链。产品或服务的价值传递是企业把产品和服务传递给目标客户的分销和传播活动，目的是便于目标客户方便地了解和购买公司的产品或服务。戴尔公司的利润渠本身就创造了巨大的价值。首先，直销模式大幅降低成本，戴尔公司的直销模式实质上就是简化、消灭中间商，这样可以避免庞大的渠道成本，戴尔公司因直销减少了20%左右的渠道成本。其次，直销模式加快了资金周转速度，利用代销商销售电脑的各大电脑公司从制造到销售一般需要6～8周，而戴尔公司从订单到送货至客户的时间为5天，从发货到客户电子付款在24小时以内，资金周转天数降到11天。

建立有效保护利润的机制——利润屏障。利润屏障是指企业为防止竞争者掠夺目标客户，保护利润不流失而采取的战略控制手段。利润杠杆是撬动"奶酪"为我所有，利润屏障是保护"奶酪"不为他人所动。比较有效的利润屏障主要有建立行业标准、控制价值链、领导地位、独特的企业文化、良好的客户关系、品牌、版权、专利等。利润屏障对商业模式的价值从 BETA 与 VHS 对行业标准的争夺战中可见一斑。20 世纪 70 年代中期，索尼发明了 BETA 摄像制式，技术领先，先期进入市场，还拥有强大品牌的支撑，但索尼坚持不让其他厂商作 OEM，埋头单干，最终成了市场上的孤家寡人，1985 年不得不退出家用摄像市场。JVC 在索尼之后创建了 VHS 摄像标准制式，当时在性能及价格上都不具备竞争优势，但 JVC 信奉"优秀技术大家共享"，在摄像机产业的上游与彩电行业强强联盟，下游与录像带出租店和音像制品商广泛合作，VHS 最终被市场逻辑性地选定为行业标准，正是这一标准成为 JVC 获取利润的保护屏障。

以养老项目为例看商业模式

目前，我国许多企业都对养老服务产业有高度兴趣，但成功的养老项目并不多，我国养老产业最需要解决的是商业模式。在我国复杂的政策和市场环境下，这个问题没有普适的答案，企业需从自身能力和资源出发，确定适合的商业模式。在养老项目商业模式层面，企业首先应明确其目标客户，根据对消费者需求的理解来设计具有吸引力的产品和服务，并决定盈利的模式。而在运营模式层面，企业应灵活选择自主经营或寻求适合的合作伙伴，以达到资源利用最优化。下面尝试着对养老项目的商业模式作如下思考：

第一，要分析市场。如同数十年前的西方社会一样，中国目前正经历着人口红利消失、社会步入老龄化的结构性转变。《中国老龄事业发展报告（2013）》显示，截至2012年年底，中国60岁及以上老年人口已达1.94亿，占总人口的14.3%。此外，老年人口日益呈现高龄化、空巢化趋势，需要照料的失能、半失能老人数量剧增，这将进一步加剧应对人口老龄化的严峻性和复杂性。中国社会养老服务体系仍然处于起步阶段，养老机构床位不足、职业资格护工短缺、老年人产品缺乏等问题突出。例如，按照国际通行的5%的老年人进入机构养老的标准，2011年，中国有650万个床位缺口；全国取得养老护理职业资格的仅有2万多人，按照国际上5∶1的护工需求量，缺口将近1 000万人。

第二，要明确目标客户。确定商业模式的第一步是选择目标客户。养老服务面向的客户类型多种多样，可根据需求类型、消费层次、地域覆盖等多个维度划分为不同的客户群——每类客户群对于养老服务都有各自不同的需求。我国养老产业在商业模式设计上，最大的困局就是对目标客户的真实需求不清晰，不明白他们的刚性需求。我们通过多次调研发现，由于养老市场在中国尚处于起步阶段，刚性需求是养老产业的现实市场，其他需求只能算作潜在市场，而只有"自己不能照顾自己、没有人照顾自己、有财务能力让别人来照顾自己"的老人才会产生集中养老的刚性需求。有刚性需求的才是我们的目标客户。

第三，要设计产品和服务。在明确目标客户后，企业应通过设计并提供相应的产品和服务来体现自身的价值主张，在设计产品和服务时应该对服务类型、产品形态、选址、定价和规模等多重参数进行综合抉择。通常包括以下关键要素：在居住条件方面，企业需提供适宜老年人居住的生活空间。消费者调查显示，大部分老年人尤其是自理型老年人希望拥有家庭式的私密生活空间。在生活选址方面，老年人偏向选择距离子女家庭较近的社区。在医疗和护理能力方面，便利可靠的医疗健康服务是消费者在选择养老产品时最为重视的内容。对于暂时没有能力和条件在项目区内建立医疗设施的企业来说，也可以通过其他变通方法来弥补这一缺陷，如产品选址时即注意靠近医疗机构；与当地医院建立战略合作关系，聘请医生定期提供上门服务，并为客户提供就诊"绿色通道"等。在其他增值服务和设施方面，企业应考虑到老年人，尤其是自理型老年人的精神生活需求，为其提供有针对性的娱乐设备、康健设施、生活便利服务，并帮助组织社交活动等，以此丰富老年人的精神生活。应选取何种盈利模式也是养老服务企业应考虑的关键问题之一。当前中国养老服务市场环境尚不成熟，政府政策和法律法规都还在完善过程中，造就了过渡期市场上不同的盈利模式，也为行业进入者创新性地发展新型盈利模式创造了机会。

目前，中国养老产业存在的盈利模式主要有房屋销售、房屋租赁、会员制三种，一些借鉴海外市场经验的创新性盈利模式尚处于探索之中，如澳大利亚养老服务供应商普遍采用的递延管理费模式等。在确定商业模式以后，企业应根据自身的能力和资源，选择自身在养老产业价值链上的角色。养老服务价值链各环节对企业的能力要求各不相同，对于产品品牌差异化的影响也有所差别。

通过养老产业商业模式思考过程可以发现，商业模式对于类似于养老项目的战略布局来讲，是至关重要的第一步，有效的商业模式才能带来养老项目的长期盈利。对于老企业来讲，转变商业模式是转型升级的重要举措。商业模式在企业发展的任何阶段都会与战略相依相伴，是企业持续发展的核心能力。

创造控制产业链的关键能力

互联网的出现改变了基本的商业竞争环境和经济规则。互联网使大量新的商业实践成为可能，一批基于它的新型企业应运而生。它们的赚钱方式明显有别于传统企业，如阿里巴巴只用短短几年就发展为世界上最大的电子商务综合平台商，给传统门店销售模式带来了严峻挑战，新型商业模式显示出强大的生命力与竞争力。阿里巴巴效应还会不断产生，其中的要义在于商业模式创新，重点是创造能够控制产业链的核心能力要素体系。

创新理论的起源可追溯到熊彼特，他提出，创新是指把一种新的生产要素或者生产条件的新结合引入生产体系，具体有 5 种形态：开发出新产品、推出新的生产方法、开辟新市场、获得新原料来源、采用新的产业组织形态。相对于这些传统的创新类型，商业模式战略性创新有几个明显的特点：

更注重从客户的角度来思考部署企业的行为。商业模式战略性创新的出发点，是如何从根本上为客户创造增加的价值。因此，它逻辑思考的起点是客户的需求，根据客户的需求考虑如何有效地予以满足，这明显不同于许多技术创新。一种技术可能有多种用途，技术创新的视角常是从技术特性与功能出发，看它能用来干什么，去找潜在的市场用途。商业模式创新即使涉及技术，也多是和技术的经济方面因素以及技术所蕴涵的经济价值及经济可行性有关，而不是纯粹的技术特性。

更为系统，从根本上具有了战略要素。商业模式战略性创新常常涉及多个要素同时放大的变化现象，需要企业进行较大的战略调整，是一种集成创新。商业模式创新往往伴随产品、工艺或组织的创新，不过它们未必足以构成商业模式战略性创新。如开发出新产品或者新生产工艺，就是通常认为的技术创新。如今是以服务为主导的时代，对传统制造企业来说，服务远比以前重要。因此，商业模式战略性创新常体现为服务创新，表现为服务内容、服务方式及组织形态等多方面的创新变化。

为企业带来更持久的盈利能力与更大的竞争优势。传统的商业模式创新能带来企业局部效率的提高、成本的降低，而且容易被其他企业在较短期时期模仿。商业模式战略性创新虽然也表现为企业的效率提高、成本降低，但是由于它更为系统和根本，具有整体性，往往通过第一核心能力要素对企业全产业链进行控制和影响，因此更难以被竞争者模仿，常给企业带来战略性的竞争优势，而且优势可以持续数年。

价值整合是商业模式创新的核心。从战略角度考察商业模式所带来的竞争优势是否具有可持续性，是商业模式从投机行为转化为战略性行为的关键。由于商业模式所驱动的资源具有组装的特点，而不具有在实践中进化和长年积累的特性，尽管它们可能存在相互加强和市场复杂的属性，其带来的竞争优势也不大可能持续很长时间。构建商业模式的可持续性优势，是管理者面对的新问题。

商业模式具有因果互为关联的逻辑特征。它清晰描述了企业系统中各要素的角色和价值，要素各方的角色和价值创造之间的因果关系得到了清晰的阐述。竞争对手可能会对照商业模式，联系和动员各方资源，模仿占优势企业实施类似的产品市场战略，这会加剧市场的竞争，稀释占优势企业的竞争优势。商业模式战略性创新要求企业必须激励和动员各要素，将其因果关系向系统要素的各方做出说明，避免因果关系的商业故事外显为公共知识而被竞争对手掌握的可能。传统的商业模式最容易成为行业众所周知的公共知识，这样的商业模式不再具备产生竞争优势的潜力。

市场的动态复杂性是企业必须面对的长期现象。例如，企业与供应商和顾客之间长期积累的良好声誉、企业与政府部门所具有的公共关系资本等资源就具有动态复杂性的特征。拥有这些关系渠道和良好声誉的企业，能够顺畅地完成商业运作，而这些资源往往不由企业一方决定，竞争对手难以在短期内获得，因而可能会成为持续竞争优势的来源。商业模式战略性创新可以成为企业持续竞争优势的来源。商业模式作为系统化的战略计划工具，其优势在于集中关注系统中的所有要素如何组成一个整体，从而顺利地向顾客传递价值。这些资源在战略性商业模式的组织和驱动下，具有了驾驭市场动态复杂性的能力特征，可以为企业带来持续竞争优势。

商业模式战略性创新应务必重视战略性元素的注入和融合。商业模式战略性创新是对现有商业模式的重新思考，有两层基本含义：一是对现有模式的改造，即现有模式在价值创造方面有哪些不足,通过对原有模式价值创造层面进行变革是否可以改变价值创造的能力;二是跳出原有模式框架,关注市场上是否还有未被满足的需求,重构一种全新的商业模式。

商业模式战略性创新实际上是一种高层次的管理创新行为,与传统意义上的产品创新、技术创新、制度创新和观念创新有很大的不同,战略性创新包括企业从内部到外部的资源、制度、模式的整合。此外,还必须实现战略价值创造的目的,包括顾客、供应商、股东和企业在内的各方都应获得更大的价值或价值预期。

以客户价值为中心

德鲁克说:"当今企业之间的竞争,不是产品之间的竞争,而是商业模式之间的竞争。"然而,在当今信息急剧膨胀的时代,市场环境瞬息万变,高科技飞速发展,消费者需求偏好不断发生变化,给企业持续经营和发展带来了极大的挑战。原有的商业模式在经历了一个相对稳定的阶段之后,面临质的改变以及"创造性破坏"。围绕商业模式的战略性创新,要始终坚持以客户价值为中心,客户价值是商业模式战略性创新的基本内涵。同时,要做好如下工作:

第一,要重新定义供应链组织方式的模式创新。供应商界面是商业模式的基本结构组分,供应链组织方式关系到企业向顾客提供的价值如何实现。在传统的供应链组织方式中,企业与其供应商之间是一种互为成本的竞争关系。随着竞争的加剧,企业参与市场竞争越来越依靠产品和服务的价值,对灵活性、速度和效率的要求越来越高,通过供应链联盟来增强企业整体竞争实力成为企业经营变革的主要方向,重新定义供应链组织方式是企业不可回避的现实。在供应链组织方式上,企业面临多种选择,涉及供应链组织如何选择、供应链如何构建、信息如何集成和分配、供应链活动如何协调四个基本方面。

构建新的供应链组织方式,从而使自身更具竞争力。在经济全球化的竞争环境下,企业成功不再依赖传统的纵向一体化,更多的是依赖企业积聚和使用知识为产品或服务增值的能力。因此,企业在核心业务上要集中更多的资源,同时通过利用其他企业的资源来弥补自身的不足。特别是互联网技术出现以后,供应链在时空顺序上发生改变,甚至有的企业采用虚拟一体化的方式,大量外包业务,形成庞大的供应网。这种生产组织方式以品牌为龙头,通过OEM的方式把生产过程分包给下游厂商,甚至全部外包生产,企业只负责产品设计和营销。此时的企业拥有的是要素和能力,而不再是产品,当顾客需要时,企业能够高效地提取要素,利用能力,并依托供应链及时组装产品和服务来满足顾客的需求,因此,重新定义供应链、构建新的供应链组织方式已成为商业模式创新的主要方向。

以顾客价值为中心的网络协同模式创新。这种模式创新重点围绕顾客价值的实现方式和价值内容进行,企业可以通过价值创新的各种手段,向顾客提供新的价值体验来获得竞争优势。要做到这一点,企业需要以顾客价值为中心,通过在更大范围内与其他企业之间产生的协同效应来展开模式创新。这种模式创新主要通过几种方法：一是通过外包方式实现顾客解决方案的协同，企业仅掌握核心的产品技术，辅助性的产品和服务外包给其他企业。与和传统供应商的合作有所不同，企业更倾向于与外包企业之间形成紧密的协作，这种协作可能共享或相互转让专有知识，以此达到更大的协同效应，极端方式是企业将产品和服务全部外包，只保留品牌营销和产品设计，体育产品业的巨人耐克公司就是一个典型。二是企业通过产权并购方式，实行产业链前向整合之后向整合战略延伸，形成产业一体化协同，通过控制原材料的生产、供应或销售渠道来获取协同效应。三是主体企业通过一种虚拟的动态联盟，将具有技术、资金、市场、管理等资源的其他企业联合起来，这种联合不是实体的真正结合，而是资源的结合，是针对现有资源的再一次配置，这些企业通过专业技能或专有知识的共享或相互转让，使各企业在生产制造、市场营销或其他领域获得新的或更好的运作手段。基于这种认识，我们会发现以顾客价值为中心的网络协同模式创新将是商业模式创新活动的最主要形式。

第二，要重新定义产品（服务）。这种创新的特点是基于企业满足顾客需求而提供的营销物（包括产品和服务）方面的创新，并由此出发来进行整个商业模式的战略性创新。任何一种产品和服务在市场中都有一定的生命周期，都要经历和生物体一样的"诞生→成长→成熟→衰亡"的过程，在往返循环中由新变旧。另一方面，新经济环境使产品的外延与内涵发生了巨大的变化，不仅农产品、工业品成为商品，而且知识、服务、信息及技术都成为商品，顾客所要求产品中的知识含量也相应提高了。重新定义的产品和服务主要是指对现有产品和服务的生产方式和所包含的信息技术进行重新规划，实现与既有产品和服务在价值上的区别。在同质化竞争情况下，依靠服务来获取竞争优势已成为众多商业模式的战略选择。服务竞争是指建立独有的服务模式，通过为顾客提供优质服务来满足顾客需求，服务模式创新在今天已成为众多以传统制造业产品为主要收入来源的企业的商业模式创新方向。

第三，要重新定义顾客接触方式。顾客接触方式涉及顾客界面的设计和选择，包括两个基本方面：其一，企业的产品和服务是如何送达顾客的；其二，企业与顾客之间如何进行信息的传递和沟通。在这两个方面，企业与顾客之间都以不同的方式进行各种接触。顾客接触方式反映了企业商业模式的运行现状，也反映了企业与顾客之间的关系价值。但是，企业与顾客之间的交流是不连续的，同时也是不完整的，这给企业认知顾客带来了不便，由于不能直接获得顾客的消费感知信息，企业对顾客的了解有时是失真的，因此对顾客需求的发展和变化也无法准确把握。沟通是为了让企业及顾客互相了解，沟通越互动、越直接、越频繁，互相了解的程度就越高，企业也就越能满足顾客的需求，而顾客也就越能获得更好的服务。但是"越互动、越直接、越频繁的沟通"的背后是越昂贵的沟通成本。因此，顾客接触方式的选择和创新的目标是在不断提升顾客接触效果的同时实现合理的成本控制。

第四，要重新定义顾客需求。大多数公司都能够明确自己所对应目标顾客的一般性需求，但问题是顾客需求时刻发生变化，尤其在互联网技术日益普及的情况下，顾客需求变化呈现加快态势。重新定义顾客需求意味着企业需要对产品和服务所在细分市场的目标顾客的需求进行不断确认，这种确认是动态而非静态的。在涉及顾客需求分析时，公司常常会犯一些错误，究其原因在于公司对自己的顾客需求抱有错误的观念。比如部分公司会认为顾客需要的是一款有更多功能的产品，而此时顾客真正想要的是更优惠的价格，现有的产品实际上已经能够让他们心满意足了。这时公司要做的是换位思考：如果我是顾客，我真正需要的是什么，而不是去想什么是最好的产品。关键在于弄清楚顾客最想要什么，影响顾客需求的产品属性是什么，为什么顾客会喜欢产品，如何才能更好地实现顾客的愿望等。顾客需求不断变化是常态，这给所有参与市场经营的企业提供了均等的机会，无论是行业领导者还是后进入者，谁能够发现顾客的潜在需求，或者能够洞悉顾客需求的变化趋势，谁就可以在重新定义顾客需求上获得先机。在同质化竞争日益严重的细分市场，发现并重新定义顾客需求的企业可以迅速打破领先者制胜的格局，成为这个细分市场新的领跑者。

运用战略思维指引

如果仔细分析各种商业模式，我们就会发现它们或多或少存在某些相似性。这些相似性表明，商业模式并不是凭空产生的，而是逐步发展演变的，一种模式可能源于其他模式，或者是通过竞争代替了原有模式。以下试图对商业模式从产生到发展的过程做进一步的分析。

第一阶段：商业模式的创意产生。在由不同企业参与的价值链活动中，并不是每个环节都创造均等的价值，实际上只有某些特定的价值活动才真正创造价值。企业要保持竞争优势，就要在价值链某些特定的环节上发挥出特别的优势来创造新的价值。为此，企业家和管理者需要站在战略的高度考虑商业模式的创新，这种整体性就是战略思维的具体化。新的模式可能始于一个创意，但创意不能替代商业逻辑，创意必须发展为模式的创新，这个过程并不是对成熟的商业模式进行微小的调整，而是以非传统的方式从根本上对模式进行重新思考，目标应是创造全新的模式。戴尔、星巴克、沃尔玛、分众传媒等企业采用的都是全新的商业模式，并因此获得了巨大回报。在实际商业活动中，很少有人会创造性和整体性地去思考商业模式，原因是很少有管理者能具体描述自己企业实际的商业模式。通常情况下，商业创意会有几个甚至十几个不同的方案可供实施，而这些方案并不能全部生成商业模式，真正的模式创新是由多种模式创意经过筛选产生的。不去尝试新的商业创意的企业多半不会生存很长时间。企业家发现利润的机会可以概括为搜寻超额利润与进行企业商业模式的创新和选择两个方面，善于把握机会的企业家是战略性商业模式创意产生的智慧来源。

第二阶段：商业模式的结构形成。由创意发展而来的模式必须构建新的结构体系，任何商业模式的创意和构想必须得到实践的检验。战略性商业模式结构的形成经历了一个从创意到结构建立的过程，由于存在多种模式的组合，进行商业模式战略性创新的公司必须通过模式的结构设计和实验检验,才能将一个好的模式创意变为可以操作的结构和流程。作为企业最为重要的创新活动,商业模式的形成必须经过由想象带来的创意产生、结构设计、模式实验、评估和修正、规模化五个基本阶段,我们称其为模式结构形成的"五步法"。第一步:创意产生。这是模式产生的基础,一个有创新精神的企业是模式创意产生的温床。第二步:结构设计。把创意描述成一个有完整经营理念、组织内外部结构和流程以及各部分如何进行配合的结构性蓝图。第三步:模式实验。把一种结构通过一定范围的实验手段,对其可行性进行实验。第四步:评估和修正。这是对模式的进一步完善,除验证模式的可行性,还需要证明模式具有盈利能力和价值潜力。第五步:规模化。企业将经过结构验证和完善的模式培育成为一个新的业务。在所有步骤中,都必须贯彻战略性思维,从全局性、基础性层面进行把握。

  第三阶段:从内部化到价值网络的系统锁定。现实中的企业通过商业模式创新往往可以逐步获得竞争优势,事实上,商业模式之间的竞争主要集中在对企业长期生存产生重要影响的战略性资源和核心能力,以及对企业短期生存有重要影响的产品和细分市场方面。模式的竞争涵盖从表层的竞争活动到深层的竞争活动。商业模式是企业战略性创新活动的产物,因此不是静态的,而是不断演变和发展的。由于企业所处的环境是不确定的,新创模式所获得的竞争优势将被企业进一步强化。为维护模式结构的稳定性,对抗其他竞争对手模式创新的挑战,企业倾向于通过各种手段来创新商业模式。由于内部化的种种优势,模式的内部化成为模式发展的主要路径，一方面为顾客提供了更高的价值，另一方面可以提高模式壁垒，强化竞争优势。内部化过程会导致以顾客为中心的价值网络的出现并最终形成系统锁定，这是一种具有价值网络特点的形态，系统锁定是围绕企业经营的核心指向——顾客建立的。内部化使得原本处于无序状态的组织要素可以进行重新整合，增强了企业组织内部要素与环境诸要素之间的匹配性。而系统锁定将这些组织要素和环境要素固化在一个价值网络内，形成相互的"嵌入"，打破了原有企业的边界，改变了价值实现的时空状态，使价值实现从直线平面变为立体网络，从而使模式主体企业获得更大范围的竞争优势。在商业模式演化和构建过程中务必坚持战略思维的指引，只有坚持战略性导向，才能保证商业模式具有战略性。

最近几年，我国餐饮行业日子难过，许多老板都有个误区，认为是冬季，只要咬牙就会挺过去。我在一次行业座谈会上讲了一个基本观点：餐饮市场相对来说是最分散的一个市场，国内没有一个大的餐饮集团可以占据1%的市场份额。由于行业集中度相当低，因此可以说餐饮行业是完全竞争的行业，未来的发展趋势是行业集中度大幅提高，规模企业进行整合。因此，它不是一个周期性下行，低利润、高成本、严管理将成为一种常态。单体餐饮企业的利润将被大型连锁餐饮公司分割。为此，餐饮行业必须思考商业模式的战略转型与升级。餐饮企业的老板和管理者为实现客户价值最大化，要重新定义商业模式，把企业运行的内外各要素整合起来，形成一个完整、高效、具有独特核心竞争力的运行系统，并通过最优实现形式满足客户需求，使系统持续盈利。现实中，有的餐饮企业开始重新定义餐饮"产品"。过去，餐饮企业的有形产品就是成品菜肴，无形产品为服务、环境、品牌等。如今，北京有家餐饮企业将餐饮有形产品重新定义为包括准成品、菜品，以及粮食、猪肉、禽类、鸡蛋、蔬菜、水产品，乃至油、盐、酱、醋等在内的与餐饮相关的多品类产品；将餐饮无形产品定义为速度、新鲜，以打通餐饮整个产业链的平台价值。这家企业生产的准成品，把客户由以往的座上宾扩大到了要准备一日三餐的每家每户。依托规模化采购平台和遍布北京各大社区的门店，通过整合方式完全可以实现真正意义上老百姓的"社区中央厨房"。

面对日益激烈的市场竞争，如何构建商业模式的战略性优势正逐渐成为企业管理挑战的中心。这就要求管理者必须将企业商业模式的创新作为一种突出预测、思考和情境规划的智力过程，并把它运用于日常的工作和战略思维之中。

第四章

产权模式：必须具有激励性

产权在企业中表现为股权、法人财产权、日常经营管理权等一组权利，其在一定的时间和空间上可以相对分离。在产权与其他权利分离的情况下，产权激励机制具有特殊功能。产权的激励性本性决定了它的利益相关人会通过产权构建利益共同体，并形成产权效率机制，推动其共同利益的实现。

影响效率的资源因素

在任何社会，人的需求作为一种欲望都是无止境的，而用来满足人们需求的资源总是有限的。资源的稀缺性决定了任何一个市场主体都必须通过一定的方式把有限的资源合理分配到最有效的领域中去,以实现资源的最佳利用,即用最少的资源耗费,生产出最适用的商品和服务,获取最佳的效益。产权影响资源配置效率的主要因素如下。

交易成本。交易成本也称交易费用,企业的存在理由是节约交易费用,即采取费用较低的企业内部交易替代费用较高的市场化交易。企业规模由企业内部交易的边际费用与市场化交易的边际费用或其他企业内部交易的边际费用关系决定。总之,交易成本直接影响企业利润水平和发展速度。

交易规则。由于资源的稀缺性和人们需求的无限性,任何社会都必然会产生人们争夺资源的竞争和分享现有资源所引起的利益冲突。为促使人们有效地利用稀缺的资源,最大限度地生产出社会所需要的产品和服务,从而实现经济增长,必须建立合理的产权制度以明确界定资源的产权主体,并形成产权交易的规则体系。在经济市场化条件下,产权由于具有可交易性,大大增强了其价值属性和对利益相关者的吸引力。

经济活动的不确定性。人们进行市场选择所面临的环境总是复杂多变的,充满不确定性。人们确立或设置产权,或者把原来不明晰的产权明晰化,可以确定不同产权之间的边界,使不同的主体对不同的资产有不同的确定权利。通过设置产权,避免产权抽逃和无人负责,增进产权稳定性经营的功能,从而减少在经济活动中的不确定性。

市场价格机制。由于产权的所有者对于资源拥有排他性的所有权和独占性的使用权,因此资源产权的需求者要获得资源的产权,就必须支付价格,这种价格就是其获得资源的代价。在这种情况下,只有那些效率高、需求量大的资源使用者才愿意或能够为获得稀缺的资源而支付最高的价格,这就使得资源向使用效率高的使用者手中流动,从而实现资源的最佳配置和最优利用。

资源的有效供给。产权制度的确立使资源产权所有者的权利得到了明确保护,每个资源所有者的报酬都取决于其所提供资源的数量多少和质量高低,这就会刺激人们为了获取更多的报酬而在经济活动中供给更多的资源,并不断提高效率。

约束和激励机制。产权赋予人的行为权利总是有限的,产权界定了人们在经济发展中是受益还是受损,进而决定了人们采取相应经济行为所应承担的责任,对产权营运的有效者给予激励,对无效经营或侵占产权的行为给予惩罚性约束。这样,经济运行中的产权界定问题也就相应地规定了经济的责任问题。由于我国产权制度的不成熟性和不规范性,国企和民企在建立现代企业制度的过程中,激励和约束两个方面都存在严重的缺陷,需要通过进一步的改革来加以解决。

国企产权模式的主要问题是政府与企业间的责、权、利不对称,代理成本高。其产权主体和产权客体中间至少隔了三层代理关系:政府、政府官员、企业领导。国企的经理人仅是三层中间的代理人,并不是产权主体,也没有对剩余价值的索取权,对企业投资亏损不承担任何财产责任。企业经营业绩的好坏对他们的激励作用非常不明显,导致企业的损失无法问责,有责任的无权利,有权利的无责任,造成政府和企业之间的责、权、利不对称。国企的经营机制实际上是一种"委托制"加"聘任制",接受委托而执行经营管理职能的政府组织越多、代理链越长,则代理成本越高。

我国民企是在特定的历史条件下产生并发展壮大的。民企普遍采用家族式的产权模式,包括那些即将上市和已经上市的公司,绝大多数仍然是家族企业性质,普遍存在以家族制为特征的独特产权模式。在这些民营企业中,企业主及其家族占有大部分股份,产权具有宗法性、模糊性、单一性、封闭性等特征,产权体系社会化程度低。一家民企经营了将近15年,却连各股东股份的实际构成都不清晰,各股东也不清楚自己的持股比例,历次因增资而引起的股权结构变化都没有进行工商变更。这种产权模式在企业初创时期适应了发展的需要,甚至比现代企业制度更有优势。但随着民企规模的不断扩大和外部环境的变化,其弊端开始显现,主要集中在"融资"与"融人"两大方面:产权封闭以致股权融资失去可能,再由于财务封闭(如几套账方式)又失去了债权融资能力;企业关键岗位如财务、采购、销售往往由家族成员担任,家族成员的不可流动性导致外部优秀人才进入困难,阻碍了企业的持续发展。

产权激励模式就是把个人的努力、业绩和企业产权利益紧紧联系在一起的一种体制安排。企业利益相关人利用资源的损益边界都将得到明确的界定,不仅形成一种有效的约束机制,促使人们在经济活动中尽力降低资源使用成本,从而减少无效率的经济活动,而且由此产生一种激励,激励人们在经济活动中有效地使用自己的资源以最大限度地获得收益,从而大大提高资源利用效率。同时,由于产权损益得到了明确的界定,每个产权当事人要想通过从事经济活动获得报酬，只有在从事这种经济活动给别人也带来收益的情况下才会如愿以偿。产权模式的激励性功能将为经济活动的运行奠定一个合理的制度基础。

实行产权模式激励有利于降低管理层的道德风险，从而实现所有权与经营权的分离。企业的所有权与经营权高度统一，导致"三会"制度等在很多情况下形同虚设。随着企业的发展、壮大，其经营权将逐渐向管理层转移。股东和管理层追求的目标是不一致的，股东和管理层之间存在道德风险，需要通过激励性产权模式来引导和限制管理层的行为。

实行产权激励模式有利于激发员工的积极性。企业面临的最大问题之一就是人才的流动问题。由于待遇差距，很多企业很难吸引和留住高素质的管理和科研人才。对初创企业来讲，产权激励模式还有利于缓解面临的薪酬压力。由于绝大多数初创企业都属于中小企业，普遍面临资金短缺的问题，因此通过产权激励模式，企业能够适当地降低经营成本，减少现金流出。与此同时，也可以提高经营业绩，留住绩效高、能力强的核心人才。

企业体制的基石

企业产权制度是企业体制的基石，决定了企业财产的组织形式和经营机制。企业产权制度的发展经历了三种形态，即业主制产权制度、合伙制产权制度和公司制产权制度。业主制产权制度是最早出现的企业产权制度形态，合伙制产权制度是由于业主制企业的扩张而形成，但与业主制产权制度无本质区别的一种企业产权制度。公司制产权制度是一种现代企业产权制度，它的突出特点是企业投资者（股东）负有限责任。

业主制产权制度。阿尔钦和德姆塞茨在1972年发表的《生产、信息成本和经济组织》一文中指出，企业活动实际上是不同要素所有者的合作过程，这种合作能利用彼此的比较优势。企业生产遇到的关键问题是度量各要素投入者投入的要素（特别是人力）对联合产出的效率比较困难。如果不能有效地度量，并根据度量结果付给相应的报酬，就会给要素的投入者，特别是人力要素的投入者以偷懒的机会。为了防止偷懒，需要在企业内部建立有效的监督管理机制，设立专门的监督管理机构，专司度量、监督和管理职能。如何防止监督管理者的偷懒行为？一个简单的办法就是使监督管理者具有剩余索取权，即企业的监督管理者就是企业财产的所有者，实现所有权与经营权的统一。这就是业主制企业的产权结构，是业主制企业形成的基础。

合伙制产权制度。业主制产权制度虽然从产权明晰的角度看有它的优点，但由于个人资金和个人的投资能力有限，同时由于投资者承担无限责任，业主制企业不愿意经营风险较大的业务，对经济社会发展不利。为了扩大经营规模，获得规模效益，同时避免太大的经营风险，业主制企业必然对外扩张，集多个业主的财产和经营管理才能于一体，创办合伙制企业。当规模扩大而合伙人增多时，企业很快面临谈判成本增大和由于合伙人之间"搭便车"的机会主义行为引起的企业利益损失。因此，合伙制的产权结构仍存在不足，主要是管理成本增加，以至于合伙制企业的规模仍然较小。

公司制产权制度。公司制企业是在自然人企业的基础上发展起来的。从自然人企业到公司制企业，是社会化大生产和商品经济发展的必然。由于技术进步，生产工具不断改进，生产技术越来越复杂，企业的资金投入也越来越多。商品经济发展，市场竞争激烈，企业迫切需要通过扩大规模来提高经济效益。在激烈的市场竞争中，企业的经营风险大，投资者也希望有一种降低风险的保护制度。于是，向社会公众或其他法人发行股票募集资本设立的公司制企业应运而生。特别是有限责任公司和股份有限公司这两种公司制企业形式，由于筹资能力强，具备规范的法人财产制度，经营风险分散，投资者仅承担有限责任，管理机构完善，因而迅速发展，成为国际上普遍采用的公司制企业形式。

公司制企业的资本由股东投资形成，企业作为一个独立的主体拥有由股东投资形成的全部法人财产权，并以其全部法人财产自主经营，自负盈亏。公司制企业拥有的全部法人财产权称为法人所有权。法人所有权表现为四种权能：占有权、使用权、处置权和收益权。

公司制企业的股东以其投入资本的多少享有相应份额的财产所有权，即投资者所有权。投资者所有权表现为三种权能：收益权、重大决策权和管理者选择权。投资者向企业投资以后，再无权直接从企业财产中抽回属于自己的那份投资，也无权直接处置由于自己投资形成的企业财产，而只能通过股息分红获得投资回报，或者通过在市场上转让自己拥有的公司股份来收回投资和获得资本增值收益。这就是投资者所有权与法人所有权的分离。而且，公司制企业由于投资主体多元化，投资者不一定直接从事企业的经营管理活动，企业的经营管理者可以不是股东，但股东可以通过行使重大决策权、选择管理者或法人治理机构的运作来约束和监督经营管理者的行为，这就形成了投资者所有权与经营权在一定程度上的分离。

自然人企业中的业主对企业的债务承担无限责任。这是由于自然人企业不是法人，不是独立的民事主体，因而没有形成独立的法人财产。企业主在企业中的财产和在企业之外的财产连成一体，偿还债务时无企业内外财产之分。有限合伙人虽承担有限责任，但只是合伙的一部分，相当于是企业的债权人。公司制企业则不同，企业的股东将属于自己的财产投入法人企业后，投入的这部分资产就与他未投入的财产相分离，股东仅以投资的数额为限对公司债务承担责任。这是由于公司制企业是法人企业，是独立于投资者之外的民事主体，它以法人组织的名义享有民事权利和承担民事责任，以投资者出资形成的法人财产对企业债务承担责任，与投资者的其他财产无关。如果企业破产而全部资产还不足以抵偿债务，每个股东损失的最大限度也只是丧失他对该企业的全部出资。这种投资者有限责任制度大大降低了投资主体的投资风险。

公司所有权这种特殊的产权制度是所有权制度适应社会经济发展的需要，由法律和公司制度创新、市场交易而产生的结果。首先，公司享有资产所有权是适应社会化、市场化经济发展的结果。在资本筹集与使用、风险与责任分担、经营与管理专业化等方面，公司产权制度比独资企业、合同或合伙企业、政府等组织形式具有强大的经济优势，公司因此逐渐演化产生。其次，公司产权制度是市场交易和合同的产物。法律和政府当然对公司制度的发展和规范起到了重要作用，但公司制度本质是市场交易和合同的产物。市场主体通过对信息、决策、交易、代理、风险等经济活动环节或方法的分析，对经济活动中的生产、管理、交易等方面的成本和收益进行权衡，以长期但不完全的生产要素合同形式替代一次性的市场交易和合同，新兴的公司制企业由于适应了大生产的新要求而得到普遍采用。

对人力资本的产权激励

产权激励就是通过产权合约的形式将企业所有权由员工分享，是企业长期激励的一种有效形式。一般来说，产权合约最重要的激励对象是企业投资者，即权益层。这种激励是通过产权持有人对企业剩余的索取和控制来实现的。因此，让企业人力资本获得企业的产权，使其不仅仅是企业的管理者，而且成为企业的投资人，就能形成对人力资本的长期激励。

企业经营绩效不仅取决于静态的人力资本存量，而且取决于人力资本使用效率。人力资本使用效率首先取决于人力资本存量，并与其存量正相关，这说明要提高人力资本的使用效率还必须增加人力资本存量。其次，人力资本使用效率取决于人力资本的配置。同等价值的人力资本在不同的使用时间、使用地点、使用方式条件下可能具有不同的效率，有时甚至相差很大。这表明人力资本配置效率的重要性，而人力资本的配置与产权有着密切的关系。人力资本使用效率还取决于人的努力程度，即人力资本的实际供给量。高存量和有效配置的人力资本只具有潜在的高效率，要使潜在的高效率变成现实，人力资本还必须在使用过程中得到完全供给，供给越充分，效率就越高。如果人力资本载体在工作中出现偷懒等现象，将造成人力资本使用效率的重大损失。

华为公司是实施人力资本股权激励的典范。1990年，华为创办后就提出内部融资、员工持股的概念。当时参股的价格为每股10元，以税后利润的15%作为股权分红。此时，华为员工的薪酬由工资、奖金和股票分红组成，这三部分数量几乎相当。其中股票是在员工进入公司一年后，依据职位、季度绩效、任职资格状况等因素进行派发，一般用员工的年度奖金购买。如果新员工的年度奖金不够派发股票，公司会帮助员工获得银行贷款购买股权。华为采取股权方式融资，一方面减少了公司现金流风险，另一方面增强了员工的归属感，稳住了创业团队。1995年销售收益达到15亿元，1998年将市场拓展到中国主要城市，2000年在瑞典首都斯德哥尔摩设立研发中心，海外市场销售额达到1亿美元。

2001年年底，由于受到网络经济泡沫破灭的影响，华为迎来发展历史上的第一个冬天，此时华为开始实行名为"虚拟受限股"的期权改革。虚拟股票是指公司授予激励对象的一种股票，激励对象可以据此享受一定数量的分红权和股价升值权，但是没有所有权，没有表决权，不能转让和出售，在离开企业时自动失效。虚拟股票的发行维护了华为公司管理层对企业的控制能力。

2003年，尚未挺过寒冬的华为又遭受SRAS的重创，出口市场受到影响，和思科之间的产权官司也直接影响了华为的全球市场。华为决定实施管理层持股，稳住员工队伍，共同渡过难关。这次持股方式与华为以前每年例行的配股方式有三个明显差别：一是配股额度很大，平均接近员工已有股票的总和；二是兑现方式不同，往年积累的配股即使不离开公司也可以选择每年按一定比例兑现，一般员工每年兑现的比例最大不超过个人总股本的1/4，对于持股股份较多的核心员工每年可以兑现的比例则不超过1/10；三是股权向核心层倾斜，即骨干员工获得的配股额度大大超过普通员工。此次配股规定了一个3年的锁定期，3年内不允许兑现，如果员工在3年之内离开公司，则所配的股票无效。华为同时也为员工购买虚拟股权采取了一些配套措施：员工本人只需要拿出所需资金的15%，其余部分由公司协调银行以贷款的方式解决。自此股权改革之后，华为实现了销售业绩和净利润的突飞猛进。

  2008年，由美国次贷危机引发的全球经济危机给世界经济发展造成重大损失。面对本次经济危机的冲击和经济形势的恶化，华为又推出了新一轮的股权激励措施。2008年12月，华为公布配股方案，此次配股价格为每股4.04元，年利率逾6%，涉及范围几乎包括所有在华为工作一年以上的员工。由于这次配股属于"饱和配股"，即不同工作级别匹配不同的持股量，比如级别为13级的员工，持股上限为2万股，14级为5万股。大部分在华为总部的老员工，由于持股已达到其级别持股量的上限，并没有参与这次配股。

  华为公司的股权激励历程说明，股权激励可以将人力资本与企业的未来发展紧密联系起来，形成一个良性的循环体系。员工获得股权，参与公司分红，实现公司发展和员工个人财富的增值。与股权激励同步的内部融资可以增加公司的资本金比例，缓解公司现金流紧张的局面。对于一些掌握核心技术的员工，如果没有股权激励等措施，可能会根据自身掌握的技术自主创业，或者跳槽到竞争对手那里获得更高的收益。如此，企业将不仅面临人才流失的影响，也面临市场份额丢失的风险。

股权激励也不是任何时候都对员工有吸引力，如果员工对企业的管理水平并不满意或者对企业前景感到悲观，股权激励对员工来说更多是一种风险。所以企业应该持续改进自己的管理水平，在盈利和发展都可观时，及时进行股权激励，让员工共担风险也共享利润，提升企业的效率，实现跳跃式发展。对于一些盈利模式较好、发展迅速的企业而言，实施股权激励，有利于稳定员工队伍，增加竞争优势。

产权结构模式的多种化

产权是企业管理的难点，难就难在产权类型众多，且都关系到投资人的投资动机和企业管理方式的选择。根据企业产权结构的组合方式，我们可以将企业产权模式归纳为集中私有型、合伙型、分散私有型、法人型、国有型、集体型、混合型等主要类型。为了破解产权管理难点，我们重点对各类产权的优缺点做一些分析。

集中私有型产权结构是个别私人股东持有企业全部股份的产权结构形式，其最大特点是企业的所有权、处置权、收益权、经营权高度统一。由于企业产权主体与企业本身的利益是一致的，风险与成本也皆由产权主体承担，因而它更能激励企业主努力加强管理，产生成本最小化的刺激。企业追求发展和追求最大利润的动力较强，产权主体必然具有优化资源配置的动力，其激励机制是最完善的，有利于降低外部效应。而且，由于企业的所有权分布在一个很小的范围内，有利于形成高度简化的治理方式，减少协调成本，实现高效决策；同时具有比公有制更为有效的监督动力和监督机制，从而有助于提高生产效率。但企业主由于对企业经营债务负有无限清偿责任，抗风险能力差，制约了企业进行风险投资的积极性。企业的资信有限，其发展主要依靠自我积累，限制了融资渠道的来源和企业经营规模的扩大，无法形成股东内部之间的相互制约关系，决策风险相对较大，极易造成主观武断的行权局面，使企业遭受难以挽救的损失。此外，人才吸引力低，技术创新投入能力有限，技术竞争力较弱。集中私有型产权结构的企业在资本和劳动投入、规模经济方面缺乏效率优势，企业的夭折率也较高。

合伙型产权结构是一种扩大的个人业主制，本质上仍是自然人作为投资主体，但增加了投资者相互结合这一层次的关系。从产业组合上说，这种结合提高了投资的实际能力，在一定程度上扩展了生产的规模；企业股权均衡分布，每个合伙人的权利是公平与均等的，能激励内部成员增进共同利益；全体合伙人共同参与企业的目标设计、战略决策及管理控制的全过程，有利于发挥全体成员的积极性和专长。尤其是在专业性合伙企业，专业人员的人力资本价值取决于他的声誉。为保护自身的人力资本，每个合伙人都会努力工作，专业团队的其他成员也有很强的动力来监督和阻止他人有损于企业的行为。合伙型企业的三个特征为：企业产权主体是相对封闭的，这使得其资本来源很难扩充，经营规模难以扩大；企业仍属于自然人企业，要承担无限经营责任，每个合伙人都承担连带责任，承受风险的能力仍然低下，限制了其创新活动和风险项目的投资；企业股权不能自由转让，导致资本进入和流出企业都很困难。这些特征限制了它在产业组合上的规模扩展，既倍增了投资风险，又使企业缺乏长期稳定发展的产权结构，使得合伙制产权结构始终未成为各国经济发展的主导形式。

分散私有型产权结构是指公司股权为大量分散的公众股东所持有。这种结构通过股份集资组合，可以在大范围、多主体间筹集巨额资本，从而快速形成规模巨大、统一支配的资产，满足大生产所需；在资产集中时，采取以股论权、同股同酬同风险的原则，确保投资者权益的正当实现和权责明确；具有独立的法人资格，实行有限责任制度，彻底克服了自然人企业制度的本质缺陷，增强了独立生存能力；企业的产权可以采用虚拟的证券化形式，流动性强，易于转移和变现，从而能够适应企业所有者社会化和投资社会化的要求；企业的法人财产所有权与企业所有权分离，可以充分利用专业经营管理人才较高的专业知识水平，组织共有资源的投入和运营，促进经营效率的提高；由于产权主体社会化和多元化，形成了有效的相互制约和监督的机制；企业物质技术基础比较好，有足够的资金开展研发活动，规模一般会超过采用新技术的规模"起始点"，具有较高的技术创新优势。虽然分散私有型产权结构的决策效率低，协调成本和监督成本都较高，而且存在管理者的道德风险问题，但是其效率仍高于集中私有型和合伙型。

法人型产权结构的企业股东是机构法人，如关联企业、信托公司、基金管理公司、银行金融机构等。由于企业股东数量较少且相对稳定，只需少数有一定股权的股东组成联盟就可以形成相对控制权，从而产生可以代表股东行权的控制权主体，不至于形成产权分散体制下股东行权主体实质不能到位的状况；其股东派驻到企业的董事会成员一般是股东企业的高层管理者，拥有更多管理知识和决策信息并能有效运用，联合成一种专家群结构，以专家群的优势参与公司治理，提高了管理效率，防止了个人决策所导致的失误，经理市场和产品市场的压力也会对管理者产生激励和约束；所有权的外在化以及母公司的经济实力为资本快速集中提供了可能，使其能充分利用规模经济优势，采用先进技术，迅速提高产出水平，降低单位产出的生产费用，由此获得更高的经济效率；可以利用母公司的声誉、技术资源、营销网络等，扩大自身的生产，与其他关联企业在产权纽带隶属关系下纵向联合，形成经济联合体的规模经济，分享一体化带来的经济效益。另外，相比分散产权的企业来说，由于激励机制比较直接，法人型产权结构的企业股东比较关心企业的经营管理，各个股东的行权受到相互牵制，因此会积极参加行权，充满活力，形成一种竞争性产权结构；股东行权的成本较低，参与表决过程或行权的人数较少，易于表决，不需要花费较高的行权成本；产权的独立化保证了企业财产的正常营运，可以防范其他主体对企业财产的支配和侵害，使企业能够保持持久的高效率。

　　国有型产权结构的企业其资本是无偿获得的，不需要支付资本成本，而且由于有国家为后盾，易于获得其他渠道的融资，投资能力强，有利于实现规模经济；在技术创新方面，国有企业的人力和技术资源比较丰富，技术基础好，研发资金充足，资源组合能力强，在产业培育能力和技术效率上都具有明显的规模和技术领先优势。国有产权其实是一种模糊产权，产权不能明确界定给个人，经济资源的运营成本与收益也难以细分到个人，从而容易出现偷懒与道德风险问题。在多层级委托—代理关系中，实际上国有企业的运作很难反映资产的最终所有者——全体国民的意志，而企业的管理者可以通过信息的不完备和不对称分布而成为企业财产的实际控制者和支配人；由于委托—代理链条过长，每层委托—代理关系中一般都有信息费用、谈判费用、执行费用、代理人佣金、偏差代价等代理费用，由此带来的代理成本远远高于私有型产权结构的企业；监督链条过长，监督费用太高，信息不充分，易出现监督失效等问题；在许多行业往往居于垄断地位，缺乏竞争压力，缺乏进行技术创新投资的动力，缺乏改进技术和提高劳动生产率的积极性；对人力资源的自主配置权不足，企业很难根据生产需要解雇职工、安排适度的劳动投入，影响企业投入产出效率的提高；企业目标多元化，必须兼顾的利益不可能与企业自身的利益保持完全一致，要协调政治、经济等各个方面的利益冲突，还要更多地考虑包括就业率、社会稳定等综合目标，承担的医疗、养老、后勤等社会负担沉重。综合来说，国有型产权结构的企业效率低于其他企业。

集体型产权结构的企业是基层政府或各类经济组织依靠自筹资金形成的,所有参加者自愿组织在一起生产经营,其盈余为全体参加者所有,内部实行按劳分配。集体经济与国有经济同属公有制,其产权也具有公有产权的一般特征,即具有非排他性与外部性,这使得其效率形成与国有企业具有很大的相似性,总体上处于较低水平。不同点主要有:集体企业的资金主要依靠自己积累,其资本、设备、技术实力都受到限制;集体产权的非排他性只是相对的,虽然在集合体内部是非排他且难以界定的,但对外其产权是排他的,边界也是清晰的;产权主体集合中的元素要少于国有制,在一定程度上具有私人经济的产权特征,因而其内部交易费用可能要大大少于国有产权,而且实行劳动分红制度,这就决定了员工的生产和经营管理积极性较高;集体经济比国有经济更易于走向市场,更易于与市场机制融合。在地方性较强的日用工业品和工艺美术品行业,集体经济就可能比国有经济具有明显的效率优势。

与纯粹的国有型或私有型产权结构相比,混合型产权结构的财产主体多元化,包括国家、法人机构、银行、外国投资者和员工等,这种结构是经济政策调整的产物。混合型产权结构吸收了国有产权和私有产权的长处,避开了两种产权各自的短处;不但易于获得政府的扶持,达成各种协议,又以盈利为动机,能够迅速适应市场环境的变化,具有多种多样的经营诀窍,并避免了国有企业政府决策时间长、政府干预过多的弊端;便于形成股东内部之间的相互制约关系,这是对股东行权的科学性、有效性的保证,在一定程度上可以避免集中式产权结构、国有产权主体的主观武断对公司造成的损失,有助于股东理性、公正地行权;混合型产权结构的企业除了可以通过增加私人资本以增加自有资金,在很大程度上还可借助国家财政手段的力量支持公司的发展,例如政府增加投资,财政负担企业的大部分科研支出,提供金融信用支持,减免税负,价格管制等,以使其经营活动不断发展;政府还是混合型公司产品的实际采购者,如宇航公司的军用品、通信产品、电子公司的电子产品几乎都由相关国家政府进行采购,为这些公司扩展国内外市场提供了广阔的途径。

产权必须明确界定

界定产权是指依法划分财产所有权和经营权等产权归属,明确各类产权主体行使权利的财产范围及管理权限的一种行为。我国的产权界定遵循的是"谁投资,谁拥有产权"的原则,在界定产权的过程中,既要保障国有资产所有者及经营使用者的合法权益,又要保证其他财产所有者的合法权益不受侵犯。产权是进行一切交易活动的基础,在经济运行过程中,只有产权明确、受到保护,并具有合法性和权威性,才能保证产权主体行为的内在动力。

一是公有制产权界定。我国公有制产权主要有国有企业产权形式和集体企业产权形式。国有企业产权界定标准为:有权代表国家投资的部门和机构以货币、实物和所有权,属于国家的土地使用权,知识产权等向企业投资,形成的国家资本金和国有法人资本金;国有企业运用国家资本金及在经营中借入的资金等形成的税后利润经国家批准留给企业作为增加投资部分,以及税后利润中提取的盈余公积金、公益金和未分配利润等;以国有企业的名义担保,完全用国内外借入资金投资创办或完全由其他单位借款创办的国有企业,其收益积累的净资产;国有企业接受馈赠形成的资产;实行《企业财务通则》和《企业会计准则》前,国有企业从留利中提取的职工福利基金、职工奖励基金和用公益金购建集体福利设施而相应增加的所有者权益;国有企业中党、团、工会组织等占有企业的财产,但以党费、团费、会费以及按照国家规定由企业拨付的活动经费等结余购建的资产除外。

集体企业产权较为复杂,其中属于国家投资的部分要确定为国有资产。国家以货币、实物和所有权,属于国家的土地使用权,知识产权等独资(包括几个全民单位合资)创办的以集体所有制名义注册登记的企业单位,包括开办资金由国有企业、事业单位、国家机关完全以银行贷款及借款形式筹措并投入的,其资产所有权界定按照国有企业产权界定标准确定;国家用国有资产独资创办的集体企业中的投资以及按照投资份额应取得的资产收益、留给集体企业发展的资本金及其权益也属于国有产权;集体企业依据国家规定享受税前还贷形成的资产,其中属于国家税收应收未收的税款部分界定为国有资产;集体企业依据国家规定享受减免税形成的资产,其中列为国家扶持基金等投资性减免税部分界定为国有资产。上述增值部分由于历史原因无法核定的,可以不再追溯产权。

集体企业发展过程中使用银行贷款、国家借款等借贷资金形成的资产,国家只提供担保的,不界定为国有资产;但由国家承担连带责任偿还后形成的债权,集体企业无力偿还的,经双方协商,可转为投资的资产。集体所有制企业由于历史或政策原因使企业内部产权关系复杂,因此在产权界定过程中可能会产生一些产权纠纷处理,此时应处理好以下几方面关系:集体企业与国家之间的关系;集体企业与扶持单位之间的关系;集体企业与集体企业、集体经济组织之间的关系;集体企业与员工或其他个人之间的关系等。

在产权界定中要广泛收集有关企业产权及权益变动的历史资料,对有关情况和资料进行核实,摸清企业各项资金投入和产权变动的实际情况,为产权界定提供真实可靠的依据。核查有关资料和情况的具体经验有:抓住新旧会计制度接轨这一时点的会计处理,从此时点向前向后追溯资金投入以及经营积累;对国家投入的界定,可从查找财政历年对企业拨款的账目和原始凭证入手,并与企业认真进行核对;对原始资料不全的可采取走访前任领导或老员工等方法,了解原始投入和产权变动的实际情况和历史背景。

二是民营企业产权界定。民营企业产权在我国具有特别意义。按照人们的常规理解,民营企业与国有企业、集体企业不同,归私人所有,不存在产权问题。事实上,不少民营企业名义上归私人所有,但其产权内部含糊不清。产权不清晰,往往会导致种种矛盾、冲突与纠纷。民营企业产权问题在改革开放初期突出表现为,在抽象意义上全盘归国家和集体所有细化为现实意义上的私人权利的界定过程中,会出现公私界定模糊的现象。有些民营企业为拿到经营资格或政策优惠,戴上"红帽子",但等企业做大做强,"红帽子"就惹出不少麻烦来,甚至有人因此锒铛入狱。

随着产权边界的不断扩大,民营企业产权所面临的中心问题逐渐转移,已经从财产是否归私人所有逐渐转向已经认定为私人所有的财产为哪个人所有。即便被认定为产权私有,但归属不清,同样也会引发多重问题。武汉有一家以建筑设备制造为主的企业,总资产达7亿元,销售网络覆盖全球15个国家和地区,但是自2012年4月以来,该企业陷入了一场家族内部持久的股权之争,母子失和,兄弟反目,对企业经营和发展造成了严重影响。这家企业成立于20世纪90年代中期,企业的发起人是大哥,其兄弟姐妹4人都参与创业,企业逐渐发展壮大。2012年1月,大哥委托咨询机构对企业资产进行核查,发现自己在企业的5 000万股权已被完全转移到弟弟和姐姐等人的名下,从而引发了一场3年多的恩怨官司。

民营企业要获得长远发展,就必须产权明晰。产权明晰不能简单地按开始投资份额来分配,而是需要解决许多实际问题。首先要强化对产权制度的认识。作为企业的立根之本,产权制度在创业之初就应该予以规范,明确规定合伙创业所有成员的权、责、利。其次要科学估算股份价值。合理评估价值是产权明晰化的前提。未上市的民营企业,股份价值往往由资产评估机构来评估,由于无形资产的评估较为复杂,因而资产评估可能会出现偏差。民营企业应借助更为专业的评估机构,对自身资产做出合理的估价;同时要建立有效的监管机制,确保产权明晰落到实处。随着业务的拓展和规模的扩大,民营企业的经营管理必然要进行内部相对独立的分工，聘请职业经理人负责管理，就可能发生偷懒、虚报业绩、转移财产等问题，致使产权明晰有其形而无其实。所以，必须建立有效的监督机制，通过建立企业内部审计制度、完善董事会等方式保证产权明晰落到实处。民营企业产权明晰化，是指企业内部明确各合伙人的产权，把企业的每一份财产落实到具体的自然人，以利于企业获得更为持久的发展。

适时优化产权结构

产权安排具有阶段性特征。在创业阶段，企业资金来自企业主个人或家庭，企业主本人掌握企业所有权与经营控制权，产权高度集中。这种结构虽然具有企业内部委托—代理成本低等优点，但会阻碍企业向现代企业制度的转变，难以吸引及留住优秀人才；在快速成长阶段，企业需要巨大的人力资源和资本投入，产权结构向多元化发展，在外部投资者的监督下企业运作更加规范，但在经营决策过程中可能会存在更多博弈；在稳定发展期，上市融资扩股成为家族企业发展的优先选择。通过上市可以转变为社会公众企业，股权范围进一步扩大。其股权结构变为控股股东、少数大股东与众多小股东动态稳定的状态。

由于我国企业发展历史不长，股权结构急需优化。目前股权存在的主要问题是：

平衡股权结构。公司大股东之间的股权比例相当接近，没有其他小股东或者其他小股东的股权比例极低。这种股权容易形成股东僵局和公司控制权与利益索取权的失衡。

股权过分集中。一股独大，董事会、监事会和股东大会形同虚设，内部人控制问题严重。企业行为很容易与大股东的个人行为混同，在一些情况下，股东将承担更多的企业行为产生的不利后果，大股东因特殊情况暂时无法处理公司事务时，将产生小股东争夺控制权的不利局面，给企业造成的损害无法估量。

股权平均分散。一些公司的股权形成了多数股东平均持有低额股权，"股份人人有份，股权相对平均"的畸形格局，容易导致大量小股东在股东大会中相互制约，公司大量的精力和能量消耗在股东之间的博弈中。

夫妻股东。许多民营企业在创业之初即为夫妻共同打天下，公司注册为夫妻两人所有，因"夫妻公司"引发的法人资格的纠纷，主要体现为公司债权人要求偿还债务和夫妻离婚诉讼两种情况。夫妻对公司债务要承担连带责任，就是家庭财产也可能会拿出来承担债务责任。同时，一旦经营失败，对家庭生活的影响很严重。因此，夫妻股东的风险不容忽视。

在股权安排实践中有如下几种主要优化形式：

一是家族企业的股份安排。家族企业主要采用两大类股权安排，即分散化股权安排和集中化股权安排。

分散化股权安排让尽可能多的家族成员持有公司股份，不论其是否在公司工作，所有家族成员都享有平等权利。股权分散的家族企业有两种管理方法：外聘专业人员管理和部分家族成员管理。中国大多数家族企业采取第二种方式。他们认为，能干的家族成员比外聘人员更适合代表自己的利益。

股权集中方法只对在企业工作或在企业任职的家族成员分配

股权。这种方法注重控制所有权而非管理权,着眼于保证家族权利的世代持续。这种安排的好处在于:第一,由于所有权和管理者的利益连在一起,决策程序可以加快。第二,由于家族成员只有经过争取才能成为股东和管理者,企业可以保持创业者当年的企业家精神。

二是合伙企业的股份安排。合伙企业的股份安排一般采取奇数原则,即奇数合伙人结构。例如,一个企业拥有三个合伙人,其中两个处于强势地位,另一个处于弱势但也是很关键的平衡地位,任何一个人都没有决定权。彼此的制约关系是稳定的基础。同时,为了吸引优秀人才,不论是家族企业还是合伙企业,都会拿出部分股份给予部分高级人才。通常的规则是,70%~80%由创业者拥有,其余20%~30%由高级人才拥有,他们享有相应的投票和分红的权利。

合理的产权结构是公司稳定的基石。在实践中,合理的产权结构常为一个公司三个股东,即一个股东40%,两个小股东30%,30%,或者两个大股东40%,40%,一个小股东20%,形成三足鼎立、三方均衡的布局。在一个公司三个股东的以上两种股权结构下,不存在一股独大的现象,这是因为另外两个股东发挥了很大的制衡作用,他们所持股份相加,均超过了大股东40%的股份。因而,在大股东侵犯小股东利益的现象发生时,则会出现小股东相互联合,以更大发言权制约大股东的现象,从而实现了公司的稳定。随着企业的发展,可能会引进更多的资金、更多的人才、更多的合伙人,因此,整体股份结构的平衡就显得非常重要。对于企业而言,股权分配是一项长期的任务。

2012年，阿里巴巴在发展最快速的时期，做了一件让世人震惊的事。马云斥资71亿美元，其中63亿美元现金、8亿美元集团优先股，回购2005年雅虎以10亿美元收购的阿里巴巴股份。阿里巴巴为什么在此时斥资71亿美元回购股份？因为有一个写入公司章程的十年回购之约。

阿里巴巴上市那天，最大股东是孙正义，其他股东包括雅虎等公司，但是从阿里巴巴不断引进股东的那一天开始，决定其前途命运的一直是马云及其团队。因为在引进股东时，他们就对雅虎所持股份的表决权、收益权进行了分割。雅虎虽然持有40%的股份，却只有其中35%的表决权。同时约定，10年到期后阿里巴巴如果没有能力回购，此条款失效，雅虎将获得完全的表决权。如果马云不能增加手中的股份，阿里巴巴下一步是谁的天下则很难说。所以马云团队做出了大量收购股权的行为。这就是优化股权，优化的核心是随着企业发展的需要，及时保持股权结构的平衡，使之有利于公司的发展。

股权方案的激励原则

股权激励制度起源于20世纪50年代的美国。当时的家族企业出现了难以克服的缺陷，由于很难保证每一代都有优秀的人才，于是职业经理人应运而生。为了追求各自利益的最大化，以企业所有者为代表的股东与主抓企业经营的管理层开始了利益博弈。从此，企业委托一代理问题出现，股权激励应运而生。

近年来，股权激励是我国企业最为关注的问题。盛大、百度、新东方等公司在上市的基础上,通过股权期权这一独特的创富机器,造就了千百个百万富翁,股权激励被越来越多的企业重视和运用。关于如何设计股权方案,我们认为必须专注激励,股权方案如果失去了激励,就没有实施的必要。设计股权方案一般要遵循如下原则:

定股原则。即如何选择合适的股权激励工具。不同公司根据行业领域地位和所处发展阶段,股权激励计划的目的是不同的,无论不同点有多少,各个公司始终致力于实施股权激励的最终目的——促进公司业绩增长。与员工持股计划的区别在于:股权激励重在激励,员工持股计划则在于利益共享、资源配置。从现代企业制度角度看,股权的权能主要分为以下四种:分红权、公司净资产增值权、表决权、所有权(含转让、继承、资产处置等)。一般根据公司股权模式来选择和确定合适的股权激励方式。适合非上市公司的主要股权激励方式有奖励股权(份)、股权(份)出售、技术折股;适合上市公司的主要股权激励方式有股票激励、股票期权、限制性股票、股票增值权;其他股权激励方式有虚拟股票、业绩股票、业绩单位、账面价值增值权、延期支付计划。

定人原则。即决定参与股权分享的人员范围。一般主要针对如下人员:具有潜在的人力资源尚未开发;工作过程的隐藏信息程度高;具有专用性的人力资本积累。高级管理人员是指对公司决策、经营负有领导职责的人员,包括经理、副经理、财务负责人、董事会秘书和公司章程规定的其他人员。定人的目的是要选择对企业发展关联度高的人力资本。要以核心层为中心,这些人与企业共命运、同发展，具备牺牲精神；注重骨干层，这些人往往处于企业的关键中层岗位，如销售、采购、技术和财务等，他们是股权激励的重点；辐射操作层，这些人往往处于基层，但有代表性和标杆作用。对不同层面的人应该不同对待，很多时候骨干层是股权激励计划实施的重点对象。

定时原则。即确定股权的时间，包括开始时间和有效时间。产权激励计划的有效期自股东大会通过之日起计算，一般不超过10年。产权激励计划有效期满，上市公司不得依据此计划再授予任何股权。在股权激励计划有效期内，每期授予的股票期权，均应设置行权限制期和行权有效期，并按设定的时间表分批行权。每期授予的限制性股票，其禁售期不得低于2年。禁售期满，根据股权激励计划和业绩目标完成情况确定激励对象可解锁（转让、出售）的股票数量。解锁期不得低于3年，在解锁期内原则上采取匀速解锁办法。

定价原则。即确定股权的价格。根据公平市场价格原则，确定产权的授予价格（行权价格）。上市公司股权的授予价格应不低于下列价格中的较高者：股权激励计划草案摘要公布前一个交易日的公司标的股票收盘价；股权激励计划草案摘要公布前30个交易日内的公司标的股票平均收盘价。非上市公司可按照资产净值作为参考定价的基础。

定量原则。即确定股权总量和个量。总量是指股权的总额，个量是指股权配置的平均数和最高额度。要重视个量的确定：上市公司任何一名激励对象通过全部有效的股权激励计划获授的本公司股权，累计不得超过公司股本总额的1%，经股东大会特别决议批准的除外；在股权激励计划有效期内，高级管理人员个人股权激励预期收益水平，应控制在其薪酬总水平（含预期的期权或股权收益）的30%以内。在确定总量方面，要参照国际通行的期权定价模型或股票公平市场价，科学合理测算股票期权的预期价值或限制性股票的预期收益。按照上述办法预测的股权激励收益和股权授予价格（行权价格），确定高级管理人员股权授予数量。同时各激励对象薪酬总水平和预期股权激励收益占薪酬总水平的比例应根据上市公司岗位分析、岗位测评和岗位职责按岗位序列确定。

股票增值权与员工持股

股票增值权是指上市公司授予激励对象在一定的时期和条件下，获得规定数量的股票价格上升所带来收益的权利。激励对象不实际拥有股票，也不拥有股东表决权、配股权、分红权，股票增值权不能转让和用于担保、偿还债务等。激励对象一般为公司高级管理人员和高级技术专家。股票增值权的实现可以是全额兑现，也可以是部分兑现。另外，股票增值权可以用现金实施，也可以折合成股票加以实施，还可以是现金和股票形式的组合。股票增值权计划一般在三个条件下使用：第一个是股票薪酬计划可得股票数额有限；第二个是股票期权或股票赠与导致的股权稀释太大；第三个是没有股票给员工的封闭性公司。

某综合类的上市公司，其业绩较为平稳，现金流量较为充裕。正值公司对内部管理机制和业务结构进行大刀阔斧的改革和重组创新之际，企业产业结构发生了较大的调整。为了保持业绩稳定和公司在核心人力资源方面的优势，考虑对公司高级管理人员和核心骨干员工实行业绩股票增值权计划，其目的是对管理层的贡献进行补偿，既有利于公司吸引和留住业务骨干，也有利于公司管理制度的整体设计及与其他管理制度之间的协调和融合，降低制度安排成本和运行成本。

为此，该计划确定了如下原则：授予对象为公司高级管理人员和核心骨干员工；授予条件是根据年度业绩考核结果实施奖罚。如考核合格的对象，公司将提取年度净利润的2%作为激励基金，购买本公司的流通股票并锁定；达不到考核标准的要给予相应的处罚，并要求受罚人员以现金在6个月之内清偿股权资金。

从激励角度看，由于这是一家上市公司，比较适合实行业绩股票增值权计划。该方案的激励范围比较合适，激励对象涉及人数不多，激励成本能得到有效控制；方案规定激励力度为不大于当年净利润的2%，虽然公司的净利润基数较大，但分摊到每一个被激励对象后与实施业绩股票激励制度的上市公司相比总体是偏低的。假设年度净利润为13 340万，可提取266.8万元的激励基金，激励对象如果按15人计算，平均每人所获长期激励仅为17.8万元。由于该公司的主营业务以传统产品为主，加上传统行业的人才竞争不像高科技产业那么激烈，因此，激励力度偏小对股权激励效果的影响不会太明显。随着产业转型，该公司已逐步向基础设施公用事业发展，并在原有产业中重点投资发展一些技术含量高、附加值高、市场潜力大的高科技产品，企业处于产业结构调整和高科技创新关键时期，高科技产业对人才的争夺比传统企业激烈得多，此时的激励力度应随之调整。

从激励效果看，该方案所有的激励基金都要求转化为流通股，这可强化长期激励效果，不利于强化短期激励。因此，可以考虑将激励基金部分转化为股票，部分作为现金奖励留给个人，这样就可以比较方便地调节短期激励和长期激励的力度，使综合的激励力度最大化。

员工持股计划是指通过让员工持有本公司股票和期权而使其获得激励的一种长期绩效奖励计划，是员工所有权的一种实现形式，也是企业所有者与员工分享企业所有权和未来收益权的一种制度安排。因此，实施员工持股计划的目的是使员工成为公司的股东。在实践中，员工持股计划往往是由企业内部员工出资认购本公司的部分股权，获得相应的管理权，并委托员工持股会管理运作，员工持股会代表持股员工进入董事会参与表决和分红。

某科研院所下属企业由研究所出资成立，是一个以冶金及重型机械行业非标设备设计成套及技术贸易为主业的科技型企业，在编人员80%以上为具有中高级职称的工程技术人员。公司成立以来，国家没有实质性投入，只是投入品牌和少量资金，主要通过管理层与员工的不懈努力，资产飞速增值。为了解决员工的创业贡献与公司股权结构不相符的问题，公司决定进行股份制改造。

公司委托某机构设计了一个股份制改造方案。该方案依据稳定资本存量、改造股权的思路设计，由于未能解决无形资产估价问题而被上级主管部门否决。为此，公司重新设计了股份制改造方案。新方案依据稳定存量、改制增量的思路，拟由原来50万元注册资本金增加至500万元，在增资扩股中实施员工持股计划，即其中40%的股权通过员工持股计划由高管层和员工持有，60%的股权仍由研究所持有。

该方案确定的授予对象包括公司董事在内的所有在职员工。规定员工持股计划在3年内完成，由公司担保从银行贷款给员工持股会，员工持股会用于购买公司40%的股份后再分配给员工，其中的10%由员工直接出资购买，另外30%由公司每年分红归还本息。然后根据当年归还本息的数额按照员工的持股比例将股份转给员工。

员工持股会的股份分配在全员范围内分三个层次进行。第一层次为核心层（董事、总经理），占员工持股会持股总数的50%，其中最高20.44万，最低13.26万；第二层次为技术骨干层，占员工持股会持股总数的30%，主要为工龄较长且具有高级职称者，包括重要部门的部门经理，其中最高9.75万，最低7.42万；第三层次为员工层，占员工持股会持股总数的20%，包括工龄较短或具有中级职称的部门经理、各部门业务员，其中最高4.48万，最低0.63万。

该公司原先规模较小，属于国有研究所下属的科技型全资子公司，员工人数只有30人左右，且多数为中高级职称的技术人员，因此在增资扩股中引入员工持股计划比较适合。此方案既解决了增资扩股的部分资金来源，又可以让员工分享公司的成长价值，以未来公司的利润转化为员工的股份，有利于形成长期激励机制。该方案的激励作用主要体现在公司员工通过拥有公司股权参与企业利润的分享，有助于增强企业对员工的凝聚力，有利于形成以利益共享为基础的企业文化，体现了国有资产控股的特征。

股票期权与混合股权

股票期权方案是根据特定的契约条件，赋予企业经营管理者在一定时间内按照某个约定价格购买一定数量公司股权的权利的方案。该方案兼有"报酬激励"，即经营者通过取得该股权的代价与资本市场上该股权的价格差获取报酬和"所有权激励"，即作为公司股东，享有获得公司分红的权利和相应的股东影响力。该方案是经营管理者薪酬构成中的重要组成部分，实施该项激励制度的企业大多数是上市公司。

某公司是一家在境外注册的从事网络通信产品研究、设计、生产、销售及服务的高科技企业，公司注册时就预留了一定数量的股票计划用于股票期权激励。公司预计2年之内在境外上市。由于公司处于快速发展期，面临现金紧张的问题，公司能拿出的现金奖励很少，存在人才流失的危机。为此，公司设计了一套面向公司所有员工实施的股票期权计划。

该方案规定，授予对象为入职满1年的员工。首次授予期权的行权价格为1元，被激励员工在行权时只是象征性出资。以后每年授予的价格参照每股资产净值确定。拟定股票期权发行最大限额为1 460 500股，首次发行730 250股。期权的授予数额根据公司相关分配方案进行，每年一次。首次授予数额不高于最大限额的50%；第二年授予数额不高于最大限额的30%；第三年授予数额不高于最大限额的20%。

该方案规定的行权条件是员工获授期权满1年即进入行权期。每年的行权许可比例是：第一年可行权授予总额的25%，以后每年最多可行权授予总额的25%。在公司上市前，不能变现出售股票，但员工可在公司股票拟上市而未上市期间保留或积累期权的行权额度，待公司股票上市之后，即可变现出售。如果公司3年之后不能上市，要求变现的股票可由公司按照行权时的出资额加上以银行贷款利率计算的利息回购。

该企业成长性较好，适合采用的股权激励模式就是股票期权。由于该公司是在境外注册、准备境外上市，没有国内上市公司实施股票期权计划存在的障碍，因此，采用股票期权计划是合适的。

在激励对象方面，对高科技企业而言，人才是根本，在其他条件相似的情况下，企业如果缺乏有效的激励和约束机制，就无法吸引和稳定高素质人才，公司也就无法取得竞争优势，实现企业长期发展的目的。该公司员工90%以上具有大学本科及以上学历，其中30%具有硕士及以上学位。该方案以全体员工为激励对象是明智之举，它将公司的长远利益和员工的长远利益有机结合在一起，有助于公司凝聚和吸引优秀的人才，形成公司长期发展的核心动力。该方案的激励作用来自公司境外上市后的股票升值和行权后在不兑现的情况下持有公司股票享有的所有权利，激励力度比较大，但由于周期较长，对于更需要现金收入的员工来说这种方式较难起到激励效果。

混合股权激励是把干股、实股、期权结合在一起综合实施的股权激励制度。

某公司是由3个自然人出资成立的网络信息技术公司,公司发展迅速,年销售额增长率达到500%,公司在几年高速发展过程中,引进了大量的管理、技术人才,也建立了一套工资、奖金分配体系。为了适应公司的战略规划和发展目标,构建和巩固核心团队,需要重新界定和确认企业的产权关系。该企业实施股权激励不是单纯为了分配企业目前的财富,而是为了使公司创业者和核心骨干人员共享公司的成长收益,增强公司股权结构的包容性,使企业的核心团队更具凝集力和效率。因此,公司设计了一套"干股+实股+股票期权"的多层次长期激励计划。

该方案确定的授予对象为公司高管层和管理、技术骨干共20人。持股形式是多种形态结合,其中一部分是现金持股计划:在增资扩股中由高管层和管理、技术骨干自愿用现金出资持股。方案规定,实施岗位干股计划,岗位干股的设置着重考虑激励对象的历史贡献和现实业绩表现,只要在本计划所规定的岗位就有资格获得岗位干股;岗位干股的分配依据所激励岗位的重要性和本人的业绩表现,岗位干股于每年年底公司业绩评定之后进行重新调整和授予,作为名义上的股份记在各收益人名下,目的是获得其分红收益,岗位干股的授予总额为当期资产净值的10%。方案决定同时实施股票期权计划:股票期权设置着重于公司的未来战略发展,实现人力资本价值最大化。股票期权的来源为从原股东目前资产净值中分出10%转让给激励对象。依据每位管理者的人力资本量化比例确定获授的股票期权数。

由于该公司正处于高速成长期，构建稳定的核心团队和留住员工对企业长期发展极为关键。公司实施多层次的股权激励方案，一方面通过自愿原则实现员工主动参与企业经营管理，分享公司的成长价值；另一方面通过岗位干股设置体现员工对公司的现实贡献；此外，还通过股票期权设计反映公司的战略规划，构建长期稳定的核心团队，获得股票期权的人数较少，只是部分有发展潜力的核心人员。该方案既通过干股设置实现了短期激励，又通过现金购股和股票期权实现了长期激励，体现了公司原股东的股权包容性和利益共享的激励机制。

高盛的合伙人制度

高盛是华尔街最后一家保留合伙制的投资银行。1998年8月，高盛公司合伙人会议决议将高盛公司改组成股份有限公司，从而结束了合伙制投资银行的历史。可以说，高盛的合伙制度在其发展进程中起到了至关重要的作用。

20世纪90年代以来，高盛全球闻名的华尔街总部一直是投行精英梦寐以求的地方，能够成为高盛合伙人就意味着拥有数不尽的财富。高盛对合伙人的惩罚和激励机制非常明确，高管人员普遍具有强烈的风险意识和责任意识。这也形成了高盛特有的追求长期价值、雄心勃勃的文化。高盛成为有抱负的银行家的首选银行，在这里工作是身份的象征。

高盛合伙人制度的优势如下：一是有利于吸引优秀人才并长期稳定。高盛全球有2万余名员工，但只有300名合伙人。合伙人年薪达百万美元以上，拥有丰厚的福利待遇，并持有公司股份。二是有利于增强风险意识与责任意识。合伙制的投行意味着合伙人承担了由于业务失误或是公司业绩下滑、业绩虚假带来的全部连带责任，这种沉重的压力使得合伙人更重视产品质量的控制和风险的把握，也使得证券投资人对这些投行推荐的证券质量产生信心，进而对投行本身产生信任。三是有利于避免薪酬攀比。长期稳定的合伙人队伍将从公司利润中分享利益，所以不会带来薪酬的相互攀比。

高盛从合伙制企业转变为公众公司，主要由于以下原因：一是扩充资本金的压力。身处利率变动充满不确定性的时代，加上大型企业的发债或股票规模越来越大，预测上一个点的误算，都可能会绷紧投资银行的资金链条，甚至导致破产。因此，高盛迫于扩充资本金的压力，不得不选择股份制的形式，通过发行股票并上市来迅速增大资本实力。二是承担无限责任的风险和压力。随着华尔街金融创新尤其是金融衍生工具的发展，证券市场的规模和风险也同时被杠杆效应放大了。投资银行因为一次失败的业务而导致破产的可能性大为增加，这使合伙人不得不忧虑风险的底线。因此在经济增长放缓时，合伙人有可能离开公司并带走大量资金。1994年就有大批合伙人离开高盛并带走他们的资金，使交易损失带来的压力加剧。三是激励机制的掣肘与人才竞争的压力。合伙制投资银行对优秀业务人员的最高奖励就是接纳其成为合伙人。这种奖励所建立的基础是：员工希望成为合伙人，因而不在乎短期收入。

但是高盛上市之后仍保留着合伙制的一些特点，例如合伙人仍然持有公司大量股份并依据自己积累的客户资源继续给公司服务等。上市后高盛的合伙人数量一直保持在300人左右,每2年更新1/4~1/3。高盛每2年会进行一次"合伙人人才库"的选拔,以员工的商业贡献与文化适应性作为主要评选标准。成为合伙人人才库的会员不但享有优越的红利,而且能把获得的报酬投资于公司私营交易,并以低于市价的折扣价格买进高盛股票。

高盛的员工薪酬主要由三部分组成:基本工资、年终红利与长期福利。基本工资主要依据市场供需量、岗位对公司效益的重要性、员工从业经验和学历水平确定,当然还要考虑员工的技能水平。普通员工工资一般由部门经理在给定的范围内划定。为了达到吸引和保留人才的目的,高盛将员工工资的定位于不低于75%的同业公司水平。

高盛公司的激励措施主要有股票激励计划、特定捐献计划和合伙人薪酬计划。股票激励计划主要针对非合伙人的内部员工,高盛的内部持股比例一度高达80%;合伙人薪酬计划主要针对合伙人,高盛在上市以后,仍然保持合伙人制度的一些特点;特定捐献计划的奖励对象为公司董事会或由其任命的特定捐献计划委员会选择参加特定捐献计划的雇员。

高盛的约束机制主要体现在公司与高管人员签署的聘用、非竞争与保证协议上。高盛证券与执行董事中参与公司利润分享的有限合伙人签订了聘用协议、非竞争及保证协议,以下是关于这些协议实质性条款的描述。

每份聘用协议要求执行董事中参与公司利润分享的有限合伙人在事先确定的期限内,将其全部工作时间奉献于高盛公司的事务。当然，无论是执行董事还是高盛公司均有权在任何时间提前90天以书面通知的方式终止聘用协议。

每份非竞争协议包括下列内容：

一是保守秘密。执行董事中参与公司利润分享的每位有限合伙人，均被要求按照高盛公司在内部信息使用及披露方面的规定保护与使用这些信息。

二是非竞争。执行董事中参与公司利润分享的有限合伙人在其与高盛公司终止聘用关系12个月以内，不得在任何竞争性企业中取得5％及以上的所有权、投票权或利润分享权；不得加入竞争性企业，或与从事和执行董事在高盛公司的活动有关系的任何活动的协会建立联系。不得带走现有客户。执行董事中参与公司利润分享的有限合伙人在其被高盛公司停止聘用18个月以内，不得直接或间接，以任何方式：动员与执行董事合作的或因其被高盛公司聘用而熟悉的任何客户，与高盛公司的竞争性企业进行业务合作，或减少、限制与高盛公司的业务往来；干扰或破坏高盛公司与任何现有或潜在客户的任何关系；动员高盛公司的任何雇员申请或接受任何竞争性企业的聘用。

三是客户关系的移交。执行董事中参与公司利润分享的有限合伙人一旦终止与高盛公司的聘用关系，则被要求在90天的期限内采取措施或一切合理的做法维护公司的业务、声誉及与其合作的客户和公司的业务关系。

四是损害赔偿。一旦有执行董事在公司上市之日起5年内违反上述非竞争或不得带走现有客户的条款，必须就损害做出赔偿。损害赔偿的金额，对自开始就服务于公司董事会、管理委员会或合伙人委员会的执行董事是1 500万美元，对其他执行董事中参与公司利润分享的有限合伙人是1 000万美元。该损害赔偿金额没有将因违反上述条款一同取消的以股权为基础的奖励计算在内，而上述条款同样是实施股权奖励的条件。

五是保证协议。每份非竞争协议的损害赔偿条款都有最初价值与实际赔偿金额100％等值的股票或其他资产抵押以确保得以实施。每份担保协议在下列任一事件发生时将自行终止：相关执行董事去世；相关执行董事在聘用关系解除 24 个月期限过后；公司公开招股 5 周年后。

六是例外与裁决。上述讨论的损害赔偿及担保安排并不排除高盛公司有权就违反非竞争性协议的情况放弃要求赔偿，在担保协议终止后，高盛亦有权就防止违反非竞争协议采取可能的补救措施。聘用、非竞争及担保协议通常规定，产生的任何争端均可通过有约束力的裁决来解决。

第五章

治理模式：必须具有制衡性

随着企业规模的扩大和现代企业制度的建立，由于企业特定的委托—代理关系，公司治理是建构在企业所有权层次上的一套体系，重点强调实现产权主体、经营主体的制衡。本章将围绕我国公司治理的现状，探讨公司治理模式的制衡性，强调平衡各股东之间的利益关系，并确立完善的激励与监督机制。

万科控制权之争

万科控制权之争是中国化公司治理的标志性事件。万科一直被标榜为中国上市公司治理的标杆,就是这样一个标杆企业居然出现了大股东与管理层长达半年多的严重纷争,且有愈演愈烈的趋势。

从万科现有股权结构看,宝能和华润在万科加起来有接近40%的持股比例。按照万科章程的规定,在股东大会的表决中,一般事项需要1/2以上表决权通过,而特殊事项需要2/3以上表决权通过。作为大股东,宝能、华润在特殊事项表决权上已具有明显的优势,而在一般事项上则具有绝对优势。而万科负责日常运营的董事会和经理层,却具有事实上的控制权。万科之争本质上是大股东和董事会控制权之争。

宝能之所以成为万科大股东,按照企业的习性一定是对万科的发展前景有着自己的判断,否则不会拿出真金白银去收购万科的股份。按照监管相关规定,宝能持有的万科股票一年内不可出售。毋庸置疑,作为大股东,宝能比多数人更加希望万科经营得更好。大股东宝能的隐忍和均衡各方利益,显示出一种特有的胸怀。

大股东的这一动机没有得到万科管理层的理解。面对大股东的进入,以王石为代表的管理层采取了行动。早期的策略是利用董事会的有利地位不断发表讲话,如王石表示:"我不接受你,我个人来讲不接受你。万科的管理团队不欢迎你这样的人当我们的大股东。""宝能系信用不够。""一进、一拆、一分,这就是他们的发家史。"董事会有没有权力选择股东,尤其在上市公司公开股权的情况下,资本的进入是投资人自主选择的法定行为,一旦通过正常途径获得了股权,就获得了对公司相应的治理权。长期以来,以王石为首的管理层依靠分散股权的优越条件,积累了以董事会为中心的治理习惯，一旦新的股东特别是具有控制权的大股东出现，他们便急了。

宝能并没有采取对骂的方式，而是在官网发布盖章的声明，介绍了企业情况——"发展产业、服务社会、回报国家"，拥有数十亿元资产，服务数千万客户，表明了企业"恪守法律、尊重规则、相信市场力量"的立场。针对王石的指责甚至被指洗钱犯罪，宝能一直处于隐忍的状态，所有发声、表态均以公司声明、公告等形式，可见其严谨和定力。他们相信资本是企业根本性权利的来源，显示出对管理层的期待和各方利益均衡的胸怀。

王石等并没有罢休，他们开始利用管理层控制董事会的便利，采取停牌重组方式来抗拒大股东的进入，试图改变现有的股权结构。主要措施是以低价引入深圳地铁并公告重组，然后顺利通过董事会审议。王石的这一举动引起了两大股东的强烈反弹，甚至让宝能开始按照章程的规定，启动了临时股东大会的程序，试图通过大股东投票权来制衡董事会。

宝能的撒手锏是利用大股东的地位提出罢免万科现任董事会、监事会。宝能的公开理由是为了解决万科当前公司治理混乱、内部人控制的问题，同时并未提名董事、监事候选人。宝能的说法是为全体股东（包括万科事业合伙人计划）保留充分考量和准备的时间和空间，也对万科管理层十分期待。宝能认为："对于公司董事、监事的罢免议案和表决也并不必然导致公司核心管理团队的更换，我们认可目前公司管理层在日常经营中的表现和业绩，也相信公司全体员工能够在公司管理层的带领下经营好万科。"宝能还做出了"欢迎并真诚希望管理层中的优秀者继续留任万科"的表态。宝能表示：对万科管理层始终保有期待，会顾及股东、新董事会及监事会、公司经营管理层、客户以及员工等方方面面的利益，对万科整体的利益进行恰当的权衡。

华润作为万科长期的第一大股东，对万科管理层一直比较信任，对万科的管理也从不干涉。万科走到今天成为一家优秀的公司，除了创始人与经理人团队的贡献，之前的股东也成就了这家好公司。从这个意义上讲，华润在万科的发展中承担着重要的角色和价值。

当万科仓促停牌、以低价引入深圳地铁并公告重组通过董事会审议时，华润的态度发生了重大改变。为了自身的利益，华润毅然站到了万科的对立面提出反对。华润认为，万科深铁重组预案，最大限度地摊薄了股东的股权和收益，将导致国有资产流失，华润不得不提出反对。同时华润随即发表声明指出，对于宝能在公告中罢免所有万科董事、监事的提案表示异议；华润会从有利于公司发展的角度，考虑未来董事会、监事会的改组。可见，华润还是站在一个比较高的角度，给了万科极大的包容和期待。

面对华润态度的改变，王石一改硬汉的形象，采取有限的妥协，甚至做好了到其他公司"再就业"的准备。王石的悲情引发了市场的热议。李稻葵教授用乔布斯的例子来打比方：乔布斯创办了苹果，还是被人赶跑了。如果是真英雄，你得杀回来！得按资本的规则杀回来。如果这帮人真的毁了万科，那你如果有乔布斯的本事，再过几年万科一泻千里时，他们还会把你请回来。当然，同情王石的还是居多，在许多人的心中，万科是王石打下的天下。

于是，王石等利用社会舆论的同情开始反攻。在股东大会上，王石团队的核心人物郁亮自曝万科出现管理团队及整个员工队伍不稳定、项目解约、信用评级下降、猎头挖角等负面消息，增加了外界对万科的担忧，导致万科 H 以五连阴收盘。加上万科员工请愿事件，试图通过给政府和散户施压来维护自己的控制权。王石的策略得到了深交所的回应，它向宝能和华润发出了询问函。此种情况下，宝能和华润均表示，为了均衡各方利益，希望万科更好地发展。市场认为，宝能、华润向万科管理层抛出了谈判的橄榄枝。

然而王石还是利用所控制的董事会连续发布多个公告，一是仍坚持引入深圳地铁，二是修改董事会议事规则，更改章程，增加内容"董事在任期届满前，股东大会不得无故解除其职务"，大有反击之意，让刚刚缓和的万科股权争夺战再次事态升级，刚刚得以喘息的万科不得不再次进入动荡期。

万科控制权之争的大戏还在演出，这表明中国化公司治理的探索才真正开始。

股东与管理层分权

公司治理模式又称公司治理结构，在人们简单的理解中，上述概念几乎就等于委托人即股东大会，与管理层（代理人）即董事会、监事会和经理阶层的权力分配模式。然而，公司治理结构的含义绝不止于此，甚至公司治理结构一词也并不准确。它主要是指公司制企业，即所谓的现代企业的治理问题，而很少涉及合伙制和个人独资等其他企业形态。

万科股权之争所演绎的宝能逼宫、王石示弱、监管发函等一系列事件就是公司治理的具体化。在这场活剧中，万科管理层自始至终都在讲创始人对万科的贡献，利用各种手段维护管理层的控制权地位和权利，反对股东通过法律手段参与万科的管理，不惜摊薄全体股东权益，不惜事态升级到群体事件，不惜自曝评级下降，导致万科受损，投资者、广大股东利益受损。也有人认为，如果按照宝能的提议罢免万科全部董事，那么，万科会在一年内彻底垮掉，除了宝能持有的约1/4股份，持有万科3/4股份的投资者也将遭遇灭顶之灾。如果宝能的提议成功获得通过，那么，格力电器等公司中没有掌握公司股权控制能力的经理人马上会遭遇同样的命运。

融创中国董事会主席孙宏斌评论万科股权大战时明确表示：我坚决支持万科管理层！万科团队有魄力创业，我愿意出钱，至少投资1亿元。但是我们要讲规则，规则就是股东大会选举董事会，董事会选出管理层，尤其上市公司，规则更多。没有规则，买股票就没有依据了。袁岳在评价万科股权之争时表示：资本控制者的安全感需要被尊重。他认为，万科的治理是相对规范化的，但是规范化所追求的不维系于个人去留的境界与王石的自我感觉是不是有点距离？人才作为公司的资产很重要，但是当管理资产成为与管理层紧系的坚强属性，那么资本控制者的安全感与权利空间是不是也需要适度尊重？

万科的困局反映了这一问题：在所有权与经营权分离的情况

下，如何使所有者与经营者，即委托人与代理人各得其所，各享其权？通过万科控制权之争我们发现，公司治理结构揭示了现代公司的重要特征，那就是公司的经营管理者不再是本家本人，而是职业经理人。现代公司之所以被称为"现代"，关键就在于它实现了所有权与经营权（或者控制权）的分离，从而与所有权和经营权合一的古典企业相区别。随着公司规模的扩大和每个公司所有者人数的增加，所有者直接管理企业成为一种成本高昂的行为；同时由于个体之间存在能力的差异，所有者未必是合格的企业家。因此从市场上选择一个善于经营的人代表所有者管理企业就是理性的选择，委托—代理关系由此产生，所有权和经营权实现分离。

但是，由于委托人和代理人是不同的利益主体，具有不同的效用目标，因此二者之间潜在地存在激励不相容。而且代理人拥有关于其自身知识、才能、所掌握机遇和努力程度等私人信息，这些很难为委托人所观察和监督，而理性的代理人又具有偷懒和机会主义动机，因而在委托人与代理人相比处于信息劣势的情况下，必然有代理成本或激励问题的产生。

为了解决现代公司中广泛存在的委托—代理问题，必须设计一套相应的制度安排，使代理成本最小化，提高经营绩效，这种制度安排就是所谓的公司治理结构。按照米勒的定义，公司治理是为了解决如下委托—代理问题而产生的："如何确知企业管理人员只取得为适当的、盈利的项目所需的资金，而不是比实际所需多？在经营管理中，经理人员应该遵循什么标准或准则？谁将裁决经理人员是否真正成功地使用了公司的资源？如果证明不是如此，谁负责以更好的经理人员替换他们?"

构成公司治理问题的核心是：谁从公司决策/高级管理阶层的行动中受益；谁应该从公司决策/高级管理阶层的行动中受益。当在"是什么"和"应该是什么"之间存在不一致时，公司治理问题就会出现。

公司治理结构包括：如何配置和行使控制权；如何监督和评价董事会、经理人员和员工；如何设计和实施激励机制。吴敬琏进一步将公司治理结构具体化：所谓公司治理结构，是指由所有者、董事会和高级执行人员（即高级经理人员）三者组成的一种组织结构。

在这种结构中，上述三者之间形成一定的制衡关系。通过这一结构，所有者将自己的资产交由公司董事会托管；公司董事会是公司的最高决策机构，拥有对职业经理人的聘用、奖惩以及解雇权；职业经理人受雇于董事会，组成在董事会领导下的执行机构，在董事会授权范围内经营企业。北京大学张维迎教授认为，公司治理结构狭义地讲是指有关公司董事会的功能、结构、股东权利等方面的制度安排，广义地讲是有关公司控制权和剩余索取权分配的一整套法律、文化和制度性安排，这些安排决定公司的目标、谁在什么状态下实施控制、如何控制以及风险和收益如何在不同企业成员之间分配等问题。因此，广义的公司治理结构与企业所有权安排几乎是同一个意思，或者更准确地讲，公司治理结构只是企业所有权安排的具体化，企业所有权安排是公司治理结构的一个抽象概括。

通过公司治理的定义可以得出以下几点结论：公司治理问题

产生的根源是现代公司中所有权与经营权的分离以及由此导致的委托—代理问题；公司治理结构是由股东大会、董事会、监事会、经理层等物理层次的组织结构，以及连接上述组织结构的责权利划分、制衡关系和配套机制等游戏规则构成的有机整体。公司治理的关键在于明确、合理地配置公司股东、董事会、经理人员和其他利益相关者之间的责、权、利，从而形成有效的制衡关系。

在当今中国的转型时期，如果经理层有远大的抱负，与各类股东的合作势在必行。但需要知道的是，即使不是弱势群体，也要凭借产权制度、法律和市场经济等更为普遍的原则来维系自己的经营管理志趣。很多行业即使在相对自由发达的市场经济体中，门口的野蛮人又何尝不存在？在这个意义上反思万科管理团队的困局，无非是在观察公司治理过程中，重点要学会股东和管理层如何分配权利。否则，万科之难将会不断延续。

互相约束就是制衡

公司治理结构问题之所以会出现，根源在于现代公司中所有权与经营权的分离以及由此派生的委托—代理关系。为了更好地理解这个观点，不妨举例说明。假定某投资人（所有者）投入资本建立了一家公司，出于各种原因（比如，这个投资者只有钱，但无经营才能；或者他觉得选一个代理人去经营更能使其投资获得较好的回报等），投资人并没有直接经营公司，而是选了（或从市场上招聘了）一个人作为他的代理人经营这个企业。这时，投资人将面临两个重要问题需要解决：一是他怎样才能选到高素质的经营人才；二是他如何使选到的代理人努力工作并为他创造效益。如果这两个问题解决不好，投资人的投资将会面临很大的风险，而解决这两个问题的制度安排，就是所谓的公司治理结构。在股东大会、董事会、监事会这三个机构的关系上，究竟应层层隶属还是应彼此制约，这是设计公司治理模式的一个基础性问题。这一问题在国外公司法中已基本解决，董事会处于公司经营管理的中心地位，三个机构并不是简单的从属关系。三者只有互相约束才能形成有效的互相制衡。

1987年，黄光裕与哥哥黄俊钦在北京挂出"国美电器店"的招牌，店面仅100多平方米。在他们的领导下，国美电器发展成为中国最大的家电连锁零售商。国美电器控股公司的创始人黄光裕被认为是个商业天才，他对国美电器的贡献以及在国美的地位是毋庸置疑的。

2004年6月，黄光裕的鹏润集团以83亿港元的价格，收购22个城市94家国美门店资产的65％股权，国美电器以借壳方式在香港上市。黄光裕家族掌握33％的股权，机构投资者占有33％的股权，其他投资者占有34％。国美电器股权相对稳定，作为大股东的黄光裕家族控制国美电器的日常运作。

2008年，黄光裕因违规操作股票被拘。法院一审判决：黄光裕因犯非法经营罪、内幕交易罪和单位行贿罪，三罪并罚，处以有期徒刑14年。黄光裕出事后国美电器陷入困境，进入职业经理人执政时代，陈晓进入国美电器的核心管理层，担任董事局主席。蜜月期不到2年，黄光裕家族与陈晓的矛盾激发，导火索是双方对国美电器经营模式的巨大分歧。黄光裕家族认为陈晓改变了国美电器一贯坚持的战略发展方向：在提高市场占有率的前提下，通过管理来持续提升企业效益。陈晓为了执行新的企业战略，开始对股权进行改造，对黄光裕家族进行清理和打压。

2010年，因不满现任管理团队试图去黄化，黄光裕家族采取了许多措施，直至要求召开临时特别股东大会，让黄光裕本人指定的董事局主席陈晓出局。9月28日，临时特别股东大会投票结束，黄光裕家族提出的五点要求，除取消股权增发计划被通过，其他均未实现，陈晓继续担任国美电器的董事局主席。

黄光裕保持控制权的手段之一即对于旧部的控制。毕竟，他们是黄光裕带着打拼多年的"嫡系"。就陈晓而言，尽管或许真的如他所言，不想改变国美电器的基因，只是想带领高管团队做事。但问题在于，如果他面对的是一些"身在曹营心在汉"的高管，又怎能有所施展？所以，旧部的分化必不可少。而且，相比失去自由的黄光裕，陈晓可以采取的策略和方式太多了。比如，2009年7月，国美电器将占已发行股本约3%的股权授予105名高管。这种做法所折射的意义并非像黄光裕所指责的那样简单——是在软化旧部，而是可以理解为给高管戴上"金手铐"，以有利于企业的发展。需要黄光裕反思的也恰在于此：为什么在出事之前，他没有采取类似的股权激励举措？

在黄陈争夺国美电器控制权的事件上，不少人指责陈晓作为委托人辜负了黄光裕的信任，甚至有人认为陈晓的行为无异于偷盗，趁着主人不在，意欲将国美电器占为己有。我们知道，国美是一家上市公司，陈晓是黄光裕的工作伙伴，就算私底下是死党,是好哥们,但在国美电器的经营管理上,二人不存在私相授受的关系。陈晓必须遵从上市公司的规则,陈晓也不仅是黄光裕的受委托人,而且是所有股东的受委托人。

从国美电器的案例中我们很自然地就会想到,如果陈晓既是国美的投资人又是企业经营者,且国美不是上市公司,那么上述复杂的制度设计是不是就会变得很简单?答案是肯定的。试想,公司的经营收益属于投资人,他一定会有积极性,要努力工作把公司搞好;另一方面,他也一定会自我约束,避免作出错误的决策,使公司受损,因为投资的损失也由他来承担。显然,当所有权和经营权统一时,公司治理结构处于理想状态,因为激励和约束可以实现匹配和自我强化。推而广之我们也就不难理解,当公司不能达到投资人所期望的收益时,公司股东往往有减少经营管理者的经营自主权,转由自己来经营的冲动,虽然这样做未必会使公司的经营状况改善,但至少可以不必为激励和约束经营管理者费脑筋。

从公司治理结构的演化过程看,公司治理模式解决的主要问题就是对经营管理者即代理人的激励和约束问题。激励的目的是使代理人有积极性为股东的利益而努力工作,约束的目的是使代理人不至于由于自利而损害股东的利益。为了激励,就要使代理人有职、有权、有利;为了约束,就要使代理人的职位、权力、利益时刻受到监控、威胁,二者之间的制衡成为公司治理结构有效与否的关键。失去制衡的公司治理结构,只有两个结果——一是代理人成为傀儡,二是内部人控制失控,这两种结果都不利于公司的发展。

良好的公司权力制衡关系依赖于分散的公司股权结构。只有公司股权具有相当的分散度，才不至于出现大股东大权独揽而控制公司管理层，从而损害小股东权益的情况。另一方面，如果股东过少，由于缺乏其他股东的力量平衡，股东之间争夺公司控制权的权力斗争的概率迅速增加，从而使公司经营陷入困境。但过度分散的股权结构也不利于保证公司治理结构的有效性，因为如果股东过多且股权比例高度分散，那么每一个股东都不会因自己对企业经营管理者的监督努力而获得太多的收益，理性的选择只能是"搭便车"。于是大家就都没有积极性去监督企业经营管理者，从而形成经营管理者大权独揽的内部人控制现象，使企业经营管理陷入无序状态。因此，理想的股权结构应当是股权既有一定的分散度，又不至于过度分散，这样相对的大股东就会有动力去监控企业经营者，使之不偏离正常的轨道。

生命周期制约治理模式

公司同所有生物一样经历着从创业期、成长期、成熟期到退出期的生命周期。在这个生命周期中，公司治理模式也经历着一个从家长式治理、家族式治理、泛家族式治理到与职业经理人共同治理的蜕变过程，一步步趋于成熟和完善。公司对于治理模式的选择应该是相对于其生命周期来说的，不能抛开企业所处的特定发展阶段而简单地评价哪一种治理模式最适合、最有效，也不能以偏概全地认为任何企业都需要统一的公司治理模式。每一种公司治理模式都有其生存的土壤。

公司在创立阶段，一般由以下方式创业而成：从个体户起家，逐渐积累发展起来，在发展过程中吸收家族成员的加盟；直接由家庭成员出资兴办；朋友、同事参股合资开办合伙制公司，其中关键人物占大股份。以上创业形式的共同特点是，公司的所有权归一个或一些投资者所有。因此，公司呈现三大特征：一是所有者也是经营者，股权与控制权基本掌握在创业者手中；二是公司组织结构不正式，员工有一部分来自家族体系；三是公司的处境比较艰难，容易夭折。

此阶段的公司一般实施家长式治理。许多公司的所有者集经营、管理、控制于一身，公司的组织结构一般只有两层：创业者和一般员工。所有者与经营者合二为一，体现了所有权与经营权的完美结合。在创业阶段，公司内部的委托—代理关系相对简单，主要是创业者和普通员工之间的直接委托—代理关系，所有者积极参与公司治理，基本上不存在所有者与经营者的委托—代理关系。"两权合一"的治理结构使公司的内部决策迅速。领导方式多采用家长式的集中领导方式。公司的一切活动均由创业者去决策、指挥，企业绩效非常高。在这种公司里，部门化程度较低，管理幅度宽，决策权往往集中在创始人手中。

经过几年不稳定的创业期后，公司就进入了成长期。在这个阶段，公司已经发展成为家族企业，不仅吸收与创业者有血缘关系的家族成员进入企业，而且扩大用人范围，开始吸纳朋友、同学、同事、邻居等具有初步信任关系的成员。同时公司开始步入正规化，各项规章制度逐渐建立，而且发展也不再依赖于个人，而是依赖于一个利益相关的共同体。家长式的一言堂治理模式发展成为家族式共同治理模式。此时，公司呈现如下特征：股权开始走向多元化，控制权分布在创业者手中；公司逐步规范化，经营权和所有权开始出现部分分离；公司开始步入良性运营，利润不断提高，未来的预期美好。

此阶段一般实施家族式治理。处于这一时期的公司，由于规模扩大，组织逐步规范化，分工开始明细，所需资金量急剧增加，管理者或技术要素所有者要求参加分配，他们对剩余索取权的要求开始上升。在实践中多通过降低家族成员持股比例，明晰家族产权，淡化家族色彩。越来越多的中小企业开始注意给予高级管理人员、高级技术人员和员工一定比例的股权，与员工结成利益共同体，加强对员工的激励与约束。家族成员之间的产权关系也开始逐步界定，由不明晰向明晰转变，产权清晰到成员个人。这一方式有力地降低和避免了家族成员之间的内耗，同时产权明晰为社会资本的引入、具有可交易性和激励作用的产权设置打下了基础，与此相伴随的就是现代企业制度日趋完善。

公司在成长期如果管理制度化、规范化的过程获得成功，便迈向了一个新的发展阶段，即进入了成熟期。成熟期是公司生命曲线中最为理想的时段，控制力和灵活性达到了平衡。公司在这一阶段的特征是：公司的公开化、社会化程度不断提高，股权多元化趋势更加明显。外聘的高级管理者开始大量进入企业，并占据部分高级管理职位。公司内部管理趋于制度化、程序化，科层组织结构开始健全，分工精细。

此阶段一般实施泛家族式治理模式。当内部的管理资源不能满足企业的需要时，公司就应及时稳步地引进职业经理人，先从外部、基层开始，然后使公司的高层管理人员职业化，此时要规范对职业经理人的授权；同时，公司应严格按照现代企业制度的要求运作，促进所有权与经营权的分离。在这种治理模式下，职业经理人不会轻易退出公司，而会比较安心于长期为公司效力。

需要注意的是，在激励职业经理人和高级技术人才的同时，谨防出现内部人控制的局面，他们分享更多剩余的同时也要承担更大的风险与责任。激励的力度要进一步加大，对高层管理和技术人员可实施股票期权、养老金计划，对中层管理和技术人员可采取年薪制。当董事会或者股东大会（主要是家族成员）对总经理（职业经理人）的约束感到力不从心，但又必须依靠职业经理人经营管理时，公司可在董事会中引进独立董事，这些独立董事一般是管理理论和经验丰富、专业扎实、知识面广的专家，或者邀请一家资历深厚的管理咨询公司定期对企业进行诊断，量体裁衣地设计企业的发展战略和公司的商业模式。

随着发展规模扩大和公司治理成熟，企业将进入到发展的规范期。此阶段公司治理的目标是形成现代化公司治理模式，因此公司要具有完善的委托—代理关系，即董事会—总经理、总经理—部门经理（中层管理干部）、部门经理—普通员工三级委托—代理关系。公司在重大决策时由董事会、总经理协同作业，总经理以下分成若干部门，各个部门有其相对独立的权力和利益，并注重吸纳员工参与治理，层层分解的结构形成了相互制衡的机制，对董事长、总经理职权的行使构成一种有效的内部约束，避免专制化管理的出现。此时公司治理的主要精力应该放在董事会—总经理这一层委托—代理关系的治理上，即所有者与经营者委托—代理关系。

在制度建设方面，公司应实现由人治向法治过渡，按现代企业制度的要求建立规范的企业制度，明确规定股东大会、董事会、监事会和企业其他高级管理人员各自的权责范围，形成相互协调、相互配合、相互制衡的关系。董事会要由股东大会选举产生，以维护企业和所有中小股东的利益。监事会设在股东大会之下，主要针对公司的财务和董事、经营者的行为发挥监督制约作用。在股权相对分散的企业，还需要建立独立董事制度，对内部董事起监督和制衡作用，防止出现内部人控制现象。

公司进入衰退期后有两种前途：一是死亡；二是蜕变（重生）。公司蜕变包括组织规模的蜕变，组织制度、管理制度的蜕变等。通过蜕变期，一部分公司获得了再创业、再发展的机会，而另一部分公司则被淘汰，进入死亡阶段。处于衰退期的公司，开始出现体制机制老化问题。由于组织内官僚作风的兴起，沟通和决策速度放慢；由于内部推卸责任现象增多，创新动力下降，高层控制力减弱。公司产品和服务多元化特征较明显，主要目标是如何摆脱衰退期，避免进入死亡期，即又回到了生存上。

从公司纵向发展演化路径上看，公司治理模式是伴随着公司发展壮大而逐步演化的，其制衡性也与公司规模、发展阶段和公司股东组成等因素有紧密的关系。因此，公司要长久发展、规模化经营，治理模式及其制衡性是不可或缺的关键要素。

家族企业治理策略

家族企业的治理模式既存在显而易见的弊端，又在一定的发展阶段中具有不可替代的合理性，因而无法简单认定家族企业到底应该采取哪种治理模式。公司所有权与经营权分离与否，并不是家族企业治理模式的关键，更不是必须在某一个时刻做出取舍的问题。家族企业治理模式设计要重点做好如下四方面。

一是建立有效的董事会。其董事会的主要职责如下：保护公司和股东的利益；确立公司的政策，帮助股东达成目标；给经理层提供业绩回馈；确保企业有效决断；监督家族在企业中的参与；保护股东利益。董事会必须能够通过每季度一天或几天的会议很好地履行其职责。每年一次的会议应该成为董事会和管理层的联席会议，以便做好公司来年的计划。

董事会最重要的职责是做全局决策。这是家族企业董事会中最典型的弱项，董事会应该建议并且帮助高管认真思考全局这个话题对于公司的重要性，比如视野、战略、成长计划、竞争能力、人才发展、财务和物质资源、战略关系以及继任规划。董事会成员应该能够分析并且预测行业趋势，并决定公司采取何种行动。董事会成员应该愿意并且能够贡献他们自己的业务关系来帮助公司做好事前计划，满足公司的发展需求。

要帮助管理团队和家族理事会。比如，董事会可能委托家族理事会草拟一份家族成员聘用的政策。董事会将审查、建议修改、认可或实施企业的发展政策。董事会可以要求CEO为公司制定某一专项政策，其任务就是通过这些政策统一公司内部的共识，并且促进达成公司的目标。

要重视评估经理层的表现。要善于识别其长处和短处，帮助经理层在公司中建立可信任的领导力关系。董事会成员应该提供持续的反馈和观察，帮助经理层建立不论是对个人还是对公司来说都具有挑战性的目标。董事会需要由有能力而且有责任心的人组成。董事会同样有责任提交一个合理的经理层薪酬方案，包括薪水、奖金、福利以及长期激励。

要监督公司中家族的参与方式。对于家族拥有的公司，董事会成员相对于那些非家族公司来说还有一个额外的责任，即需要理解家族的目标、关系事务以及亲缘政治，帮助家族促进合理的长期目标达成。

要协调家族与公司的关系。重点协调家族财务、聘任需求以及家族冲突对公司的长期影响；提供对家族经理有帮助的知识和反馈；家族事务应该由家族和家族成员来管理，董事会则应专注于确保公司对未来的发展有正确的定位。几乎所有家族企业都经历过兄弟反目或其他冲突，权力和利益是主要导火索。要充分利用两个非正式的组织：家族董事会和家族成员会议。这两个机制是保证家族企业法人治理正常运转的润滑剂，也是家族成员与董事会、经理之间信息交流的渠道。

二是建立完善的用人机制和激励机制。由于家族企业在用人方面的区别对待，外聘员工的流动率非常高，加剧了家族企业的人才结构矛盾。一些有特殊技能的人才跳槽，导致家族企业的技术秘密、商业机密泄露，给企业造成重大损失。这种弊端使得家族企业对于外来员工产生更大的戒心，反过来又加剧了这种现象，形成恶性循环。因此，应建立完善的用人机制和激励机制，比如对家族成员建立一套科学的资格考评制度，对不胜任企业工作的成员实行退出机制，还应大胆地吸纳家族外部的管理人才和技术人才，建立行之有效的激励机制，改善家族企业人才封闭的状态。

三是建立并完善公司内部各利益主体的相互制衡机制。家族企业在实际操作中，要提高董事会和监事会在治理模式中的作用；要强化外部董事的作用，不能使外部董事制度流于形式；要规范监事会的运作，增加专业性监事，让监事会中的员工代表保持一定数量，提高员工的参与积极性，最大限度地维护包括股东在内的公司所有利益相关者的利益。同时还应建立家族理事会，通过家族理事会制度将家族战略思路中与企业发展有关的部分传递给董事会，董事会制定与企业有关的战略并将其传递给家族理事会。两者之间能很好协调而不超越各自管辖的范围，才能实现家族企业的有效治理。

四是制定继任与离任机制。要保证家族企业顺利传递，接班人的培养和选拔是至关重要的，缺乏继任计划是许多第一代家族企业没有继续生存下去的一个重要原因。因此，为了实现家族企业的顺利交接，应制定完善的继任计划。一方面，对于潜在的继任者，必须综合考虑各方面因素，使其对继任家族企业有充分的准备，实现工作质量和生活质量的高度满意。另一方面，对于即将离开管理岗位的经理人员，必须进行退休计划安排，这既增加了下一代相互合作的可能性，也增加了继承过程的平稳性。

家族企业已成为我国国民经济的重要组成部分和新的经济增长点，在发展初期，家族化治理结构的作用是显而易见的。但当企业发展到一定规模，家族化治理结构就开始成为阻碍企业发展的因素。家族企业治理的关键在于分权和制衡。企业发展到一定阶段，面临生产、市场、投融资等决策，仅凭投资者的个人经验和能力难以处理。因此，为适应企业发展需要，必须推进企业所有权与经营权的分离，通过公司章程、董事会议事规则、监事会规则等制度设置，实现决策权、执行权与监督权的分权和制衡，积极引进人才，提高企业整体素质。

国有企业治理的典范

国有企业是我国经济发展的主导力量。当前面临的主要任务是既要坚持公有制的优势，又要形成有活力的机制。我们可以从新加坡淡马锡控股公司寻找一些借鉴。

淡马锡控股公司是新加坡的一家国有独资公司，新加坡政府财政部对其拥有100%的股权。1974年，新加坡政府正式组建淡马锡控股公司，专门经营和管理国家投入包括新加坡开发银行在内的36家国有企业的资本。淡马锡控股公司的经营宗旨是"以投资者与股东身份，积极参与成功企业的建设，确保股东的最佳长远利益"。经过多年的发展，淡马锡控股公司逐步形成了一个从政府到母公司、子公司、分公司的产权经营多达六个组织层次的大型国有企业集团。除了在亚洲投资，淡马锡控股公司还将投资范围拓展至其他经济体，例如拉丁美洲、北美洲和欧洲。

淡马锡控股公司所有投资都以投资回报率来衡量。任何投资项目都要经过事先评估，若不能盈利，则不予考虑。通过高效、自由、真正市场化的运作方式，淡马锡控股公司获得了丰厚的利润。2015年年度报告显示，截至2015年3月31日，淡马锡控股公司的投资组合净值为2 660亿新加坡元,按新加坡元计算的1年期股东总回报率为19.20%。较长期的10年期和20年期股东总回报率分别为9%和7%。自1974年成立以来股东总回报率达16%,创造了全球国有企业的盈利神话。

对于"淡马锡模式",国内许多学者从新加坡的国情、政府背景、公司治理结构、市场环境等诸多方面进行了梳理分析与归纳总结,观点纷呈,见仁见智。应该说,"淡马锡模式"的成功是多种因素共同使然的结果,但归结起来,其核心经验是建立了具有制衡性的治理模式。

淡马锡控股公司董事会起到防火墙的作用,切断了政府跟管理层之间的关系。首先,从淡马锡控股公司董事会的组成来看,董事会由政府人员、下属企业人员和民间人士组成。政府人员是由政府委派一位财政部官员担任淡马锡董事,代表国家的利益。下属企业人员和民间人士都是富有经验的民间企业人士及专业人士,这使得董事会具有极强的专业性。从董事会的任职时间来看,董事会的董事一般任职时间都不是很长,每年有1/3的董事被更换,每6年要全部更换,这样就减少了董事与公司的关联性。从独具特色的独立董事制度来看,在淡马锡的董事会构成中,独立董事占到一半以上,除一两人来自政府部门,其他人均来自独立私营机构,独立董事往往决定公司的走向。董事会中设三个专业委员会:执行委员会、审计委员会和领袖培训与薪酬委员会,它们为董事会的决策提供依据。这些规则为保证董事会的自主权利和运营效率提供了必要的制度保证。管理层如何运作,完全在董事会的指导之下,不受政府的影响,企业本身有完全自主的决策权。

　　淡马锡控股公司始终坚持企业在公平竞争市场环境中的商业化主体定位。在2015年年度报告中，淡马锡控股公司再次申明：淡马锡控股公司是一家投资公司，按商业原则持有和管理资产；作为积极的投资者，淡马锡控股公司通过增持、维持或减持投资来打造投资组合；这些投资以商业原则为驱动，致力于创造和最大化经风险调整后的长期回报。从本质上说，淡马锡控股公司是一个纯商业机构，完全按照商业利益进行判断和行事。从政府与淡马锡控股公司的关系来看，政府作为淡马锡控股公司产权的最终所有者，只行使出资人的职权，与企业始终保持平等的地位；新加坡政府授权淡马锡控股公司和下属公司按商业法则进行运作，不干预其日常经营活动。但当某个项目确属国家需要，且政府有关部门提出了要求时，政府必须以公司不亏本为前提，给予相应的补偿，以保证淡马锡控股公司盈利目标的实现。如果商业化原则面临非商业化的压力，淡马锡控股公司的董事会就会以其强大的抗干扰能力加以抵制。从系统内部来看，淡马锡控股公司与下属公司之间也是采取灵活的管理模式，总公司对待子公司与对待国内其他私人企业一样，鼓励大家在市场上参与平等竞争；在资金、信贷和税收方面，总公司对所属关联企业不提供任何形式的优惠或保证；对于新成立的子公司，总公司根据项目评审结果，可能提供股东贷款，但这种贷款的利率同样按当时资本市场的利率结算。以上这些做法，既保证了淡马锡控股公司作为国有企业的性质，又使其能在市场竞争中保持很高的效率。

　　新加坡政府采取了很多措施优化淡马锡控股公司的公司制衡

结构。在企业内部管理机制上，建立了以董事会为核心的管理体制和高度市场化的人才选聘机制。董事会成员中绝大部分为独立董事。董事会下设若干委员会，同时在管理层内部，CEO下也设若干委员会，都是从市场上择优聘请职业经理人。淡马锡控股公司经理团队共有530名员工，分别来自27个国家和地区，并不局限于新加坡国内，形成了多元化的人才结构。在企业投资运行机制上，淡马锡控股公司具有充分的灵活性进行资金配置，无论是对资产类别、国家、行业、主题还是对单一企业的投资，都不会预先设定资本集中度的界限或目标值。在企业投资风险管理机制上，淡马锡控股公司将风险管理纳入系统与流程之中，包括核准审批权限、公司政策以及向董事会提交风险报告。投资提案参照"两把钥匙"体系，例如由市场团队和行业团队共同提交管理层投资委员会审核。根据投资规模或风险程度，投资提案可能上报执行委员会或董事会以做出最终决议。在此过程中，其他职能团队提供额外的专业见解和独立评估。

我国国有企业的改革史就是一部探寻公司治理制衡机制的历史。提高国有资本效率、增强国有企业活力是国有企业存在和发展的目标。为此，无论是研究者还是企业家都比较推崇新加坡"淡马锡模式"，通过政府—国资投资运营企业—国有企业的国资管理方式，进一步减少政府对企业运营层的干涉。淡马锡控股公司是市场经济背景下国有企业治理模式的典范。

上市公司治理新动向

2012年5月25日，格力电器股东大会出现戏剧性一幕：由大股东格力集团推荐的珠海格力电器股份有限公司董事候选人周少强，在股东大会上只获得占出席会议所有股东所持表决权的36.6%，未达到出席会议所有股东所持表决权的50%而落选。大股东推荐董事人选的落选，是我国上市公司治理模式优化进程中具有代表性的事件。

格力电器是一家专业从事空调生产制造的企业，1996年上市后一直保持行业领先地位，2011年度营业收入达到835.17亿元。2006年以来，经过股权分置改革、控股主体减持股份，加之格力电器先后两次增发和三轮管理层股权激励，珠海市国资委已从原来持有60%股份的绝对控股地位，转身成为仅持有19.67%股份的第一大股东。股权的变化开始对公司治理模式产生影响。

此次格力电器股东大会上，中小股东之所以能够成功挑战大股东，与格力电器的股权结构有着密切关系。格力电器股改后，大股东减持将股权转让给由关联销售公司共同组建的企业持股，使其成为企业的第二大股东，不仅在经营活动关系上形成紧密的利益相关者，同时也形成企业股权关系上具有足够话语权的制衡力量，使治理机制逐步趋于完善，大股东的话语权开始受到制约。

当大股东不再具有绝对控制地位时，其在公司治理中的主导和引领作用显然已不同于以往那种"一只手压倒一片手"的话语权时代。第一大股东只有使自己对于企业发展的意图为小股东所理解，才能形成股东意愿和经营目标的一致性。这对大股东既有的思维方式和行为方式都是新挑战。

格力电器大股东推荐董事人选的落选，就是对传统思维的抵制。由于格力电器董事长退休，企业核心成员更替，大股东珠海市国资委当然有权派自己的代表入驻担任监管者角色。但是，在一个法人治理健全的公司，决定高层人选其实就意味着决定企业发展方向，不仅大股东有参与权、决策权，机构、中小股东也有参与权和决策权。按照《公司法》的规定，通过股东投票决定企业的前途命运，才能让企业汇集多方才智，走得更稳更远。

在新的公司治理环境下，此次格力电器大股东在推荐董事人选时未能够及时与其他小股东通气协商，被推荐人选尽管具有银行和政府部门的工作背景，但是不熟悉制造业特别是空调业的情况。小股东出于对公司既有发展的惯性认识和对于企业核心人物替换可能带来的不确定性的担忧，将其选票集中投给了现有经营团队。这种对现有经营团队的信任来自两个方面：一是企业经营得好，二是有过出色的市场绩效。

这一选举结果反映了中国上市公司股权分置改革以来治理结构正在不断优化的趋势。像格力电器这样的家电企业，公司治理方面之所以有制衡的元素，就是因为所处的家电行业是中国市场竞争最为激烈、最为充分的领域。越是竞争激烈的行业，越要靠过硬的质量和优秀的管理取胜。投资者能够通过"用手投票"实现自己的意志，一是表明这些公司的治理结构走向成熟，二是表明中小股东维权意识的上升。

格力电器董事候选人落选反映在公司治理模式上的另一个重要信号，就是对于公司治理中的某些决议内容，引入累积投票制形式，可以形成对大股东的钳制力量。此次格力电器股东大会就是采取了累积投票制的方式，在这种情况下，持股数量多的股东，在与其他股东存在一定分歧和相互博弈的情况下，如果投票策略失误，也可能导致失败。正是由于小股东出于对核心团队驾驭行业发展能力的担忧，将选票集中投给了长期与原董事长成功合作、被称为"铁娘子"的董明珠，其得票超过了100%，达到126.05%。可见，引入累积投票制可以放大小股东投票权力运用的集聚性能力。

我国多数上市公司由国有企业改制而来，股权高度集中，第一大股东几乎完全支配了公司董事会和监事会。由于国有控股比例过高，政府可以直接干涉企业的人事任命和日常经营，如果对大股东缺乏有效的约束机制，任其在日常经营中独断专行、不规范运作，就会损害上市公司和中小股东的利益。此外，原来的国有企业在进行股份制改造时，出于对现代产权关系认识理解上的保守、僵化，多数改制上市企业在股权结构安排上都表现为国有资本股权超过51%。与之相伴随，股票投资者难以做到"用手投票"取得公司治理话语权，其行为只能是选择"用脚投票"，必然扭曲地表现在对于股票二级市场的过度投机，这种情形也影响了资本市场引导资源配置的基础性功能的正常发挥。经过了股权分置改革和赋予国有股权"全流通"属性及能力，为了促成公司治理机制优化，大股东对上市公司的持股数量绝大多数已经降至50%以下，由此开辟了我国企业股份制改革积极效应的释放空间。

民营企业淡化家族治理

同绝大多数家族企业一样，方太公司也是一个典型的家族所有企业。公司董事长、创始人茅理翔早年是教师，1985年创业后，经过十年单打独拼，把一个濒临倒闭的镇办工厂发展成世界最大的点火枪生产基地，1996年公司已初具规模。国家对民营经济政策的调整为民营企业产权明晰奠定了基础，同时，由于民营企业整体创业热情高涨，该公司生产的点火枪产品市场由于恶性竞争，生产厂家竞相压价，市场混乱，利润空间严重缩水。

在此背景下，茅理翔携子茅忠群创建方太厨具公司，正式明晰家族企业产权，并放弃原主产品点火枪，专攻抽油烟机，很快打开市场。方太公司作为从事厨房电器、集成厨房技术与产品的研究、开发、生产与销售的专业厂家，已成为中国厨房领域的著名品牌，并成功进入全球厨房市场，是中国厨卫电器制造的龙头企业之一。

随着方太公司规模的扩大，茅理翔开始探索淡化家族治理的新模式。在股权结构和内部管理方面，方太公司坚持产权归家族所有，重点淡化家族经营，就家族企业嫁接现代企业制度进行探索。通过实践，方太公司在以下方面有了重大突破。

公司经理层全面推行外聘制。方太公司组织结构为事业部制，完全按照股份有限公司的管理模式运行，各主要事业部长，包括总经理助理均由外聘人士担任，其中绝大多数管理人员都有在合资企业和国有企业任职的经历。方太公司对职业经理人的授权非常充分，对部级经理实现"三权"下放，即职能权、人事权、审批权，几千吨钢板的采购权放给了生产总监和采购部长；几千万元广告费的使用权放给了市场总监。方太公司还制定了"阳光计划"，每年从大学招收50名应届毕业生，集中培训6个月，然后由人力资源部进行职业生涯设计，有计划地跟踪培养干部。

新型家族公司治理模式基本形成，其中制衡性要素配置完善合理。方太公司构建了以法治为主，辅佐德治、情治的三治模式。这一模式吸收了西方制度化管理和中国传统文化道德教育、情感管理要素。为加强科学决策，某些重大决策特别是有些战略层面上的，先征求管理层的意见，然后在董事会上表决。总经理负责执行公司年度计划，主要通过例会（每月有八次例会）来管理管理层面事务。监事会主要负责审计。公司还成立了职代会、工会，开办了内部网站，进行民主监督和重大问题讨论。方太公司员工参与企业管理已成为制度。他们开设了一个方太网，可以把建设、批评、抱怨等直接反映到网上，一年收到的合理化建议达1 065条。如果从中发现管理不足，公司会主动改进。

公司股权结构调整迈出坚实一步。方太公司为100%家族所有企业。茅理翔育有一子一女，其女儿拥有14%的股权，只享受股东收益，不参与公司日常事务。其余股权为茅氏夫妻和儿子所有。儿子茅忠群为公司总经理、内定接班人。一方面，方太公司总部的股权是绝对家族集中、家族控制，董事长、总经理、财务总监（董事长夫人）掌控企业的人财物、产供销决策大权；另一方面，除此三人，公司领导层和管理层不再允许任何茅氏及姻亲家族内的人士进入，而全部通过招聘从外部引进。对下属二级公司股权基本放开，拿出5%～10%给高层持股，条件是：高层管理者必须职位稳定，素质比较高。高层管理者除了持实股，还可持虚股，后者只有分红权，不随人走，如果离职，股份不能带走。对二级公司采取与国内外公司合资组建的方式，从全部股权中拿出30％给国内外大公司，70％自己控股，这样可以引入大公司的管理与技术。方太公司还从总公司另外出资与外资合资，获得51％控股。其股权特点是：总公司股权为家族所有并进行了封闭，连女儿都只有分红权，没有参与权，而对二级公司的股权在由方太控股的前提下全面放开，高层管理人员和外部合作者都分割了一定的股权。

方太公司初步建立了接班人制度。在子继父业这个家族企业十分敏感的问题上，方太公司的做法同样相当传统和独特。在方太公司成立之初，茅理翔即把儿子推上总经理的位置，自己处于辅佐地位，真正赋予并尊重儿子的决策权。一个典型的事例是接受儿子的建议更改公司名称。尽管原来的公司名"飞翔"承载了他创业的艰辛，又隐含着他和女儿的名字，具有纪念意义，但儿子认为一个富有创意又同时与商标合一的新名字，会比原有的名字对企业发展更有利。茅理翔听后，忍痛割爱，于是"方太"诞生了。再如，转产抽油烟机是儿子决定的，请香港著名烹饪节目主持人为方太做广告也是儿子提出来的，茅理翔起初不同意，认为风险太大，但儿子用科学的市场分析说话，在痛苦思索之后父亲决定放手让儿子去尝试，结果成功了。在继承权方面，茅理翔有他独特的见解：既然继承人有得天独厚的继承机会，就应该让他尽早尝试、锻炼。若是掌门人才，等于尽早拥有了施展才华的空间；若不是，及早发现，可以随时换人。

现在的方太公司，除了对家族所有权控制的坚守，其他方面与传统意义上的家族企业已相去甚远，而给人更多现代化企业的感觉。公司发展战略、人力资源管理、营销方式与网络、科技先导与产品创新、国际化拓展思路等理念，都当之无愧地走在同行业的前列。审视家族企业，探讨其治理模式特征和发展方向，需要明确一个基本共识：家族企业不等于家族管理。换句话说，家族具有绝对所有权和控制权的企业，并不意味着就不能引进职业化管理模式，关键在于能否制定具有制衡性的治理结构。

众筹公司治理基本原则

众筹指的是通过互联网或其他信息平台，承诺给出资者股权或项目收益权，共担风险、共享利益的一种快速融资方式。

这是一家由63个年轻人合伙出资78万元开办的咖啡馆。其中门店的选址，店内的装修、布置，都是合伙人利用下班时间和周末时间亲力亲为的。创办人早期本来想通过微博找几个合伙人，没想到最终吸引来63个各行各业的人，启动资金也由最初设想的50万元增至78万元。咖啡馆从一个想法变成现实，总共不超过5个月时间。创办人最开始通过微博征集合伙人时，预设每人投资4 000元至2万元，但核算后发现并不够，后来就把合伙标准提高到每人1万~3万元，最终有63个人拿出78万元支持开店。这63人有一多半是完全陌生的，都是通过微博联系，见过几次面，开过几次会，最终大家都认为这个想法比较成熟了，才决定投资的。

这家小型众筹公司是按照有限责任公司组建的。一般的公司类型分为有限责任公司和股份有限公司。在股份有限公司中又分为上市的股份有限公司和非上市的股份有限公司。股份有限公司的核心条件是股东人数不能超过200人，超过了就意味着向社会公众筹集资金，会触犯上市公司的法律。

由于向不确定的社会第三方通过发布公开信息的方式吸引投资人已经和社会公募沾边，再加上人数突破200人可能构成非法募集，这样的风险千万不要去冒。同时，将50人组成有限责任公司的操作，对于来自全国各地的小额投资人，要让他们为此到众筹公司所在地走一趟办理股东出资的工商手续，也是绝对不现实的。所以基本方式就是控制在50人以内，以代持的方式成为众筹公司的股东，这是唯一可行的方法。

对于股权众筹则应当在筹资完成后，由众筹公司和筹资人签订一份股权众筹的书面协议。该协议除了将众筹信息中每份众筹资金的用途、风险和利益承担的内容书面约定，还应就众筹股权的股东权行使做出一个约定，或者指定由某人代为行使，或者表明放弃行使股东权。签订这样一份协议，也可以将众筹这种公募形式向私募形式转化，为将来产生矛盾和追究责任时找到合同依据。

核心创始人、投入全部身心的创始人、管理运营能力相对较高的创始人应该多出点钱，成为第一大股东。如果公司设立之初，彼此能力相当、互补，则应该在管理岗位设立方面体现价值回报的差异。董事长、总经理比管设计、人事的价值要高。由于价值有高低，因此可以按照岗位价值的贡献来调整股权，最后形成实际控制的创始人。哪怕最后不能产生实际控制人，创始股东也要在公司设立之初作出一致行动约定。这些约定虽不能保证创始人之间不产生矛盾，但也能在一定程度上降低创始人之间的矛盾对公司的致命冲击和损害。

公司应当为众筹人出具股东证明并指定代持人。一般而言，除非众筹股东自己确定代持人，公司指定的代持人应当是公司的创始人。同样，公司的创始人也要承诺，对于代持的股权禁止转让和质押。众筹股东将股权委托公司创始人代持，相应的股东表决权也就转给创始人行使。

在有多个创始人的情况下，创始人之间也需要约定，代持的股权不应成为代持创始人实际控股的股权数量。创始人之间股权数量多少，应该以创始人实际所有的股权数量为准。在众筹股东股权委托创始人代持的情况下，众筹公司也应当为众筹股东的股权转让设定条件。不能因为众筹股东股权金额较低而限制众筹股东股权转让权的行使。

股权众筹不同于传统股权融资模式，其投资者人数众多，如果股权众筹交易机制设立不妥当，必将造成治理困境。众筹公司一般规模小，信息不对称及内部人控制等普通公司普遍存在的难题，众筹公司势必都存在，甚至更为突出。在公司治理上，众筹公司面临类似上市公司的管理风险，即如何确保部分股东及其操纵的管理层不会侵犯公司及其他股东的利益。当前，股权众筹公司发展过于迅猛，以至于还没有来得及借鉴上市公司的这些成熟做法，治理风险已接踵而至。

一是入股方式随意化。股权众筹中，发起人与众筹股东存在或近或远的亲朋好友关系，操作起来常常会很不规范。众筹股东在出资之前，必须先弄明白给发起人的投资款到底会获得什么。

是股权吗？如果是股权，代持协议/入股协议签了吗？股东投票权怎么算？分红有保障吗？这些都需要用法律文件明确下来，只有规范化操作，才会有权益保障。

二是股东无法参与公司经营。在很多众筹项目中，众筹股东虽然是公司股东，但是几乎很难行使公司股东的权利，基本上都不太可能亲自参与股东大会表决和投票。另一方面，从众筹公司角度来看，如果每次股东大会都有几十、上百人来参加，对协调和决策都会造成很大障碍。现实操作中，很多众筹公司都经历过"一人一句"的混乱决策，进而面临散伙的窘境。

但是，如果不尊重众筹股东的参与决策权，众筹股东的利益又很难得到保障。所以，不妨参照上市公司的做法，众筹股东至少要保证自己对众筹公司经营情况的知情权，而众筹公司也应当有非常完善的信息披露、法律和审计等第三方监督机制。

三是股东无法决定是否分红。众筹股东参与众筹，很多时候是看中众筹公司的盈利能力。可是，《公司法》并未规定公司有税后可分配利润就必须分红，股东大会表决通过利润分配方案后，才会根据这个方案向股东分配红利。如果股东大会没有表决通过，或者股东大会干脆就不审议这个议题，即使公司账上拥有大笔税后利润，众筹股东也拿不到，而且，众筹公司甚至可以以一句"税后利润要用于公司长期发展的再投资"来拒绝众筹股东的分红要求。由于法律没有规定强制分红，因此最好在公司章程中约定强制分红条款，即如果有税后可分配利润，每年必须在指定日期向众筹股东分配。

创始人如何避免被扫地出门

在万科控制权之争如火如荼时，海南也出现了企业创始人被解职的事件。2016年7月1日，著名旅游景区呀诺达创始人张涛被解除董事长职务，一石激起千层浪，海南省旅游商品企业协会等单位和个人纷纷声援张涛，呼吁捍卫企业创始人和人力资本的权益。其实，国内外企业创始人被解职，张涛不是第一人，也绝不会是最后一人。

国外有乔布斯被解职的案例。1976年4月1日苹果公司创立，创始人乔布斯占45％股权，沃兹占45％股权，韦恩占10％股权。不久之后韦恩退伙，乔布斯用800美元回购其股份。1976年8月马库拉投入9.1万美元，当时股权结构为乔布斯26％，沃兹26％，马库拉26％，剩下22％用来吸引新的投资者。1977年1月3日，新苹果公司成立，股权结构为：乔布斯30％，沃兹30％，马库拉30％，工程师霍尔特10％。

1979年年末，苹果公司引入上市前的夹层融资，共有施乐公司、罗斯柴尔德资本公司以及一些个人投资者等16个投资人。

1980年12月12日，苹果公司首次公开发行股票（IPO）后第一大股东乔布斯的股权被稀释为15％，第二大股东马库拉为11.4％，第三大股东沃兹约为6.5％。1981—1983年，马库拉担任苹果CEO。1983年，乔布斯邀请百事可乐总裁斯卡利加入苹果担任CEO。1985年5月，在马库拉的支持下，斯卡利解除了乔布斯在Macintosh部门的职务，只保留了董事长的虚职，同年

9月乔布斯辞去董事长职务,离开苹果公司,创立了NeXT软件公司。

可以发现,乔布斯一开始就没有获得苹果公司的绝对控制权。乔布斯在开始时和沃兹股权基本相当,在苹果公司上市后股权更是减至15%,这一比例在面对斯卡利、马库拉等人的联合反对时根本不顶用。在同股同权的情况下,股权不占优势的乔布斯迅速在苹果失势,导致乔布斯离开苹果公司。

国内有去哪儿网CEO庄辰超尴尬出局的案例。2011年,百度花3.06亿美元投资去哪儿网,持有其61.05%的股份,成为去哪儿网最大的股东。去哪儿网对最大的对手携程,很快展开了一系列攻势,逐渐占据了在线旅行社(OTA)市场的绝对老大地位。而去哪儿网一直以来的"烧钱"也让百度背上了包袱。2015年10月,百度和携程最终达成一致,通过交易换股,携程获得去哪儿网45%的总投票权。2016年1月,庄辰超卸任CEO,由去哪儿网执行副总裁谌振宇接任。此外,去哪儿网原首席财务官(CFO)赵轶璐、原首席技术官(CTO)吴永强、原首席运营官(COO)彭笑梅离职。

此类案例近几年呈现上升趋势。如汽车之家CEO秦致等管理层被清洗出局;俏江南创始人张兰"净身出户";1号店创始人于刚、刘峻岭被踢出局;雷士照明盟友翻脸,创始人吴长江刑拘收场。一次次的事件给企业创始人提出警示:资本的力量正在主导一个股权为王的时代。作为创始人,股权才是真正能让你把握公司未来的东西。公司管理层如何对企业实现掌控,是每个创业团队面对公司未来成长时必须重视的问题。

首先,公司创建初期要强调创始人主导权。比如,百度的最初股份中,李彦宏占了50%。腾讯在2000年引入IDG等投资时,马化腾及团队持股60%。刘强东就曾拒绝了沃尔玛的注资,而腾讯也一度被MIH控股,但MIH与腾讯团队显然经过协商,将主要经营管理仍交由马化腾负责,到2003年,腾讯在上市前回购股权,完成了和MIH分别持股50%的平衡股权结构。根据《公司法》的规定,有限责任公司股东大会会议作出修改公司章程、增加或者减少注册资本的决议,以及公司合并、分立、解散或者变更公司形式的决议,必须经代表2/3以上表决权的股东通过。《公司法》还规定,有限责任公司的股东向股东以外的人转让股权,应当经其他股东过半数同意。理想的股权分配是持有1/2甚至2/3以上的股权。

其次,可以选择双重股权结构,将股权和投票权分离。双重股权结构也称为AB股制、二元股权结构,是一种通过分离现金流和控制权而对公司实行控制的有效手段。在双重股权结构中,股份通常被划分为高、低两种投票权。高投票权的股票拥有更多的决策权,但不会赋予投资者太大的话语权。近几年这种双层股权结构已被许多公司采用,例如京东,刘强东虽然仅持有21%的股权,但却可以凭借拥有20份投票权的特殊股票控制该公司83.7%的投票权。以谷歌、脸书、百度等为代表,创始人持有的股权在股东大会均拥有多倍的投票权,从而掌控股东大会,进而控制董事会。

再次,创始人要把控好融资的节奏,保持公司资金正向流动,同时和公司估值平衡。创始人在融资过程中股份占比不能少，而且要为下一轮融资预留出稀释的空间，才能够保证公司再融资的同时不改名换姓。对于创业型企业来说，很难保证创始人在不控股的情形下仍然拥有公司的控制权。股权是控制权的基础和保障，创始人不控股，再加上没有强有力并且完善的制度约束，再富有魅力的领袖也难保不被踢出，丧失控制权。我们认为，创始人中应该有一家独大，至少占60%，由这个最大控制人来掌握决策权。绝不能均分股权，否则在融资阶段会打得头破血流。

最后，对引进的战略投资人要通过协议方式来对其进行约束。一是通过协议让投资人放弃投票权，并与创始人签署一致行动人协议。京东的机构投资者都放弃了投票权，并和创始人组成一致行动人，使创始人的投票权过半。二是建立有限合伙人制。以阿里巴巴为代表，通过修改公司章程，规定合伙人团队有权提名多少个董事，而且往往超过董事会的半数，使合伙人团队实际上凌驾于股东大会之上。三是实施CEO常任制。为了防止创始团队套现跑路，有的投资协议会规定创始人必须长期担任CEO，非不可抗力不得辞职等。如果投资人和创始人的利益关系恶化，这也将成为创始人的一道护身符。

WHAT IS MANAGEMENT
The Common Sense of Improving Efficiency

第三部分
四大基本管理方式

管理的基本方法体系包括管理计划的设定与分解，组织体系的架构、分工，相应人员以及设施的配置，管理职责及权限、工作标准与工作流程的设定，责任追究与惩戒等。毫无疑问，这是一个人人追求标新立异的时代，管理界总有人不断宣称发现了具有"重大突破"意义的管理理论。甚至有人声称，技术和虚拟的组织结构将会使管理者以及管理学本身不复存在。从本质上说，这种观点有点痴心妄想，对基本管理方式并没有完全理解。掌握基本管理方式真正的不同之处，在于从这些经典方式中延伸出具体的管理方式。在企业不断变化的实践中，计划、组织、领导和控制这些恒定不变、经历了时间检验的基本管理法则并不能缺失。随着世界经济知识化、全球化时代的来临，企业也将变得更加专业化和复杂化，而不是相反。因此，四大基本管理方式是有效完成三大主要任务的重要支撑，在企业管理中将会扮演越来越重要的角色，而绝不会被削弱。

第六章

计划：目标与资源的统一

计划是企业管理活动的基础和起点，是确定目标并寻找资源的系列化行动。没有计划就没有管理，企业只有通过计划合理地利用人力、物力和财力等资源，才能有效地协调企业内外各方面的生产经营活动。计划的根本目的在于保证目标的实现，计划是管理活动的起点和中心环节。

管理从计划开始

在管理实践中，我们都有这样的体会：在行动前如果能对整个行动有一个周密的计划，对要去做什么和如何去做就能了然于胸，就能以更大的信心和把握投入到行动中去，行动的成功概率也会大大提高。从这个意义上讲，每个人在做任何事情时，都应有计划意识，这就是计划存在的理由。

在宋朝，有一次皇宫发生火灾，一夜之间，大片的宫殿、楼台变成了废墟。为了修复这些宫殿，皇帝派了一位大臣主持修缮工程。当时，要完成这项修缮工程面临三大问题：一是要把大量废墟垃圾清理掉；二是要运来大批石料和木料；三是要运来大量新土。不论是运走废墟还是运来新的建筑材料或新土，都涉及大量的运输问题。如果安排不当，施工现场会杂乱无章，正常的交通和现场秩序都会受到严重影响。

这位大臣经过研究后制定了施工计划方案：首先，从施工现场向外挖出若干条大深沟，把挖出来的土作为施工需要的土备用，这就解决了新土的问题；然后，从城外将汴水引入深沟中，这样可以利用水排或船只运输石料和木材，于是解决了木材和石料的运输问题；最后，等到材料运输任务完成后，再把沟中的水排掉，将工地上的废墟垃圾填入深沟，使深沟重新变为平地。该计划就是这样一个程序：挖沟（取土）、引水入沟（水道运输）、填沟（处理垃圾）。这个计划方案不仅使整个修缮工程节约了时间和经费，而且工地现场井然有序，城内的交通和生活秩序并没有受到太大影响。

这个故事告诉我们，管理者一定要在行动之前制定计划，同时，计划方案要综合考虑现有资源的特点与相互联系，以实现资源间的相互配合、相互支持。如果事先没有计划，整个管理行为就会杂乱无章，工作效率就会大打折扣。

由此可见，计划是企业管理的首要职能，是实现其他职能，例如组织、领导、控制的前提，没有计划，其他职能无法实施。计划可以使企业的经营活动具有方向性、目的性和自觉性。没有计划的管理是无序的、盲目的管理，因此，计划是企业管理活动的起点。

在管理学中，计划具有双重含义：一是计划工作，是指根据对企业外部环境与内部条件的分析，提出未来一定时期内要达到的组织目标以及实现目标的方案途径；二是计划形式，是指用文字和指标等形式所表述的企业以及企业内不同部门和不同成员，在未来一定时期内关于行动方向、内容和方式安排的管理事项。

计划工作有广义和狭义之分。广义的计划工作是指制定计划、执行计划和检查计划三个阶段的工作过程。狭义的计划工作则是指制定计划的工作过程。本章所讨论的计划是狭义的，即根据企业目标对生产经营活动和所需要的各项资源，从时间和空间上进行具体统筹安排所形成的计划体系。计划是企业围绕市场，为实现自身经营目标而进行的具体规划、安排组织、实施等一系列管理活动。计划工作是企业经营活动的先导，并贯穿企业经营活动的全过程。

计划具有时间性和谋划性的特征。"计"是在特定时期段内，企业为完成特定目标而对开展的经营活动所处综合环境、企业内外影响因素以及企业自身发展历史性对比等因素的归纳总结和科学分析。它必须出现在事情发生之前，而且是对未来事项的预测。"划"是依据预测和科学分析所得出的结论，制定相应的措施、办法以及执行原则和标准，是对资源的部署和安排。

计划具有全面性、系统性和统筹性的特征。"计"是战略性的,"划"是战术性的,计划本身的内涵就要求具有全面性。计划是经过充分研究、讨论和分析后制定出来的,绝非依照往年惯例、不加分析地编造出来的。任何一项经营活动只要有了工作计划,就说明企业的经营活动在执行前经过了全面分析和系统筹划,以及对计划执行过程中可能出现的偏差制定了相应的应对措施,从而确保了企业经营活动结果是可控的。反之,没有工作计划,其经营活动必然是盲目、盲动的,经营活动的结果也将是不可控制的,这个企业的经营也将失败。

计划还具有科学预测的特征。所有的计划都是对未来的安排和部署,都是建立在预测基础之上的。通过计划,可以为企业的发展方向、发展规模和发展速度提供依据。企业要制定长远的发展规划,并通过各短期计划组织实施。企业根据市场的需要和资源能力,编制年度、季度计划,使各项生产经营活动和各项管理工作协调进行。计划要充分挖掘及合理利用一切人力、物力、财力,不断改善各项技术指标,从而取得最佳的经济效果。

企业计划按照纵向可以分为三个层次:战略计划、业务计划和基层作业计划。它们三者之间的关系是:战略计划提供由上而下的指导;基层作业计划提供由下而上的保证;业务计划发挥承上启下、上传下达的作用。

计划还可按照时间长短划分。一是长期计划,是指5年及以上的长远规划。它的任务是选择、改变或调整企业的经营服务领域和业务单位,确定企业的发展方向和目标,确定实现目标的最佳途径和方法。长期计划具有明确的方向性和指导性,具有统率全局的作用，是一种战略性规划。二是中期计划，是指企业 2~5 年的计划。它的任务是建立企业的经营结构，为实现长期计划所确定的战略目标设计设备、人员、资金等的合理结构，以形成企业的经营能力和综合素质。企业中期计划起着承上启下的重要纽带作用。三是短期计划，是指企业的年度计划。它的任务是适应企业内外的实际情况，组织和安排好企业的经营活动，分年度逐步实现企业的经营目标。

决策就是选择计划

西蒙认为，管理就是决策。从这种意义上说，决策是管理的基础，是管理者的首要工作。所谓决策，是指人们为了达到一定的目标，在掌握充分的信息和对有关情况进行深刻分析的基础上，用科学的方法拟定并评估各种方案，从中选出合理方案的过程。而计划则是为了实现决策所确定的目标而预先进行的行动安排过程。

决策的实质是选择。为了解决问题或实现目标，可能有两个以上的方案，各方案在资源需求、可能结果及风险程度上会有所不同，因此需要选择。上至企业最高领导者，下至基层班组长，均要做出决策，只是重要程度和影响范围不同而已。决策是行为的选择，行为是决策的执行，正确的行为来源于正确的决策，良好的决策往往需要从两个以上备选计划方案中选择。

决策不是一瞬间的事，而是一个过程。企业决策是一系列决策的综合，作出某一具体决策，并不意味企业的决策已经形成。

对每一项决策,有大量的活动和工作要做,包括确定目标、收集信息、拟定方案、分析评价和选择等。决策是在寻求目标、外部环境与内部条件之间动态平衡的基础上进行的。计划是落实决策的首要环节,根据决策的内容与要求,通过计划职能活动设计、执行和实施,以便为企业各部门及员工的未来行动提供依据和准则,从而保障决策目标的实现。

有位企业的计划部经理,主要负责工作计划的编制和计划的执行监督。每年年底是这位经理最痛苦的时候,不仅要准备向公司领导汇报当年的计划完成情况,还要牵头组织下一年度工作计划的编制工作。为此,他几乎每天都要向各部门要数据、催进度,对于实在拖拉的部门,他还不惜动用罚款等措施。最后各部门的工作计划好不容易上报完毕,等到这位经理汇总时,结果却使他很沮丧:有些部门纯粹是在不切实际地喊口号、唱高调,有些部门想通过工作计划来争资源,有些部门则根本没有给出任何约束性指标。

然而,这位经理还得依据这些来自各部门的"原始资料"完成他下一年度的计划编制工作,这样编制出来的计划可以说是一纸空文,计划数据与实际数据相差很大。

这位计划部经理常常会听到这样的抱怨:我们连公司下一步要往哪里走都搞不清楚,怎么制定计划啊!作为部门经理,觉得自己有责任把这些意见反馈给公司领导。但看到领导们忙碌的身影,话刚到嘴边又咽了回去。又该编制下一年度的工作计划了,这位经理再次感到一股无形的压力,但这次他不想走老路子了。为了公司的前途着想,他决定和公司领导沟通一下,谈谈公司的未来目标和方向。

我们认为,这位经理困惑的关键是这家公司缺乏长远战略规划,而战略规划属于企业发展基础性和根本性问题的决策,将明确企业未来发展的目标和方向,指引企业具体工作计划的制定。工作计划从本质上讲,主要为企业重大决策的落实服务。当企业缺乏明确的目标和方向性决策时,任何计划都会因为没有依据而显得苍白无力。

决策是计划的基础和起点,决策的优劣直接制约着管理的好坏。首先,管理是为实现一定目标而进行的活动。目标就是管理要达到的境界和标准。因此,目标的选择与确定,决定了组织的生存与发展。制定目标时首先要面临选择目标的决策,目标既是主观的,又是具体和现实的,目标的制定是否符合客观发展规律,是否现实可行而又具有吸引力,直接制约着管理的成败。正确目标的制定,是要在收集和掌握大量信息(例如,国内外政治、经济及同行业的发展形势,国家及上级部门的发展战略、方针政策,本组织系统内部人、财、物各方面的状况等)的基础上作出分析和判断,从而在多个可选目标中确定适合本组织实际情况、具有发展趋势的目标,这就是决策。人类的一切活动,都是决策在前,行动在后。正确的决策可以给我们的事业带来勃勃生机;如果决策错误,不仅其后的一切努力都将徒劳无效,甚至会造成巨大损失,有时比不决策更坏。

决策是管理的主要内容,贯穿管理的全过程。决策是管理的基础,并非只是对目标的确定而言。确定目标只是管理的开始,为了达到目标,必须拟定一个计划,将实现目标的过程分解为一个个阶段和步骤，预先确定做什么，如何做，由谁去做。计划对实现目标的未来各种行为过程作出抉择，为通向目标铺设桥梁。

计划是关于未来的蓝图，是对未来一段时间内的目标和实现目标途径的策划与安排。而决策是组织或个人为了实现一定的目标，对所提出的若干决策方案进行分析评价，最终选择出满意方案的过程。决策是有创造性的、前瞻性的，是对没有开发领域的感知、理解。而计划是根据这一理解，结合客观实际，对具体施行方法作出安排。

让计划驾驭变化

国外某位老先生是一家飞机制造厂的飞机试飞员。他60多岁退休后，报纸、广告、电台等纷纷前往采访。他是一个传奇式的人物，据说跟他一起从事这个行当的伙伴有的因事故而殉职了，有的因事故而身患残疾，而这位老先生尽管经历了很多次事故和意外，但都化险为夷。媒体记者问他有什么诀窍比别人做得更好："为什么别人在各种各样的灾难面前躲不过去，而你却总能化险为夷呢？"这位老先生解释道："我有一个习惯，就是在每次执行任务之前都会做功课。我会设想可能出现的各种情况，假如出现某种不测，我应当如何应对，假如发生某种意外，我如何处理才是最佳的选择。每次执行任务之前，我都会闭上眼睛进行这样的冥想。所以在很多次执行任务的过程中，尽管碰到了意外，但对我来讲，却是意料之中的事。"

这个例子说明，在面临不确定性和风险时，经过周密的计划可以把不确定性和风险降到最低限度。中国有句俗话叫"计划赶不上变化"。一项计划之所以中途夭折，往往是变化在其中起了作用，而这种变化的根源一般都是计划不严密造成的。

经常坐出租车的人都有这样的经历，上车后司机有时会问："从哪条路走？最短的还是最快的？"按照我们自身的经验，最短的路肯定就是最快的路，可实际情况却并不总是这样。随着车辆的增加，几乎每个城市都有堵车的现象，而捷径往往是车辆较多、交通较为拥挤的道路。在这样的捷径上行车花费的时间甚至比绕道走更多，这就是最短的路不总是最快的路的原因。假如我们在计划行程时已经充分考虑到了这一因素，计划在实施过程中就不会出现问题。因而，计划的周密性是计划得以顺利实施的基础。假如制定计划时许多因素确实无法估计，我们可以留出一定的空间，在执行时根据实际情况加以选择。如果计划本身是科学、合理的，只是因突发性事件影响了计划的实施，我们可以根据实际情况及时修改计划，力求降低计划对工作进程的影响。

计划面临的最大挑战是如何面对变化。我们所处的环境、技术、顾客需要、同行以及商业模式等，都在变化和创新之中。正是因为如此，才需要计划，只能通过计划来适应变化、驾驭变化。如果计划不能够面对变化，就会让管理陷入混乱中，管理的基础就不存在了。为此，计划具有如下功能：

第一，指明方向，协调工作。管理学家孔茨说："计划工作是一座桥梁，将我们所处的此岸和要去的彼岸连接起来，以克服这一天堑。"这说明，计划起到了目标与现实位置之间桥梁的作用，使组织全体成员有了明确的努力方向，并在未来不确定性和变化的环境中把注意力始终集中在既定目标上,同时,各部门之间相互协调,有序地展开活动。由于企业环境的变化和各种不确定因素的存在,企业运营就像一条船在大海中航行,企业管理者则像舵手一样,他必须明确企业的前进方向、位置和处境,时刻把注意力集中在正确的航向上。企业的计划能够指明企业前进的方向,是企业上下协调行动的纲领。科学、合理的计划可以保证各部门的工作始终有条不紊地进行。

第二,预测变化,降低风险。计划是面向未来的,而未来则充满了各种不确定因素。诸如宏观经济环境的变化导致物价上涨,客户取消了一项订单,或是一场突如其来的天灾,这些都会影响到企业目标的实现。企业计划则可以通过周密的预测,把这些"意料之外"的不可控因素转化成"意料之中"的可控因素,制定出各种相应的对策,并在必要的时候对计划进行调整,变被动为主动,化不利为有利,从而有效地减少各种变化带来的冲击。

第三,组织协调的前提。各行各业的企业组织以及它们内部的各个组成部分之间,分工越来越精细,过程越来越复杂,协调关系更趋严密。要把这些繁杂的有机体科学地组织起来,让各个环节和部门的活动都能在时间、空间和数量上相互衔接,既围绕整体目标,又各行其是,互相协调,就必须有一个严密的计划。管理中的组织、领导、控制等如果没有计划,就好比汽车总装厂事先没有流程设计一样不可想象。

第四,指挥实施的准则。计划的实质是确定目标以及规定达到目标的途径和方法。计划是管理活动中人们一切行为的准则,它指导不同空间、不同时间、不同岗位上的人们，围绕一个总目标，秩序井然地去实现各自的分目标。行为如果没有计划指导，被管理者必然表现为无目的的盲动，管理者则表现为决策朝令夕改，随心所欲，自相矛盾。结果必然是秩序混乱，事倍功半，劳民伤财。

第五，控制活动的依据。计划不仅是组织、领导、控制的前提和准则，而且与管理控制活动紧密相连。计划为各种复杂的管理活动确定了数据、尺度和标准，不仅为控制指明了方向，而且为控制活动提供了依据。未经计划的活动是无法控制的，也无所谓控制。因为控制本身是通过纠正偏离计划的偏差，使管理活动保持与目标的要求一致。如果没有计划作为参数，管理者就没有"罗盘"，没有"尺度"，也就无所谓管理活动的偏差，无法开展控制活动。

一些人对计划工作有一种误解，认为计划一旦制定，就意味着所有工作必须一成不变地严格按照计划执行。事实上，在一个变化的环境中，计划需要不断制定和修订，以适应变化。另外，计划并不是没有任何余地，制定的计划内容可以根据不同情况留有一定的弹性空间。

目标是计划的灵魂

这是一个流传甚广的故事。在一个建筑工地上，有三个石匠在干活。一天，有人走过去问他们在干什么。第一个石匠说："我在混口饭吃。"第二个石匠一边敲打石块一边说："我在做世界上最好的石匠活。"第三个石匠带着想象的光辉仰望天空说："我在建造一座大教堂。"

10年之后，第一个石匠手艺毫无长进，被老板炒了鱿鱼；第二个石匠勉强保住了自己的饭碗，但只是普普通通的泥水匠；第三个石匠却成了著名的建筑师。在这里，我们不必为前面两个人的命运诧异。因为从有关问题的答案就可以看出，他们只顾眼前的利益，对于未来并没有一个明确的目标，而且，对待工作的态度与第三个人也截然不同。可以说，第一个人和第二个人之所以会有这样的遭遇，完全是因为他们对于工作没有明确的定位，更谈不上明确的目标了。因此，第一个人对待工作毫无感情，"做一天和尚，撞一天钟"；第二个人对待工作缺乏热情，只是把它当作一种谋生的手段；第三个人不仅热爱自己的工作而且充满激情，并且朝着这个目标不懈努力，希望有一天能干出一番理想的成绩。正是这种目标明确的激情和理想激励着他不断努力，不断实现自我，实现理想，最终才造就了他的成功。

这个故事最早出现在德鲁克于1954年出版的《管理实践》一书中，几十年来一直为管理界所津津乐道。他强调的是，管理者的责任是让企业中的每个人都能意识到自己的每一点努力都必须围绕企业的目标。只有这样，企业才能处理好短期行为和长期战略之间的关系，才能利用理想的感召激发员工的工作热情，最终实现企业的目标。

计划的根本任务就是确定目标。目标是计划努力奋斗的方向，没有目标的计划是盲目的。计划的目标与决策的目标不同，决策的目标是管理活动的整体目标，规定着管理活动的发展方向，预示着管理活动所取得的最终成果；计划的目标是管理活动的分支目标，是计划的制定者依据管理系统内外的客观情况，将整体目标层层分解后所形成的，要尽量明确、具体，不能含糊其辞，能够量化的要尽量量化，以便度量和控制。

目标必须成为计划的靶心。企业所有的计划要素都必须以目标为中心，并由目标把所有计划要素串联起来，形成目标与计划统一的形式。为了保证计划为目标服务，我们在进行计划工作时，一定要对如下要素反复提问和思考。

做什么是计划的第一要素。它的主要任务是明确所要进行工作活动的内容，比如建厂房、买设备、搞促销等，即明确要做事情的边界。在明确做什么时，关键是要明确所做事情目标的清晰程度。

做到什么程度是计划的第二要素。必须明确所做事情的程度、各项控制标准及考核指标等内容。比如建厂房，必须确定建多大面积的厂房；买设备，必须明确买多少套设备；搞促销，必须明确销售的目标任务。同时，要规定具体的标准和考核指标。

为什么做即明确计划工作的原因和目的，并论证其可行性。只有把"要我做"转变为"我要做"，才能变被动为主动，充分发挥员工的积极性和创造性，为实现预期目标而努力。

何时做即规定计划工作中各项任务的开始和完成时间，以便进行有效的控制和对能力及资源进行平衡。

何地做即规定计划工作的实施地点或场所。要了解工作计划实施的环境条件和限制，以便合理安排计划工作实施的空间。

谁去做即规定由哪些部门和人员去组织实施计划工作。例如，出版社要进行图书出版工作，从前期选题到后期发行，这项工作可粗略地划分为如下几个阶段：选题策划阶段、书稿组织阶段、稿件加工阶段、设计制作阶段、生产服务阶段、销售发行阶段。在计划工作中要明确规定每个阶段的责任部门和协助配合部门、责任人和协作人，还要规定由何部门和哪些人员参加鉴定和审核等。

如何做即规定计划的措施、流程以及相应的政策支持来对企业资源进行合理调配，对企业能力进行平衡，对各种派生计划进行综合平衡等。

计划是为目标服务的。任何企业制定计划都是为了有效地达到某种目标。然而在计划之前，这种目标可能还不具体，计划就是让这些目标具体化，以便执行和完成。在计划过程的初始阶段，制定具体、明确的目标是其首要任务，其后的所有工作都要围绕目标进行。

计划是一种协调过程。目标给管理者和被管理者指明了方向，当所有人明确目标后，计划就是协调实现目标过程的活动，使人们团结协作。计划可以促使管理者预测未来，考虑变化因素的冲击，制定相应对策，降低不确定性。计划设定的目标和标准有助于进行控制，通过计划设立了目标，在实际管理过程中可以将实际成绩与目标进行比较，及时发现偏差和问题，并采取必要的校对和调整。

计划是连接目标的桥梁。如果说决策工作确定了企业生存的使命和目标，描绘了企业的未来，那么计划工作就是一座桥梁，向企业指明了通向未来目标的明确道路，是组织、领导和控制等一系列管理工作的基础。未来的不确定性和环境的变化使得行动犹如在大海中航行，我们要时刻保持正确的航向，就必须明白自己所处的位置，明确自己的行动目标，这不仅要求组织的一般成员了解企业的目标和实现目标的行动安排，而且要求企业的主要领导明确组织的目标和实现目标的行动路径（而不至于因日常琐事和一连串的转变而迷失方向）。计划工作就是使所有行动保持同一方向，促使目标实现。

目标是计划分配资源的依据。当企业目标确定之后，为了保证目标的实现，我们通过计划的方式安排时间、分配人员和资金等。如果只有目标，而没有相应的计划资源的配套，这样的目标就难以实现。计划具有普遍性和秩序性，所有管理人员（从最高管理人员到第一线的基层管理人员）都必须围绕目标进行计划工作。

目标必须清楚简单

1952 年 7 月 4 日清晨，在太平洋海岸以西 34 千米的卡塔林纳岛上，一个 43 岁的女人准备从太平洋游向加利福尼亚海岸。她叫查德威克。那天早晨，加利福尼亚海岸起了浓雾。海水冻得她身体发麻，她几乎看不到护送她的船。时间一个小时一个小时过去了，千千万万人在电视上看着。有几次，鲨鱼靠近她了，被人开枪吓跑了。15 小时之后，她又累又冻得发麻。她知道自己不能再游了，就叫人拉她上船。她的母亲和教练在另一条船上。他们都告诉她海岸很近了，叫她不要放弃。但她朝加利福尼亚海岸望去,除了浓雾什么也看不到。人们拉她上船的地点,离加利福尼亚海岸只有半英里。后来她说,令她半途而废的不是疲劳,也不是寒冷,而是在浓雾中看不到目标。查德威克小姐一生中只有这一次没有坚持到底。

这个故事讲的是目标要看得见,够得着,才能成为一个有效的目标。管理者制定目标时,经常会犯一个错误,就是认为目标定得越高越好,目标定得高了,即便员工只完成了80%也能超出自己的预期。正是因为这种层层虚高的目标才导致计划有效性的下降。合适的目标是员工可以跳一跳够得着的,当员工经过努力之后可以达成目标,目标才会对员工有吸引力,否则,员工宁可不做,也不愿意费了很大力气而没有完成。为此,企业在制定目标时一般要遵守如下原则:

目标必须明确。所谓明确,就是要用具体的语言清楚地说明所要达成的行为标准。明确的目标几乎是所有成功团队的一致特点。"增强客户意识"这种对目标的描述就很不明确,因为增强客户意识有许多具体做法,比如减少客户投诉,过去客户投诉率是3%,现在把它降到1.5%或者1%。提升服务的速度、使用规范礼貌的用语、采用规范的服务流程,也是增强客户意识的一个方面。目标设置要有项目、衡量标准、达成措施、完成期限以及资源要求,使考核人能够很清晰地看到部门或科室每月计划要做哪些事情,计划完成到什么程度。

目标要可衡量。就是指目标应该是明确的,而不是模糊的。应该有一组明确的数据,作为衡量是否达成目标的依据。如果制定的目标没有办法衡量,就无法判断这个目标是否实现。如果领导有一天问:"这个目标离实现大概有多远?"团队成员的回答是:"我们早实现了。"这就是领导和下属对团队目标所产生的一种分歧。原因就在于没有给他一个定量的可以衡量的分析数据。但并不是所有目标都可以衡量,有时也会有例外,比如大方向性质的目标就难以衡量。

目标要可实现。目标要被执行人接受,如果上级利用一些行政手段,利用权力性的影响力一厢情愿地把自己所制定的目标强压给下属,下属典型的反应就是一种心理和行为上的抗拒:我可以接受,但是否完成这个目标,有没有最终的把握,这个可不好说。一旦有一天这个目标真完成不了,下属有一百个理由推卸责任:你看我早就说了,这个目标肯定完成不了,但你坚持要压给我。

目标要有实际性。目标的实际性是指在现实条件下是否可行、可操作。可能有两种情形,一方面领导者乐观地估计了当前的形势,低估了达成目标所需要的条件,这些条件包括人力资源、硬件条件、技术条件、系统信息条件、团队环境因素等,以至于下达了一个高于实际能力的指标。另外,可能花了大量的时间、资源,甚至人力成本,最后确定的目标根本没有多大实际意义。

目标要有时限性。目标的时限性就是指目标是有时间限制的。例如,在 2017 年 5 月 31 日之前完成某事,5 月 31 日就是一个确定的时间限制。没有时间限制的目标没有办法考核,或者会带来考核的不公。上下级之间对目标轻重缓急的认识程度不同,上级着急,但下属不知道。到头来上级暴跳如雷,而下属觉得委屈。这种没有明确时间限定的方式也会损害工作关系，伤害下属的工作热情。

确定目标的过程，实际上是一个完整的计划工作过程。它不是单指拍板定案的瞬间，还指制定目标前后需进行的大量工作，包括采取一定的步骤和应用必要的科学预测、计划方法。一般来说，制定企业目标的过程可分为以下步骤。

第一步，掌握情报信息。即全面收集、调查、了解、掌握企业外部环境和内部条件的资料，作为确定企业目标的依据。企业外部环境资料主要包括社会环境、政策法令、市场预测等；企业内部资料主要包括企业的人力、物力、财力、技术状况等。

第二步，拟定目标方案。即要在对情报信息进行系统整理分析的基础上，提出目标方案。方案所规定的目标应明确将把企业引向何处，达到什么目的，对国家、社会、企业将起到什么作用等。拟定的方案应有若干个，以便比较、鉴别和选择。

第三步，评估目标方案。即对拟定的目标方案进行分析论证，主要应从以下几方面进行。一是限制因果分析。分析实现每一个目标方案的各项条件是否具备，包括时间、资源、技术及其他各种内外部条件。二是效益综合分析。对每一个目标方案，要综合分析该方案将带来的经济效益（包括企业效益和社会效益）及其对自然环境的影响。三是潜在问题分析。对实现每一个目标方案可能遇到的问题、困难和障碍做出预测，确定发生问题可能性的大小，分析发生问题的原因、有无预防措施或补救措施、一旦发生问题后果的严重程度如何。评估目标方案应发动和依靠企业全体员工，运用座谈会、调查会、讨论会等各种形式，广泛征集广大员工对制定企业目标的意见,对提出合理化建议者给予必要的奖励。

第四步,选择最优方案。即在评估目标方案的基础上,从各个方案中选出相对最优的目标方案。在方案优选过程中,应全面权衡各方案的利弊得失,有时应对原方案进行必要的修改补充;有时需在综合原方案的基础上设计出新的方案。在许多情况下,只能从实际出发,保证企业目标中的主要指标是最优的,而有些指标可能是较优的,绝不能把最优方案绝对化。

第五步,确定企业目标。对最优方案进行讨论、修改、审查,一经通过,即确定了目标。

将目标转化为计划

有个学生问老师:"老师,我的目标是在一年内赚 100 万元。请问应该如何进行计划?"老师问他:"你相不相信你能达成?"他说:"我相信。"老师又问:"那你知不知道要通过哪个行业来达成?"他说:"我现在从事保险行业。"老师接着问:"你认为保险行业能不能帮你达成这个目标?"他说:"只要我努力,就一定能达成。"

下面我们来看看这个学生要做出多大的努力,才能实现目标。根据提成比例,100 万元的佣金大概需要 300 万元的业绩。一年 300 万元,一个月就是 25 万元,一天就是 8 300元。老师说:"每天 8 300 元业绩,大概要拜访多少客户?"他说:"大概要 50 人。""一天 50 人,一个月就要 1 500 人,一年就要拜访 18 000 个客户。"

这时老师又问:"你现在有没有 18 000 个 A 类客户?"他说:"没有。""如果没有,就要靠陌生拜访。你平均一个人要谈上多长时间?"他说:"至少 20 分钟。"老师说:"每个人谈 20 分钟,一天谈 50 个人,也就是说你每天要花超过 16 个小时在与客户交谈上,还不算路途时间。你能不能做到?"他说:"不能。老师,我懂了。目标不是凭空想象的,需要一个能达成的计划来支撑。"

这个案例说明,目标不是孤立存在的,而是与计划相辅相成的。目标指导计划,计划的有效性影响目标的达成。所以在制定目标时,要清楚自己的计划安排,怎么做才能更有效地完成目标是每个人都要想清楚的问题,否则,目标定得越高,达成的效果越差。

管理者无论职位高低都要在目标的指引下开展计划工作。计划工作是各级管理人员共同的职能,由于所处的位置和所拥有的职权不同,所从事的计划工作会有不同的特点和范围。一般来说,高层管理者主要致力于那些战略性计划,而中层或基层管理者则主要致力于那些战术性或执行性计划。

目标没有计划就无法管理。这就如同一个人如果不知道目的地,就根本无法去旅行。企业必须有一系列不同的目标,计划管理就是管理一系列精心制定的目标,企业的目标应满足以下要求:企业要确定自己所进入的领域并提出实现其任务的纲领性指南;企业应将自己有限的资源集中在所确定的领域。如果企业同时做太多事情,到头来必将一事无成。集中是企业的基本法则;应当在所选择的领域树立目标并衡量绩效;任何单一的目标都会误导企业的发展，企业应当同时重视几个重要方面的发展，而企业的目标应当同这几个重要方面相关；企业的目标应当同企业的生存与发展紧密相连。

为了确保目标实现，在制定计划时要对目标进行分解细化。目标分解的过程就是用计划实现目标的过程，也是目标转化成计划的过程。在目标分解中，要让目标落实到具体的时间段和具体的责任人，即把企业目标从上到下、层层分解落实。企业目标确定以后，要把它分解为部门、车间、班组和个人等各个层次的分目标和目标最小单位，以便于采取措施实现目标。企业总目标和分目标之和，构成企业目标体系。基本要求有：各个分目标的集合构成企业总目标，分目标应能保证总目标的实现，企业总目标与分目标的内容是上下贯通的；各个分目标之间应考虑时间上的协调与平衡，注意同步进行，防止因时差而影响实现目标的进程；各个分目标要力求简明，有必要的衡量标准；充分考虑完成各个分目标所需要的条件及限制因素。

在管理实践中，为了把目标转化为计划，企业必须遵循计划工作的基本规律和原则，即限定因素原理、许诺原理、灵活性原理和改变航道原理。

限定因素原理。管理者越是了解对达成目标起主要限制作用的因素，就越能有针对性地、有效地拟定各种计划方案。这好比用以盛水的木桶，实际盛水量取决于桶壁上最短的木板，因此，此原理又被形象地称作"木桶原理"。该原理告诉我们，在将目标转化为计划时，要充分注意限定因素对目标实现的影响，要善于用优势补短板。

许诺原理。任何一个目标转化为计划都是对完成各项工作所做出的许诺。许诺越大，实现的时间就越长，实现的可能性就越小。因此，无论何种性质的目标，转化为计划时都必须有期限要求，没有时限安排的计划不能对目标实现有效转化。

灵活性原理。目标转化为计划过程中如出现意外情况，应有能力改变目标而不必花费太大的代价。即所体现的灵活性越大，由于未来意外事件引起损失的危险就越小。灵活性原理是目标转化为计划中最重要的原理。这种灵活性要有一定的限制条件：不能以推迟决策的时间来保证计划的灵活性；不能以牺牲计划的效率性为代价强调计划的灵活性；不能以局部、派生计划的灵活性影响整个计划的实施。为确保目标转化成计划时具有灵活性，在制定计划时，应量力而行，并留有余地。

改变航道原理。计划的总目标不变，但实现目标的进程计划可以因情况的变化而改变。这要求管理者在管理（实施）计划时不被计划"管理"，不被计划捆住，而是根据实际情况作出必要的修订，就如同航海者必须经常核对航线，一旦遇到障碍就绕道而行一样。

为了保证目标有效实施并得以实现，必须通过战略安排、政策保证和愿景规划等方式来推进目标的实施。当目标出现调整时，计划也必须随之调整。目标转化为计划的重点是把目标分解到具体职能部门和具体岗位，确保人人身上有指标。还要安排时间来承载目标，目标如果没有时间保证是不可能完成的，同时要安排财务预算来支持目标。

计划是寻找资源的行动

携程创业初期，以在飞机候机室、火车站出入口等出行黄金地段派发携程会员卡的方式，将网络订酒店、订机票这种新的消费模式介绍给了用户。不过3年的时间，携程便成为资本市场的神话，成功登陆纳斯达克，并创纳斯达克开盘当日涨幅最高纪录。目前，携程的服务范围扩大至酒店、机票、度假预订，商旅管理，特惠商户及旅游咨询服务。当初的"发卡公司"，已经成为国内在线旅游业龙头。携程站在旅游产业链的上游，扮演着航空公司和酒店的渠道商角色，建立了旅游需求方和酒店以及航空公司等供给方的数据库。一只手掌控着全国千万以上的会员，另一只手向酒店和航空公司索取更低的折扣，自己则从中获取佣金。

携程是一个独特的资源整合者。在携程之前，全国有1万多家旅行社，但没有一家公司能在全国200个或300个城市预订酒店，也没有一家旅行社能做到全天候服务。在携程之前，同样也没有一家全国性的能统一处理全国各地机票的公司，机票都是转给售票点，售票点再以柜台的形式面对各地区的客户，分散的服务方式极不方便，也使得质量控制难以执行。显然，在机票和酒店预订行业存在空白地带。

虽然携程早期的目标是做旅游业的电子商务，但B2B、B2C、C2C这些电子商务模式又不适用于携程网。它更像一种服务型电子商务，关键在于保证信息能够顺畅地在酒店、机场和消费者之间流通,于是,酒店和机票预订的空白地带的价值被挖掘出来。虽然当时国内一些大的旅行社也都已看到在线旅游电子商务的巨大市场,但是传统旅行公司因为已经有地面门店网络,对于这块新业务反应迟缓而谨慎。

携程采取了对分割资源进行整合的方式进入这一新的业务领域。在上海总部建立了1 000多人的呼叫中心,全国各地的机票业务、订房业务都可以经呼叫中心以及IT后台统一处理,机票的出票时间和价格、酒店的预约时间和价格,甚至员工的服务质量都能得到监控。六西格玛管理使携程能将客人打给呼叫中心电话的等待时间控制在国际通行的20秒以内,将接听比例从80%提高到90%以上,将服务客户的电话时长缩短到150秒左右。而且,由于携程整合的是信息层面,几乎可以无成本地加入新的航线、酒店预订。相对于整个旅游产业,携程规模并不大,但它通过关键产业节点的控制,通过整合产业链的信息层面带动了整个产业的变革。这就是资源整合和利用的魅力。

携程通过发现市场的空白地带并采取控制关键产业节点的方式获得了成功,说明有效的计划必须建立在企业资源的基础上。

所谓企业资源,是指企业在向社会提供产品或服务过程中所拥有、控制或可以利用的能够帮助企业实现目标的各种生产要素的集合。企业资源可以分为广义和狭义两类:狭义的界定是把资源和能力分开;而广义的界定则把能力也纳入资源的范畴,这里的能力是指资源组合的能力,包括管理、创新、风险承担以及应用分析等方面。

我们把资源定义为:企业可以全部或者部分利用的、能为顾客创造价值的一切要素的集合。需要注意的是，企业资源除了企业所拥有的各种资源要素，还包括那些不归企业所有，却可以被企业利用的"合作"组织的资源和公共资源，我们称之为边缘性资源。企业对它们不拥有产权，但可以通过契约、付费或者公共关系活动获得暂时或者部分使用权，如携程使用的资源就是这种类型。携程的奥妙就是把分散在全国的旅游订房信息资源通过统一服务平台方式进行整合，既能提高旅游酒店的销售量，又能减少消费者的订房成本，在消费者和酒店供应商之间获得自己的利益。

企业能够利用多少资源，取决于企业的需要和能力。所谓"合作"组织的资源，包括租赁的资源、虚拟企业的资源、战略联盟组织的资源、客户的资源等，它们可以被企业部分或在一个时间段内使用。所谓公共资源，是指政府部门、新闻媒体、产业政策等，它们可以被企业利用，也可能为其他组织所用。

在分析企业资源的过程中，必须把握企业资源的基本特征。随着经济的发展，越来越多的新要素被纳入资源的范畴，例如信息资源正在变得越来越重要。随着企业的运营，资源的数量和质量处于不断变化的动态过程中。而且企业所拥有或控制的各种资源是一个有机的整体，各种资源相互联系、相互影响，共同支撑着企业的计划及其实施。

要打破孤立、僵化的资源观念，以动态、系统的观念分析、开发、利用资源，实现资源的动态优化。随着信息技术的发展和竞争的加剧，企业资源边界日益模糊，虚拟组织、战略联盟、网络化组织等大量出现，导致企业间出现日益复杂的网络结构和制度安排。这使得企业与环境之间的边界趋于模糊,企业资源也日益呈现这种态势,边缘性资源正变得越来越重要。为此,应重新定义供应商、分销商和制造商之间的业务关系,重新构建企业的业务和信息流程及组织结构,使企业在市场竞争中有更大的能动性。

要善于整合资源

计划的首要功能就在于整合企业的各项资源以获得存在于企业外部的成果。所谓资源整合,就是指企业对不同来源、不同层次、不同结构、不同内容的资源进行识别与选择、汲取与配置、激活与有机融合,使其具有较强的柔性、条理性、系统性和价值性,并创造出新资源的一个复杂的动态过程。资源整合的唯一目的是使企业获得最大的经济利益。资源整合是企业战略选择的必然手段,是企业管理者的日常工作之一。

计划的作用在于对企业的成功和绩效加以定义,任何有经验的人都可以体会到,这是一项最困难、最有争议,同时也最重要的任务。

1993年,格兰仕第一批1万台微波炉正式下线,1996年,格兰仕的微波炉产量增至60万台,随即在全国掀起了大规模的降价风暴,当年降价40%。降价的结果是格兰仕的产量增至近200万台,市场占有率达到47.1%。此后,格兰仕高举降价大旗,前后进行了9次大规模降价,每次降价最低幅度为25%,一般都在30%~40%。格兰仕为什么能以那么低的成本生产并且获利?

格兰仕依靠的就是虚拟扩张的资源整合策略。众所周知,打价格战必须有成本优势,而具有成本优势的前提是产量规模扩大,从规模产量中获取规模效益。规模扩大带动成本下降,成本下降引起价格下降,价格下降又直接扩大了市场容量,企业资金回流也相应增加,企业规模再次扩大,成本再次下降。这个简单的循环正是格兰仕一波又一波价格战的动力所在。

格兰仕的成本降低策略却突破传统企业的发展思路,充分利用国内劳动力成本远远低于发达国家的有利条件,通过接收对方的生产线,并以低于当地生产成本的价格给对方供货。随着搬过来的生产线逐步增多,格兰仕的生产规模也越来越大,专业化、集约化程度越来越高,成本也就大幅下降了。

这样做并没有动用自有资金投资固定资产,而是将别人的生产线一个个搬到了内地,而且建这些厂用的还是别人的钱。规模的扩大不仅没有让格兰仕背上沉重的成本包袱,反而成为它克敌制胜的不二法门。格兰仕的这种发展策略就是虚拟扩张,通过优势互补,有效地整合了资源,"虚拟"出了自己的生产线,从而最大限度地提高资源利用率,使格兰仕走上快速发展之路。

由此可见,资源整合能够使看似困难的事情变得容易,能够使实际收益远远超过预期收益。这就是资源整合的力量。企业的资源都是有限的。但在整合的思维下,有限能够衍生无穷,因此每个企业都应该成为资源整合的行家。

一般情况下,资源的整合有如下几种:

内部培育。内部培育是指企业所需要的资源是通过自身长期不断地摸索、学习、创造等方式积累而获得的，几乎所有企业在发展中都运用了这一方式。需要内部培育的资源主要包括几乎所有的形象资源和部分规则资源，其中以企业商誉和企业文化最为典型。在长期的探索过程中，资源及其使用、整合过程都深深地打上了企业的烙印，因而这种资源是企业最熟悉、最稳定、最具有独特性和不可复制的资源，同时也是企业最宝贵的资源。即使有些资源可以被他人部分仿制，由于没有相应的具有本企业特征的连带资源或周边资源与之匹配，也不能产生协同效应，也就不会给仿制方带来这方面的竞争优势。

合作渗透。合作渗透是通过与外界建立正式或非正式的合作关系来获得资源，包括非正式的网络和正式的战略联盟。网络是以专业化联合的资产、共享的资源控制和共同的集体目的为基本特性的组织管理方式，是介于市场和层级组织之间的一种中间性治理结构，包括基于高度信任、投资于高专用性资产的信任增强性网络和基于低信任、投资于低专用性资产的生产网络。信任和使用效率分别是这两种网络中的关键因素。这样，企业对资源的使用界限也扩大了，一方面可以通过学习将对方的部分资源"转移"到自己的企业中，以提高本企业现有资源的使用效率，降低转置成本和企业进出壁垒；另一方面，依据专业化分工思想、出于优势互补目的而组建战略联盟，在某种程度上也会提高社会资源的整体利用效率。

外部购并。外部购并是采取直接、一次性甚至带有"侵略性"的方式来获得企业所需要的资源。这是企业获取资源和能力最直接、最迅速的一种方式，尤其是在信息社会里，速度竞争已成为企业战略管理的焦点,单纯依靠步步为营、稳扎稳打的战略,已经不能适应时代的发展。企业尤其是高科技企业都竞相采用购并扩张的方式,力求以最快的速度成长,最快地获取发展所需要的各种资源和能力。购并可以有效地降低进入新行业的结构壁垒,获得靠内部培育很难或需要很长时间才能获得的资源,提高企业现有资源或所获得新资源的利用效率。购并还可以产生协同效应,包括财务协同效应、经营协同效应和文化协同效应。财务协同效应包括降低资金成本、实现合理避税和促使股价上升等;经营协同效应主要体现在效率的变化上,使双方在产品、技术开发、生产、组织结构、供应链关系和战略能力等方面产生共振;文化协同效应是指双方在核心价值观上互相激荡并最终达成共识。这是购并战略成功的最高境界,是一种深层次的资源融合。文化协同效应能将经营协同效应和财务协同效应发挥得淋漓尽致,并长期保持下去。

在资源整合中关键要把握资源与计划目标的有效关联。与目标有关联的资源是计划工作中的有效资源,没有关联的资源是计划工作中的无效资源。

从预测开始

计划关注的是当前决策的未来形态。传统的计划会有这样的问题:最可能发生的事情是什么?在为具有不可预测性的未来做计划时则会问:已经发生的哪些事情会塑造未来?

计划不是魔术箱,并非组合起一大堆的技巧。计划应该采用一种分析性的思维，是将各项资源用于行动的承诺。结合对组织未来的认识来系统化地制定企业当前的决策，系统化地组织执行这些决策所需的工作，并有组织、系统性地反馈这些决策的成果与预期比照的评价。决策制定者所面对的并不是"组织未来要做些什么"的问题，而是为了不确定的未来，我们今天要做好怎样的准备。决策制定者所面对的也不是未来会发生什么的问题，而是在我们当前的思想与行动中，要构建怎样的未来，这样做需要多长的时间跨度，当前该怎样利用这些信息作出理性的决策。

计划往往是从预测开始的。计划是对未来的安排和部署，其基础是预测。预测就是对未来环境进行的评估，具体来说，就是对未来事件或现在事件的未来结果作出的估计。这种估计不是凭空的臆测，而是根据事件的过去和现在来推测它的未来，由已知预测未知。

预测是计划的基础。预测与计划工作虽然都与未来有关，但预测不同于计划。计划是对未来行动的部署，预测是对未来事件的陈述。预测要说明的问题是将来会怎么样，即在一定条件下，采取或不采取某些措施和行动，未来将会发生什么变化。而计划要说明的问题是要使将来成为什么样，即应当采取什么措施和行动来改变现存的条件，并对未来作出安排和部署以达到预期目标。

在企业计划工作中，预测有两个作用：一是帮助企业设计一个计划系统；二是帮助企业将所设计的计划系统投入使用。一般来说，设计一个计划系统就是确定达成什么样的目标、配置什么样的资源、执行什么样的政策和方针。而后者是制定包括货品库存和人力资源水平、采购和生产以及企业运营进度在内的中短期计划。

对计划事项做出预测是计划工作的职能。因为预测是做出企业决策的依据，所以企业管理人员和员工必须熟悉那些可在实际中采用的预测方法，并了解应用这些方法的基本前提和这些预测方法的局限性。对企业高层管理者来说，还要充分认识到预测对企业运作的影响。

预测一般假设在过去发生某一事件的状态在将来仍然存在。管理者不能仅依赖数学模型和计算机进行定量的预测，而不去做任何分析总结工作。要知道，未曾预测到的事情可能极其严重地影响预测的准确性。例如，与天气有关的事件、税收的增减、竞争性产品或服务价格和质量的改变都可能对未来产生重要的影响。所以，管理者必须对这些可能出现的突发事件给予足够的重视，并做好重新进行预测的准备。因为原来的预测是假设在情况不发生什么变化的前提下做出的，所以，如果发生了突发事件，就必须放弃原来做出的预测。

预测极少准确无误，实际情况总与预期有所不同。没有哪个人能够准确地判断某些因素会在多大程度上影响预测。当然，这里的因素是指经常起作用的与预测对象有关的因素。正是这些随机因素的出现影响了预测的准确性，管理者在做出预测时必须考虑到与实际情况的差异，以便根据预测结果进行决策时保险系数比较大。对一组事件进行预测会比对单个事件进行预测更为准确，因为在不同事件之间产生的预测误差可以相互抵消。如果零部件或原材料被用于多品种产品的生产或者一种产品或服务提供给相互独立的不同用户，那么成组的机会就会增加。当时间跨度比较长时，预测的准确性就会降低。一般来说，短期预测比长期预测所处理的不确定因素要少，所以更为准确。

从预测的特征中可以得到这样一个重要结论：那些能够对变化迅速做出反应、弹性大的企业只需进行短期预测，而那些调整较慢而必须进行长期预测的企业竞争时获利更多。一般来说预测应该满足以下要求：

有时滞性。通常，要留出一定的对预测结果做出反应的时间。例如，生产能力不可能在一夜之间得到扩大，库存水平也不可能立刻就得到改变。因此，预测要有时滞性，要给决策人员一定的调整时间。

精度要高且有相应的方法来计算其精度。这样才能使预测人员对可能产生的误差做出估计，同时给预测人员提供一个比较不同预测方法的标准。

结果要可靠。即预测结果应是一致的。利用同一种预测方法所做出的预测时准时不准，肯定会使预测人员对这一预测方法产生怀疑，不愿再次使用这种方法。

能够用计量单位来表达。财务部门管理者需要知道准备多少资金；生产部门管理者需要知道生产多少产品；供应部门管理者需要知道使用什么机器和技术。计量单位的选择依赖于预测人员的需要。

要以书面形式出现。并不是说所有有关部门都使用同一种预测方法，但是如果预测方法以书面形式出现，还是增加了这种可能性。另外，一旦得出一个预测结果，就可以把这一结果作为一个客观标准用于评价预测的优劣。

要易于理解，便于使用。使用者常常对基于精深知识的预测方法缺乏信任。他们或者不理解预测方法得以很好应用的环境，或者不理解预测方法的局限性以及限制条件，最终导致预测方法的误用。由此就会理解为什么有那么多人仍在使用看似古老的预测方法。管理者利用这些古老的方法进行预测时感到踏实、轻松。

计划预测方法一般有如下几种：

方向性预测。预测的方法可以分为正式的和非正式的。非正式的方法如直觉、猜测、想象等。正式的方法可以分为定性预测方法和定量预测方法。

定性预测。定性预测方法通常用于长期预测，尤其是在外部因素产生重要影响的情况下。定性预测方法通常有生命周期分析、调查、德尔菲法、历史类推、专家观点、消费者小组和测试性营销等。

定量预测。包括因果法和时间序列分析法。因果法包括多重回归、计量经济学、博克思-詹金斯（Box-Jenkins）模型等，时间序列分析法包括简单回归法、指数平滑法和移动平均法。

预测方法的选择取决于诸多因素。这些因素主要包括：预测的期限，长期预测要求的准确性低且仅需要大致的计划，短期预测则要求更高的准确性；有无数据可用，如果有数据可用，就可以应用某种定量的预测方法，否则，就要应用非定量的方法；时间与费用，如果可用的时间与金钱的限制很多，就必须采用那些不太复杂的方法；可用的手段，随着计算机的出现，应用高级方法进行预测更为划算；预测人员的能力等。

以价值主张为准则

计划必须建立在清晰的顾客价值主张之上。价值主张的核心内容在于描述你"希望"做成什么，而不是描述你"实际"是什么。价值主张是以下两者的交集：一是公司提供产品和服务的能力；二是目标市场的需求。我们认为，清晰的价值主张是成功计划管理实务的重要一环，效率型企业对于自己的目标客户会进行深入而确切的了解，同时会确切地评估自身的能力，根据这两者来制定价值主张。

在过去 30 年里，中国企业习惯了动用人力成本、自然资源、政策调整来加快发展，但是，随着全球化的深入，中国企业不能再依赖于规模增长、投资增长和劳动力的单纯增长，而是需要可持续发展能力。论及企业的成长，我们认为一个企业要想获得可持续发展能力，必须具备三个方面的要素：一是解决好企业的未来增长源头（战略计划）；二是了解企业价值主张为谁而设（责任意识）；三是清楚企业成长的关键是什么（信仰体系）。

中国企业为何难以走得更远？因为企业基本上都是在解决问题而不愿意回答"未来的增长从哪里来"。这揭示了最为根本的原因是管理并不以战略的方式思考。中国企业一直以来的思维习惯是"市场份额第一"，追求最高的市场份额，追求做大，在做大思维的引导下，一股追赶世界 500 强之风吹遍大江南北，无论是国有企业还是民营企业，无不把规模作为企业成长的目标。

在华立集团的发展史上有过两轮形式相似的"做大"发展之策。第一轮开始于20世纪90年代,当时急于扩张的华立集团一口气涉猎12个行业,经营规模飙升20倍,经营范围甚至扩展到汽车修配、矿泉水、服装业等领域。最终,华立集团用了3年时间,以损失2亿多元的代价将12个产业缩减到电表、电力自动化和房地产3个产业。第二轮于1999年入主ST川仪开始,经历了一场庞杂的整合手术之后,华立集团极速扩张。2004年,华立的扩张战略取得了辉煌成就,集团经营规模获得飞跃:连续3年实现50%~80%的高速增长,首次跃上"百亿"平台。但自2006年起,华立集团的经营理念开始发生大转变,企业的基本观念由过去的"做大做强"转变为"做精做长做强"。自此华立集团进入规模化和多元化的自我修正阶段,将核心业务由仪表产业转向医药产业,形成以仪表及控制系统、国际贸易、地产、金融投资为战略性投资业务,以电子材料、通信、现代农业及休闲产业等为财务性投资业务,以矿产开发、石油化工为未来投资方向的产业经营、投资格局。经历几年调整,华立集团下属各业务板块逐渐走红,开始脱掉"过冬的棉袄"。

回顾中国企业的发展历史,不得不承认有这么一个时期:企业的规模越大,成本越低,收益越高;通过数量的增加来降低单位成本,吸引顾客,同时参与全球竞争。价格思维沿用了传统的战略思想,认为努力争做产业中的成本领先者会非常有效。但是为什么今天大企业无法获得这些竞争优势?因为技术的颠覆、可畏的竞争、离散的市场、全能的顾客、挑剔的股东等都对企业提出了新的挑战。所以我们需要明白,对于一个企业而言,规模并不意味着什么,最关键的是需要一个明确清晰的战略,而这个战略所能回答的问题就是企业未来的价值点在哪里,凭什么竞争。价值战略的思维让企业关心存活的依据,有能力更清楚地界定收益和增长来源,更明白企业自己能够做什么、不能做什么,对不做什么作出选择。根本意义在于追求持续成长。

企业是社会经济体系中的一个细胞,资源的稀缺性与人们追逐更多物质产品的矛盾越来越引起人们的关注,科学技术的迅猛发展所带来的日益严重的环境问题又威胁着人类自身的生存。企业的环境正发生着令人迷惑、复杂快速的变化。企业的权利正在由内部转向外部,正在由管理层转向自由市场,趋向于在其利益相关者之间分配,而这种权利转移的结果将成为决定企业最终竞争力的核心因素。在中国制造向中国创造转型升级的过程中,中国企业首先需要对其逐利本性进行转型升级,利用自身的资源和能力为社会创造更大的价值,让社会责任不再只是一种成本,更成为竞争优势的源泉。

首倡"核心竞争力"的管理大师加里·哈默在《管理大未来》中预测,"传统管理方式正在终结,现代企业需要管理创新"。书中着重阐述了三个"非常规管理"的案例,其中一个是美国全食超市。该公司的价值主张是向注重食品安全和环保的顾客销售天然、有机和健康的食品。无论是对该公司在食品零售业保持独特定位,还是对它获取产品溢价的能力来说,关注社会问题都至关重要。该公司的采购政策强调,各家门店都必须按照采购流程向当地农民直接购买农产品。公司列出了有损人体健康或环境的近100种常见成分,任何产品只要含有其中一种,就会遭到采购人员的拒收。

全食超市始终坚持采取对自然和环境有利的经营方式，而且不仅局限在采购这一领域。各门店在建造时也尽可能减少天然原材料的使用，同时公司购买可再生风能，以抵消该公司旗下所有门店和办公的用电能耗污染，成为《财富》500强企业中唯一一家全额冲抵电耗的公司。公司对腐烂变质的农产品和可再生降解的废弃物进行处理，制成肥料。公司捐款成立爱护动物基金会，目的是开发更多自然和人道的动物养殖方法。简而言之，全食超市在价值链的几乎每个方面都凸显出公司价值主张的社会责任要求，并实现了和竞争对手的差异化。虽然并非所有企业都可以像全食超市那样围绕社会责任来构建自己的价值主张，但是在价值主张中兼顾社会利益相关者确实为企业的竞争性定位开辟了新的思路。

目前，为什么中国制造的转型乏力？难以走向中国创造的原因，其实并不是技术层面的，甚至不是员工素质层面的，真正的难点在于企业管理的价值层面。企业经营者要怎样看待客户、员工、合作伙伴、竞争者？答案就是把价值管理当成一种与资本、技术一样变化的要素，把其中的"政治化"味道打掉，从而真正做到"从价值计划中要效益"。

柳传志在一次联想集团中期业绩财报说明会上强调，联想是一个有责任的公司，联想之前的亏损是转折点，从那时起开始走上正确的道路。柳传志还强调："联想是一个有愿景的公司，凡是有愿景的公司，都会有战略，但是只有一个真正有责任的企业才会有愿景，才不会随波逐流，联想就是这样的企业，一个真正有责任的企业。"

因此，无论是长期计划还是中短期计划，都必须明确价值主张并清楚沟通，让员工、顾客、合作伙伴、投资人都充分了解，这样计划才会有效。计划的有效性所遵循的重要原则之一，就是要强调计划的兑现率。有70%以上的安排能够落实，同时能够应对外界环境的变化，这样的计划就是有效的计划，就能够推动公司的发展，促进公司核心业务的快速增长。必须达成所设定的具有挑战性的目标，同时能够抗拒诱惑，拒绝跨入看来前景很好但与计划设定的目标无关的领域。

第七章

组织：责任与权利的统一

组织是管理的载体，没有组织管理就没有基础。组织最大的魅力就是使一个本不能胜任工作的人可以通过组织胜任工作。这种力量来自组织内部的人员分工和职能分布所形成的资源配置的合力，这种资源配置要想有效，关键在于组织内部必须实现责任与权利的统一。正是组织的这种特殊能力，才使得企业成为市场活动的主体，成为创造顾客的中心。

组织的能量

几个人在一起，为达成一个共同目标而努

力，组织便产生了。现代社会里组织无处不在，而企业是最广泛和最普遍的一种组织。正是企业这种组织最大限度地加速了财富的聚集，推动了技术的进步，促进了经济的繁荣，改变了世界的面貌。在世界最大的 100 个经济体中，51 个是公司，49 个是国家和地区，有 161 个国家和地区的财政收入比不上沃尔玛公司。近代推动社会进步的所有重大发明，80% 以上是在企业产生的。尤其是现代意义上的公司经过严密组织化后，极大激发和放大了员工的创造性和潜能，最终取得了 1 加 1 远大于 2 的效果。

以泰勒和德鲁克为代表的管理学家仔细研究了企业组织，提出了科学管理及有效管理的管理理论与方法，促进了企业组织效率的提升，从而极大地推动了经济繁荣和现代化的进程。美国陆军于 1942 年 6 月开始实施利用核裂变反应来研制原子弹的计划，亦称曼哈顿计划。该工程集中了当时西方国家最优秀的核科学家，动员了 10 万多人，历时 3 年，耗资 20 亿美元，在 1945 年 7 月 16 日成功地进行了世界上第一次核爆炸，并按计划制造出两颗实用的原子弹，整个工程取得圆满成功。在工程执行过程中，负责人格罗夫斯和奥本海默应用了系统工程的思路和方法，对工程进行了强有力的组织和领导，大大缩短了工程所耗时间。这一工程的成功促进了第二次世界大战后系统工程的发展。可以想象，没有一种强有力的组织是绝对无法保证这一工程达成目标的。

组织的力量是如此之大，以至于成为现代社会必备的一种重要资源。一个人的力量极其有限，有效组织起来后才能保证一个伟大目标的达成。组织在某种意义上讲就是一种合作。所有人的成功都是以组织为载体的成功。每个人都需要与别人合作，特别是需要与比自己强的人合作。"和比自己强的人合作，而不是和他们战斗"，这是卡内基一生信奉的常识，他还特意写了一句话，让人刻在自己的墓碑上："躺在这里的人，善于利用比自己能力更强的人。"

德鲁克说，管理者的任务就是要创造一个有机的整体，并让这个整体的作用大于各组成部分效用的总和。这就相当于一个交响乐团，在指挥家的努力下，各个独立的乐器组合成一个整体，演奏出美妙动听的乐曲。优秀的组织可以创造出一种无形的向心力、凝聚力和塑造力。只要大家心往一起想，劲往一处使，有困难依靠集体的力量克服，没有的东西自己创造出来，缺少的东西心甘情愿地补上，组织就会战无不胜、攻无不克。

企业组织高效率的主要来源是：企业组织中的个体对于组织目标的高度认同并产生一种使命感；企业组织成员之间的相互影响、相互学习；企业组织领导者坚强有力的意志和示范作用对组织成员的影响；职责明确后成员能专注于自己负责的领域从而更专业和更有效率；资源合理配置后产生的效率；领导者的远见和智慧对组织目标的巨大贡献。

组织的定义很简单，就是目标和一群人的结合。它是以人群为基础，以目标为导向的系统化安排。组织是企业实施目标管理活动的载体。企业作为一种组织形态的任何活动，总是在一定的组织中进行的，管理者也总是在组织中才能发挥作用，根据特定任务目标、工作环境，把企业的组成要素有机组织起来，以便有效地执行计划和实现目标。因此，企业要达成一定的目标，必须有一个完整的组织结构框架体系,以对工作任务进行分工、分组和协调合作。组织结构是表明组织各部分排列顺序、空间位置、聚散状态、联系方式以及各要素之间相互关系的一种模式,是整个管理系统的"框架",是组织在职、责、权方面的动态结构体系,其本质是为实现组织战略目标而采取的一种分工协作体系。

组织是管理的前提和载体,因此,组织职能是管理活动得以顺利进行的必要环节。组织职能具有合理性、有序性和规范性。合理性即按照管理目标和任务的要求,并且从实际条件和环境出发,构建管理组织;有序性即按照组织设计和管理过程的流程要求,组织各种管理要素;规范性即组织的构建和运行,必须形成和实施特定的规则和制度。

组织有正式组织和非正式组织之分。无论是正式组织还是非正式组织,一般都包括如下几个基本要素:有一个共同的目标或宗旨;有各自的职责;有特定的协调关系;有信息交流与沟通;人、财、物的配置是组织活动的主要事项。因此,在企业管理中主要的对象是组织而不是个人。许多专家在讲到管理时都强调人的重要性,认为管理者是人,管理的对象是人,管理自然首先要关心个人。这种理解的错误之处在于缺乏对组织本义的理解和把握。

正式组织与非正式组织最大的区别在于:前者强调权利、责任和目标的统一性,而后者则靠兴趣、爱好和情感把人聚集在一起。企业这类组织依靠权利、责任和目标而成立,具有正式组织的所有特性,因此,其责任和权利必须清晰并且统一。如果企业的权利与责任不清晰,生命力便不会长久。

在正式组织中处理个人关系时，往往只强调目标，不注重个人。正式组织中人与人之间往往是不平等的，因为组织为了实现自身的目标，必须对内部的人员进行分工，每个岗位的人员都要为组织的目标作出贡献，每个人都要承担相应的责任，同时组织也给予相应的权利。没有责任而有权利，必然会导致权利的滥用，只有责任而不配置相应的权利，就会导致责任不能有效落实。组织的权利是因为责任而存在的，不是因为某个人而存在的，这是组织最核心的地方，是它最有价值的地方，当然也是它最残酷的地方。任何正式组织离开任何人都是可以存在的，只要它的目标是明确的。世界上伟大的公司有可能在某个领域和管理环节有这样那样的困难，有这样那样糟糕的管理者，但是有一点不用担心：企业的目标绝对有效，反映了企业的责任，这个目标会吸引一大群有同样使命的人跟它一起前行。

由此可知，组织存在的价值就是实现其目标，所以它并非尊重一般的个人，而是尊重能够承担责任并为组织作出贡献的人。所以谁承担的责任大，组织给他的权利也就大。

发挥集聚效应

组织为什么能产生大于个体的力量？最核心的原因是分工。通过分工，使得组织内部的个体可以优势互补，形成互惠互利的机制，发挥集聚效应。随着经济社会的发展，以分工为基础的组织能力要素开始细分为专门化、部门化、命令链和沟通链等核心能力要素。

专门化是组织的要素之一。20世纪初，福特通过建立汽车生产线体系而富甲天下、享誉全球。其做法是，给公司每一位员工分配特定的、重复性的工作，有的员工只负责装配汽车的右前轮，有的只负责安装右前门。通过把工作分化成较小的、标准化的任务，使工人能够反复进行同一种操作，福特利用技能相对有限的员工，每10秒钟就能下线一辆汽车。福特的经验表明，让员工从事专门化的工作，他们的生产效率会提高。管理的任务之一就是，用工作专门化或劳动分工来描述企业中把工作任务划分成若干步骤来完成的细化程度。

工作专门化的实质是，由于一个人不能完成一项工作的全部，需要分解成若干步骤，每一步骤由一个人独立去做。实践证明，这是一种最有效地利用员工技能的方式。在大多数组织中，有些工作需要技能很高的员工来完成，有些则不经过训练就可以做好。如果所有员工都参与组织过程的每一个步骤，那么，就要求所有人不仅具备完成最简单的任务所需要的技能，而且具备完成最复杂的任务所需要的技能。除了从事需要较高技能或较复杂的任务，员工还有部分时间花费在完成需要低技能的工作上。由于高技能员工的报酬比低技能的员工高，而工资一般是反映一个人的最高技能水平的，因此，付给高技能员工高薪，却让他们做简单的工作，这无疑是对组织资源的浪费。

部门化是组织的要素之二。组织一旦通过工作专门化完成任务细分，就需要按照类别对它们进行分组以便共同的工作可以进行协调。工作分类的基础是部门化，对工作任务进行分类主要依据工作的职能。制造业的管理者通过把工程、会计、制造、人事、采购等方面划分成共同的部门来组织其工厂。当然，根据职能进行部门的划分适用于所有组织。只有职能的变化可以反映组织的目标和活动。一个医院的主要职能部门可能有研究部、护理部、财会部等；而一个职业足球队则可能设球员人事部、售票部、旅行及后勤部等。这种职能分组法的主要优点在于，把同类职能集中在一起，能够提高工作效率。职能部门化通过把专业技术、研究方向接近的人分配到同一个部门中，可以实现规模经济。

部门化的方法有多种，可根据实际情况选用。一是地域部门化，即根据地域进行部门划分。例如营销工作，可根据地域分为东、西、南、北四个区域，分片负责。实际上，每个地域是围绕这个地区而形成的一个部门。如果一个公司的顾客分布地域较广，这种部门化方法就有其独特的价值。二是过程部门化。过程部门化方法既适用于产品生产，也适用于顾客服务。在某市办理驾照必须经过三个步骤，每个步骤由一个独立部门负责：负责核查工作的机动车辆分部；负责办理驾照具体工作的驾照部；负责收费的财务部。最后一种部门化方法是根据顾客的类型进行部门化。例如，一家销售办公设备的公司可下设三个部门：零售服务部、批发服务部、政府部门服务部。比较大的律师事务所可根据其服务对象是公司还是个人来分设部门。根据顾客类型来划分部门的理论假设是，每个部门的顾客存在共同的问题和要求，因此，通过为他们分别配置有关专业人员，能够满足他们的需要。

命令链是组织的要素之三。命令链是一种不间断的权力路线，从组织最高层扩展到最基层，澄清谁向谁报告工作。它能够回答员工提出的这种问题:"我有问题时去找谁?我对谁负责?"每个管理职位在命令链中都有自己的位置,每位管理者为完成自己的职责任务,都要被授予一定的权力。命令统一性原则有助于保持权力链条的连续性。它意味着,一个人应该对一个主管,且只对一个主管直接负责。如果命令链的统一性遭到破坏,一个下属可能就不得不穷于应付多个主管不同命令之间的冲突或陷入优先次序的抉择。

沟通链是组织的要素之四。随着组织规模的扩大,为便于管理,需要设立各个彼此独立的部门。但是组织要成为一个有机整体,部门之间的沟通十分重要。而在实际管理中,各部门之间的沟通往往会遇到很多障碍。许多企业一直在寻找部门之间沟通的方法,如早会、例会、业务调度会等。有一家公司找到了一种极为简便的方法来增进各部门之间的沟通——餐桌沟通法。这家公司是一家通信公司,专门生产配套计算机系统。在 4 年不到的时间内,公司的员工由 11 人增至 425 人。企业的规模不断扩大,5 个职能部门之间的沟通显得越来越重要。而在实际中,各部门之间的沟通存在不少的障碍。有一次,生产部门主管实在难以忍受其他部门的不配合,就对组装一种新型电路耗费工时过多连连抱怨。这引起了公司总裁的注意。时任公司总裁为了解决这位主管的抱怨,专门请来这位主管和一位工程师一起用餐,并在就餐时让他们就如何加快组装的问题进行协商。通过协商他们找到了一种简单的加快组装的办法:只需更换一种更小、更便宜的部件,就能大大缩短工时。受这次用餐协商成果的启发,这位总裁想出了餐桌沟通法,并认为这是**解决实际问题、增进部门间沟通非常**

简便的方法。

沟通链使得高层管理人员切实了解实情，发现各种问题，听取各种意见，采取有效措施，并更加密切上下级的关系，因而能够保证管理不偏离"航线"，保证管理目标的实现。有效的组织沟通制度能够规范组织沟通规则，增强全方位（纵横及内外交错）的组织沟通频次与途径。同时，通过对沟通中不良行为的约束，促进员工行为的一致性，提高组织沟通效率与效果。一个组织的沟通效果决定了管理效率。在企业经营管理过程中，如果能做好组织沟通，对促进企业绩效目标的实现会起到事半功倍的效果。

必须贡献绩效

企业组织的使命就是帮助员工提高绩效，促使员工对企业增加贡献。德鲁克认为，凡是能使人取得成就和作出贡献的组织就是最好的组织。也就是说，组织要能为企业创造高效的运行机制，其目的是调动个体员工服从与服务公司目标，因此合理使用人才是组织能力的基本要求。为了提高公司业绩和执行力，企业管理者越来越重视人才的使用。大量事实证明，单纯关注个体员工使用的管理者并不能保证一个组织高效运行，组织的最大意义是保证人尽其才，要强调组织的整体绩效。

水不凝不滞，能静能动，能急能缓，能柔能刚，能显能潜。管理者应效法水德，通达应变，因人制宜，知人善任，充分发挥每个人的潜力。在这个世界上，每个人的能力和每个地方的需要都是不同的。不同的工作需要不同能力的人，而不同的工作环境也可以培养不同能力的人。作为管理者，把任务分派给最合适的人是最重要的。让合适的人做合适的事，做到人事相宜，是提升组织效率的一项重要原则。一个公司只有做到人尽其才，物尽其用，才能维持上下齐心、同舟共济、兴旺发达的局面。

为了保证人尽其才，企业组织必须建立有效的体制机制。管理者要想使管理卓有成效，就要讲究用人方法。最好的用人方法就是建立一套促使和保证人尽其才的机制，使每个人在透明的规则环境中发挥出最大的能量。体制涉及集权与分权两大问题，在有些企业组织中，高层管理者负责制定所有决策，基层管理人员只管执行高层管理者的指示。另一种情况是，把决策权下放到基层管理人员手中，高层管理者只管结果。前者是高度集权式的组织，而后者则是高度分权式的组织。一般来讲，如果组织的高层管理者不考虑或很少考虑基层人员的意见就决定组织的主要事宜，则这个组织的集权化程度较高。相反，基层人员参与程度越高，或他们越能够自主地作出决策，组织的分权化程度就越高。集权式组织与分权式组织在本质上是不同的。在分权式组织中，采取行动、解决问题的速度较快，更多的人为决策提供建议，所以，员工与那些能够影响他们工作生活的决策者隔阂较少，或几乎没有。在集权式组织中，往往只顾及决策层的人才优化，所以职能管理部门的人才能力很强，优秀人才基本上积聚在上层机构；在分权式组织中，强调把人才放在基层，基层业务单元的人才都配置得很强大。

企业战略决策与其组织结构的集权程度有关，通常取决于企业所处的特殊行业、环境和采用的技术。集权式组织的优点主要有以下几个方面：一是易于协调各职能间的决策；二是对命令链的形式进行了规范，尤其强调一级对一级负责；三是能与企业的目标达成一致；四是危急情况下能进行快速决策；五是有助于实现规模经济；六是比较适用于由外部机构，特别是政府监督部门实施密切监控的企业，因为所有决策都能得以协调。

在互联网技术越来越普及的情况下，分权式管理的趋势比较突出，这与使组织更加灵活和主动作出反应的管理思想是一致的。在大公司中，基层管理人员更贴近生产实际，对有关问题的了解比高层管理者更翔实。如大型零售公司在库存货物的选择上，就对商店管理人员授予了较大的决策权。这使得商店可以更有效地与当地其他商店展开竞争。与之相似，我国银行在一个有限地域内设立一组分行，每个营业点设一名经理，他在所辖各营业点之间可以自由巡视，各个营业点之间的最长距离不过 30 分钟的路程。他对自己辖区内问题的反应远远快于银行总部的高级主管，处理方式也更得当。

正规化是指组织中工作实行标准化的程度。如果一种工作的正规化程度较高，就意味着做这项工作的人对工作内容、工作时间、工作手段没有多大自主权。人们总是期望员工以同样的方式投入工作，以保证稳定一致的产出。在高度正规化的组织中，有明确的工作说明书和繁杂的组织规章制度，对于工作过程有详尽的规定。而正规化程度较低的工作，相对来说工作执行者和日程安排并不是那么僵硬，员工对自己工作的处理许可权比较大。由于个人许可权与组织对员工行为的规定成反比，因此，工作标准化程度越高，员工决定自己工作方式的权力就越小。工作标准化不仅减少了员工选择工作行为的可能性，而且使员工无须考虑其他行为选择。

组织之间或组织内部不同工作之间的正规化程度差别很大。一种极端情况是工作正规化程度很低，如销售工作自由许可权就比较大，他们的推销用语不要求标准划一。在行为约束上，只需要每周提交一次报告，对销售工作和产品提出建议。另一种极端情况是那些处于办公室和财务部等部门的员工。他们必须准时上班，否则会被扣工资，而且他们必须遵守管理人员制定的一系列详尽的规章制度。正规化必须充分考虑不同岗位的实际操作情况，以有利于提高工作效率为原则。

我们认为，组织绩效的实现应建立在个人绩效实现的基础上，但是个人绩效的实现并不一定保证组织就是有绩效的。如果组织绩效按一定的逻辑层层分解到每个工作岗位以及每个员工，只要个人达到了组织的要求，组织绩效就实现了。因此，人尽其才是组织绩效的基础，发挥基层组织的主动性和积极性是组织绩效的核心。同时，我们还必须注意组织战略取向对组织绩效的影响。一般来说，战略取向决定了组织的经营范围、服务的顾客群体及采用的竞争战略，这些将在宏观层面上影响组织的绩效，而组织的战略取向变化又会影响微观层面上的组织结构。

在战略取向方面，成功的企业大体有以下三个特征：一是接近顾客。卓越的组织属于顾客驱动型，其特点就是将顾客视为最重要的利益相关者，而且成功组织的主要价值观是满足顾客的需要。二是快速反应。快速反应意味着卓越的组织对问题和机遇能够作出迅速的反应。这就要求组织在多变的商业环境中，不断对市场环境和组织内部出现的新问题及新机会，快速有效地作出反应，为组织带来发展的新动力。三是焦点清晰。组织需要明确的重点和目标，目标切忌左摇右摆。也就是说，组织战略应有一定的持续性，不要轻率地从自己擅长的业务转到别的业务上。

始终盯着目标

企业组织与自然存在物不一样，它是由人创造的，必须服务于创造者的意志和目的。从这个意义上讲，可以说它是人们为达到一种特定目的而自己创造的一个工具。因此，组织在设计和运营过程中必须始终盯着目标。组织往往只关心目标，不关心个人，或者说只关心与组织目标有关的人。正是从这个层面上讲，组织离开任何个人都是可以存在的，只要它的目标是有效的。

设计组织结构时，首先要解决权利与责任匹配的问题。为此要坚持若干基本原则，比如一个人只能有一个直接上级，这是一个很重要的原则。国内管理当中的一个问题，就是一个人有很多上级，很多上级只有一个下属。如果结构是这么安排的，你就会发现权责分离了。真正有权的就是那个下属，而不再是上级。在很多单位里，一个处有一个部长、三个副部长、一个主管，这个部门谁的权力最大？那个主管。

其次是一定要有分工。分工要从横向和纵向两个方面着手。横向分工主要讲的是职能部门，为了提高组织效率，横向分工不应该有权力，职能部门只能提供专业服务。而纵向分工的各个环节必须拥有权力,因为它们要承担责任。我国企业组织安排中最大的问题是真正有权力的人,恰恰都在横向部门。最有权力的是哪两组人?人力资源总监和财务总监。真正承担绩效的人却没有权力。组织结构决定了企业资源和权力的组合,为此,谁的责任大,给他的权力就要大。

最后,企业是以目标为导向的一种多层次组织结构体系。组织目标是完成使命和组织宗旨的载体,是随着环境、时间以及条件变化不断调整的一张"列车时刻表"。它是组织争取达到的一种未来状态,是开展各项组织活动的依据和动力。每一个企业组织都有自己预期的目的或结果,它代表着一个组织的方向和未来。对组织来说,宗旨是共同目标;对组织成员来说,共同目标是组织需要到达的目的地。

企业组织的目标和企业功能并不是截然对立,而是相互依存的。企业目标只有相对于一定功能,才成其为目标。企业功能只有相对于一定目标,才成其为功能。目标和功能本身的定义也是相对的,在一个复杂的系统结构中,目标和功能是在多重层次上存在的。为实现一定的目标,必须有相应的功能;为保证一定功能的正常发挥,又必须有一系列细小的功能。上一层次的功能相对于下一层次的功能,也就成了目标。但是所有功能必须紧紧围绕目标去行动,这样企业才会有效率。

企业的目标就是要盈利。企业通过什么途径盈利?稍加分析就会发现企业由四大系统,即信息(信息流)、组织(人流)、营销(物流)、财务(资金流)构成。这些系统所具备的功能都必须指向一个方向,即企业目标。当系统功能都围绕企业目标发挥作用时，企业效率就会提升；当系统的部分功能或全部功能偏离目标导向时，企业就会失灵和失控。

企业在进行组织结构设计和安排时，必须以企业目标为导向，以四大系统为基础，结合发展实际，按如下步骤进行。

第一步，选择确定组织结构的基础模式。要求根据企业的目标，选择确定一个典型的组织模式，作为企业组织结构的基础模式。在企业实践中，选择直线职能制和矩阵制结构的较普遍，并且越来越多的企业选择增加弹性模式的相应特征以弥补其基本模式的局限。

第二步，分析确定各子系统目标功能作用担负的工作量。要求根据目标功能系统分析模型，确定企业内部各个子系统目标功能作用担负的工作量。要考虑的变量有二：一是企业的规模；二是企业的行业性质。

第三步，确定职能部门。要求根据企业内部各个子系统的工作量大小和不同子系统之间的关系，确定企业职能管理部门。即把具有关联关系并且工作量不大的子系统的目标功能作用合并起来，由一个职能管理部门作为主承担单位，负责所合并子系统的目标功能作用的工作协调和汇总。把制衡关系的子系统的目标功能作用分别交由不同单位、部门或岗位角色承担。

第四步，平衡工作量。要求对所拟定的各个单位、部门的工作量进行大体的平衡。工作量过大，往往会造成管理跨度过大；工作量过小，往往会造成管理跨度过小。需要通过单位、部门之间的工作量平衡来使管理跨度合理。要注意的一点是：存在制衡关系的子系统，要避免将其目标功能作用划归同一单位承担，即优先保证制衡关系的子系统目标功能作用的分开承担。

第五步，确立下级对口单位、部门或岗位的设置。如果企业下属的子公司、独立公司、分公司规模比较大，上级职能管理部门无法完全承担其相应子系统目标功能作用的工作协调和汇总，就有必要在这个层级设置对口的职能部门或者专员岗位。

第六步，绘制组织结构图。要求直观地勾画出整个企业的单位、部门和岗位之间的关系，以及所承担子系统目标功能作用的相应工作。

第七步，拟定企业系统分析文件。也就是为企业组织结构确立制度规范。企业系统分析文件具体描绘企业内部各个子系统的目标功能作用，该由哪些单位、部门或者岗位具体承担，以及所承担的内容，并对职责和权利进行界定。

第八步，根据企业系统分析文件撰写组织说明书。也就是在组织结构图的基础上，界定各个单位、部门和岗位的具体工作职责、所享有的权利、信息传递路线、资源流转路线等。

第九步，拟定单位、部门和岗位的工作标准。明确界定各个单位、部门和岗位的工作职责、工作目标、工作要求。

第十步，根据企业系统分析文件、组织说明书及单位、部门和岗位工作标准进行工作分析，并撰写工作说明书。除了界定前述内容，还要明确界定任职的条件和资格。

第十一步，就上述文件进行汇总讨论，通过后正式颁布，组织结构调整改造工作完成。

组织效率最大化的手段是专业化水平与等级制度相结合。围绕组织目标，一方面需要强化专业化的能力，无论是管理者、领导者还是基层人员，只有贡献了专业化的水平，才算胜任管理工作；另一方面需要具备明确的分责分权制度，只有职责分工清晰，权力分配明确，等级安排合理，组织结构有序，管理的效能才会有效地发挥。

组织结构要为经营服务

企业组织结构的变化非常剧烈，而且不断在以新形式出现。如果没有这些组织结构，企业几乎什么事情都可能无法办成。竞争使组织结构变得更加灵活多变，技术赋予组织结构全新的运作模式，但是，它们为人们提供的生活结构的稳定性却越来越小。

2009年3月30日，神州数码宣布组织结构调整，新的组织形式是按照行业客户、企业客户、中小企业及个人消费用户将旗下业务拆分为六大战略本部。

原本主要针对中小企业及个人消费用户的海量分销业务细分为三个战略本部：商用战略本部、消费战略本部和供应链服务战略本部。商用战略本部主要面向中小企业，提供产品及解决方案；消费战略本部侧重消费类IT产品的分销与销售；供应链服务战略本部作为前两者的"后勤部门"，主要负责供应链物流管理。

原本主要针对企业客户的服务器、存储等增值分销业务，并入负责网络设备销售的神州数码网络公司，成立新的系统科技战略本部，定位于为国内企业客户提供先进的产品解决方案与增值服务。

原本主要针对行业的 IT 服务业务，拆分为软件服务战略本部和集成服务战略本部。软件服务战略本部主要提供软件产品，集成服务战略本部更侧重硬件，提供端到端的 IT 基础设施服务。

神州数码此次组织结构调整是依照客户需求划分业务结构。在未来的市场中，公司将关注八类业务模式，包括零售、分销、硬件安装、硬件基础设施服务及维护、应用集成、应用开发、IT 规划和流程外包等，并据此构建业务组织结构，形成六大战略本部，以满足客户的全方位需求。

神州数码此次组织结构调整是公司"以客户为中心、以服务为导向"战略转型的一个重要组成部分。此前，神州数码董事长兼总裁郭为在 2007 年制定了向服务转型的战略，他认为此次结构调整即为上述战略转型的延续。

神州数码在 2000 年从联想控股集团拆分出来后，重组整合的动作就一直没有间断。2006 年，为配合公司的新战略，郭为对神州数码进行内部整顿，建立四大虚拟子公司，子公司各自开始向服务转型。之后又根据业务的不同将公司分为三个虚拟架构，分别是负责海量分销的神州数码科技发展公司、负责增值分销的神州数码系统科技公司和负责 IT 服务的神州数码信息技术服务公司。

在发展过程中，没有一家企业能够用一个结构做到底。神州数码组织结构的变革是适应内外条件的变化而进行的。因此，要真正解决组织有效性问题，就一定要看经营环境和内部管理要素有没有改变，尤其是企业的战略有没有随着环境调整。一般来说，引起企业组织结构变革的主要因素可以归纳如下：

组织外部经营环境的改变。组织结构是实现企业战略目标的手段，企业外部环境的变化必将要求企业组织结构做出适应性的调整。我国目前正在进行一系列经济体制改革，以转变企业经营机制，这必然引起企业组织结构的重大变革。

组织本身成长的需要。企业在创建以后，由于外部及自身的原因，必然要成长壮大。例如，小型企业成长为中型企业或大型企业；单一品种企业成长为品种多样的企业；面向国内市场的企业成长为以面向国际市场为主的企业等。企业的这种成长和发展，也必然引领组织结构做出相应的变革。

组织内部条件的变化。组织内部条件的变化主要有：技术条件的变化，例如企业实行技术改造，设备的机械化、自动化水平有很大提高，引起集中控制的要求和技术服务部门的加强；人员条件的变化，例如人员结构和素质变化，影响到组织目标、结构、权力系统、奖罚制度的修正。

管理条件的变化。由于推行各种现代化管理新方法，实行新的人事分配制度，推行劳动力优化组合，要求企业组织结构做出相应的改革。

组织结构的任何变化都要坚持积极慎重的指导思想。千万不要换领导就改变组织结构，要注意保持组织结构的稳定性。稳定的组织结构是应对外部环境变化的最好举措。企业的管理者对组织变革持积极主动态度的同时，还应内外兼顾，谨慎推进，防止因急躁导致决策和执行中的失误。从组织变革的时间和方式来说，有三种基本方式。

改良式变革。这种变革方式一般属于修修补补，小改小革。

例如，为了协调某几个职能部门的关系，新成立一个委员会；为了加强对国际市场的营销工作，从销售部中独立出一个国际经营部等。这是企业经常采用的一种方式。它的优点是能够根据企业当前的实际需要，局部进行变革，阻力较小。缺点主要是缺乏总体规划，头痛医头，脚痛医脚，带有权宜措施的性质。

爆破式变革。这种变革方式是指企业组织结构重大乃至根本性的变更，而且要求变革在较短的时间内完成。这是一种特殊的方式。例如，两家公司合并，上层领导机构重新改组等。必须十分谨慎地使用这种爆破式变革方式。仓促变革常常会导致考虑不周，而且会使许多员工丧失安全感，造成士气低落，影响经营管理，甚至引起对变革的强烈反对。

计划式变革。这种方式是通过对企业组织结构的系统研究，制定较理想的变革方案，然后结合各个时期的工作重点有计划、有步骤地加以实施。这种方式的特点是：有战略目光，适合企业长期发展的要求；组织结构的变革可以与人员培训、管理方法改进同步进行；员工有较长的准备时间，阻力较小。企业要进行较大的组织变革，应当尽量采用这种方式，而避免采用爆破式。

在对企业进行组织变革时，通常要具备如下三项条件：

一是适应性。企业的规模、产品的市场占有率是否产生了内在的调整需求？一般的变革标志是：尽管企业规模扩大、人员增加，但效率提升速度不匹配，企业内部不协调，推诿的事情经常发生，内部工作经常需要上级领导来协调。原有部门、岗位不能适应企业发展和生存的需求，部门经理、岗位人员明显感到工作不知为何为、不知为谁为、视而不见、麻木无为、消极或积极乱为。

二是适时性。适时性主要从如下条件进行考察：企业是否到了不调整就不能取得更好效果的地步；调整或优化是否在恰当的时机进行；是否在适当的提前量（相对于企业管理水准、人员心态、人员素质等）下进行；是否会因为结构调整长时间打乱原来正常的生产经营秩序；是否有助于企业在今后的发展中踏上新的征程；是否能促进快速提升经营业绩、管理水准；是否具有"退半步，进一步或进两步"的效果等。

三是适才性。重点关注人才对组织结构调整的支撑能力，包括：是否有合适的人员或机构来优化调整；是否能广泛发现能为公司所用的人才；是否能最大限度发挥现有人才的作用；是否能发掘现有人才的潜力；是否能引进企业急需的人才等。总之一句话，是否能最大限度地合理使用人力资源。

企业文化须以绩效为导向

20世纪80年代，大内最先提出企业文化的概念，他认为企业文化是进取、守势、灵活性，即确定活动、意见和行为模式的价值观。企业文化这一概念传入我国后在国有企业界火了一阵子，但许多国有企业把企业文化仅仅表现在一些大同小异的口号和标语，或规章制度及企业标志上。随着生产的不断发展，企业管理进入了文化管理阶段。在相对稳定的环境中，传统的观念认为，企业经营追求的是投入—产出，即追求效率的提升。因此，为了能赢在未来，获得好的发展机会，企业必须追求好的绩效，建设高绩效的企业文化，促进企业长期、稳定、健康地发展，实现企业的长期战略目标。

在我国，企业文化常被单纯地认为是思想政治工作或者职工文体活动，没有真正体现出企业员工所追求的价值观、经营理念和企业精神等深厚内涵。近几年来，许多中小企业受到了生存的挑战，而一些大型国有企业长期承受由于创新不足而导致的未来竞争力不足的压力，这和企业文化与企业绩效两相脱节有极大关系。对企业而言，建设独特的组织文化是企业持续发展的关键问题。

以绩效为导向的企业文化对企业发展具有极其重要的意义。我们认为，要实现企业价值观的转变，必须借助组织行为，而绩效管理无疑是保证企业文化顺利成长的有效工具。因此，企业文化要发挥其启发和增强员工自我约束、自我控制的意识和能力的作用，必须建立一套与企业文化核心价值观、使命、愿景相匹配的绩效管理系统，也就是要建立以绩效为导向的企业文化。企业要使绩效管理体系得到顺利实施和有效运行，必须建立一种绩效导向的文化氛围，企业文化对企业经济绩效影响的实现模式是：企业文化—态度—行为—绩效。

在这方面联想是值得学习的榜样。联想的企业文化中有一条就是要求员工"踏踏实实工作，正正当当拿钱"。反映到具体的管理措施上，就是用人不唯学历重能力，不唯资历重业绩，一切凭业绩说话。在人才的选拔和任用上，有一套规范的手段和流程，不是以某个人的主观判断来决定人员的录用和选择，而是在对素质、能力进行综合评价的基础上，把合适的人放在合适的位置上。

企业文化对绩效管理体系的实施有无形的指导、影响作用。反过来，企业文化最终要通过企业绩效管理体系、价值分配体系来发挥其功能。绩效管理有助于在全体员工中形成相对统一的基本价值观的转变，因此企业文化与绩效管理之间是一种相辅相成的关系。

企业文化是企业可持续发展的基本驱动力，而企业竞争力体现在绩效上。加强绩效管理，建设追求高绩效的企业文化，是企业发展的原动力。

完善绩效管理体系，为企业文化建设提供保障。实现绩效流程"计划—反馈辅导—评估—激励应用"的科学管理，能够确保文化建设的过程被有效跟踪、监督、矫正、评估。

制定科学的绩效计划。绩效计划应当围绕企业文化形成统一的目标体系，在与员工进行充分沟通的基础上，设定绩效考核细项，最大限度地实现对员工践行企业文化过程的量化考评。同时，让成员参与目标制定过程，并获得他们对特定目标的承诺，激励他们为实现目标而努力。

有效实施绩效沟通。为了使员工始终明确努力方向，公司应不间断地对员工实施绩效指导与沟通，帮助员工获得完成工作所必需的知识、经验和技能，排除障碍，使绩效目标朝积极的方向发展。沟通应贯穿整个绩效管理的过程。在绩效考核结束后，管理者与下属要面对面地分析产生不同绩效结果的原因，找出各方面的影响因素，从而全方位采取措施改善绩效，这样不但可以使员工在以后的工作中更有目的性，而且可以通过有效的绩效管理发挥激励作用。

企业的中高层管理者应该身体力行，养成主动沟通的好习惯，开展卓有成效的培训，引导管理人员重视沟通，传授一些沟通方面的技巧，消除由于方式不当造成的沟通不畅。不妨学学通用电气前总裁韦尔奇的做法：抽出时间到你"大厦"的建筑现场看看那些辛勤工作的"工人"，慰问一下他们，并适时地传播你的文化，这对搞好工作非常有效。

准确评估绩效结果。借助现有企业文化模型及测量工具对企业文化的模式进行分析，通过测量发掘企业文化所倡导的绩效理念，进而将企业文化渗透到考核主体、指标体系、评价方法、考核周期的选取中，做到考核主体、指标体系、评价方法、考核周期之间相互匹配，从而构建符合企业经营管理实际的绩效评估体系。绩效评估要客观、准确、全面地反映员工的绩效表现，评估结果必须及时反馈给员工，使员工了解自己与目标的差距，以便改进提高；同时，强化沟通对绩效评估者与被评估者的作用，建立完善的绩效申诉制度，力求绩效结果的公正性与透明化。

合理应用绩效结果。绩效结果可用于辅助人事决策，将绩效结果作为员工物质激励、能力发展、职级调整、岗位晋升、人员进出的依据，激励员工在下一个绩效周期继续努力，同时帮助员工提高能力、改善绩效，最终促进企业整体绩效的持续改善。

建立绩效导向的薪酬管理体制。企业应该以绩效为导向，重视个人能力，以个人的实际业绩为基础，将个人能力与企业报酬结合起来，使组织成员处于奋发进取的状态，激励他们不断进步，提高效率，追求高绩效，促成企业绩效目标的实现。合理拉大收入差距，特别是企业管理层与一般员工的收入差距，这样会产生良好的激励作用，但是，要把握好差距的合理度，过大的差距会使员工灰心丧气，看不到希望；过小的差距又起不到预期的激励效果。

鼓励全员全力以赴

在企业管理中经常会出现这样的质疑：员工是应该不假思索地奉命行事，还是应该提出更好、更有效率的工作方法？员工是应该为了得到高薪水而机械地工作，还是必须认同组织的目标？企业文化的主体是企业的老板还是员工？无论是有意还是无意，每个企业的领导者对待员工的方式，以及评价员工行为的标准，其实都是对上述问题的回答。

在渗透了理念和情感的企业文化中，主要的组成因素就是领导者的行动，同时企业文化不仅是企业领导者的思想，也是员工对工作的态度。因此，企业文化应该包括企业的全体员工。企业文化建设中要强调关心人、尊重人、理解人和信任人，这里所说的人就是企业里的人，是一个群体。

企业文化的发起人和倡导者一般是企业的创办者。由此许多人产生了一个认识的误区，即企业文化就是老板文化，只要老板提出就会成为企业文化。深圳富士康公司曾经在较短时间里连续发生多起员工跳楼事件。在发生第 10 跳时，我正在广州参加一个企业文化研讨会，针对企业老板郭台铭自誉为企业文化优秀企业的言论，我提出了如下观点：富士康的员工跳楼问题在于对企业文化的理解出现了重大歪曲。企业文化不能仅仅停留在老板层面、口号层面，企业文化的本质属于企业员工群体的文化认知，一定要把老板的文化认知变成大多数员工的文化认知，并且成为大多数员工潜意识中的指引和力量源泉。我还推定，如果富士康的企业文化观不发生改变，还有可能出现第11跳。不幸言中，不到两个月富士康就出现了第11跳。富士康公司对企业文化的最大误区就是把企业老板的文化认知简单地作为全体员工的文化认知，须知企业文化从老板提出到变成大多数员工共识的过程就是企业文化建设的过程，并不是一经提出就成为企业文化了。

企业文化的发起者往往是企业的高层领导者或创办者。企业文化建设的路径一般是从上到下，即由高层发起并身体力行，然后得到大多数员工的认同和接受，并成为自觉的行动标准。企业文化建设过程还有一个特殊的现象，即由外到内，比如通过口号、文艺演出、郊游活动、早会、制度等逐步内化为意识形态。企业文化单纯地作为"文化"，需要较长时间得到企业员工的认同。

企业文化建设必须坚持的原则如下：一是确保员工认同。企业文化建设的主体是员工，先进的理念只有被大多数员工认同，并成为员工的自觉行动，才会有生命力。要通过树立典型，抓住关键事件，用生动的事例来传播企业文化，多渠道并进。从举办企业文化学习班、征集修改意见、设立宣传栏、编制企业文化手册、开展文化活动、提高服务水平等入手，营造良好的文化氛围，激发员工的企业文化意识，宣传企业文化，争取员工的认同，共同努力，企业文化建设才能取得实效。二是实现经济文化一体化。切忌企业文化建设与企业经营各自为政。三是正确处理继承和发展的关系。要吸收企业发展过程中形成的优秀成果，也要摒弃阻碍企业发展的落后文化，以建设适应新形势的优秀企业文化。

构建企业文化应把握的几个关键环节如下：一是注重理念创新。企业文化要不断创新，既要保持其文化本质，又要不断创新它的表现形式，增添新的文化内容，没有创新的文化就没有创新的技术、创新的管理、创新的服务，企业就会丧失其社会价值。二是注重发挥领导和管理层的表率作用。企业领导应带头践行企业文化，首先要学会运用，其次要讲出道理、说出效果，用自己的言行影响和带动身边的员工。三是注重建立员工成长成才的激励机制。要坚持"育得出、引得进、留得住、用得当"的人才管理机制及"给人以利益，给人以前途"的人才激励导向。四是注重制度在培育以人为本企业文化中的作用。制度建设是企业文化建设科学化、规范化的可靠保证。

企业文化建设大致分为如下阶段。

第一阶段是不自觉（无意识）的文化创造。企业在创立和发展过程中逐渐形成一套行之有效、组织内部广泛认可的组织运营理念或者思想。这一阶段的基本特点就是具有鲜活的个性特征，零散而非系统，在组织内部可能是"未经正式发布或声明的规则"。在这一过程中，企业关注的是发展过程中那些难忘、重大的事件或者案例背后所体现出的文化气质或者精神价值。这些事件或者案例往往是在组织面临巨大利益冲突和矛盾的情境下发生的，这种冲突和矛盾下的企业选择正是企业价值观的具体体现。

第二阶段是自觉的文化提炼与总结。企业经过一段时间的发展，取得一定的市场进步或者成功后，就需要及时总结和提炼企业成功的核心要素有哪些。这些成功要素是组织在一定时期内取得成功的工具和方法，具有可参考或者复制的一般性意义。更加重要的是，企业往往在取得市场成功的同时，吸引了更大范围、更多数量的成员加盟。各种管理理念与工作方法交汇冲突，如果缺乏共同的价值共识企业往往会发生内部离散。这一阶段对企业而言最重要的就是亟待自觉进行一次文化梳理与总结，通过集体的系统思考进行价值观的发掘与讨论，并在共同的使命和愿景引领下确定共同的价值共识。

第三阶段是文化落地执行与冲突管理。日益庞大的组织规模和多元化的员工结构，对文化的传播和价值理念的共享提出了新的挑战，前期总结和提炼的价值理念体系如何得到更大范围内组织成员的认同成为这一阶段最为重要的事情。文化落地与传播的手段和工具不计其数，从实践来看，企业在文化落地阶段应该遵循从易到难、由内而外、循序渐进的原则开展文化落地建设。

企业首先要建设一个打通内外、联系上下的传播平台。所谓打通内外，就是要发挥好文化对内凝聚人心、对外传播形象的作用，既要在内部传播，又要重视对外展示。所谓联系上下，就是要建立一套高层管理者与员工能够平等互动的文化沟通管道。从实践来看这样几个平台是必不可少的：信息交流与沟通、文化案例与杰出人物代表、日常活动建设以及专题活动建设等。

组织在确立自我的价值体系之后，要能有效识别和管理组织内部的价值观。最重要的就是做好人才输入时的价值观甄选、组织内部日常的价值观检测以及员工的价值观培养与矫正三项工作。价值观测评是一个能对人才进行有效甄选的工具和方法，以保证进入的员工在价值观与理念方面与企业具有较强的一致性或较高的匹配度；岗位素质模型也是落实文化理念与价值规范的良好载体。

第四阶段是文化的再造与重塑。文化建设对企业而言是一个没有终极答案的建设过程，关乎企业生存与发展的核心命题，对企业的领导者而言是一个需要不断思考、不断总结、不断否定与肯定的过程。任何阶段性的总结和提炼并不代表企业的经营者掌握了全部真相或绝对真理。

文化建设过程是企业主动进行的从实践到理论，进而理论指导实践的一个过程，文化落地阶段正是理论（总结提炼了的文化思想体系）指导实践的过程。企业文化必须鼓励每位员工——而不只是经理人——对公司的绩效负责，为此，公司必须授权员工和经理人去做更多更独立的决策，并且鼓励他们寻找办法来改善公司的运作及自己的工作。优秀的企业文化能培养员工对所属团队和整个公司产生忠诚感。只有牢牢把握"文化造人"这个核心，重点放在造化人群上，企业文化建设才不会出现大的偏差或失误。

机构越简化越好

如今，很多企业在多年的飞速发展中都患上了"大企业病"，主要表现为过度追求规模、机构臃肿、效率下降、管理不到位等。如果得不到及时有效的根治，患上"大企业病"的企业很可能因此一蹶不振，为此，企业管理者要在保持重要岗位人员不变的基础上对企业进行大刀阔斧的精兵简政。

驰骋于中国家电行业并独领风骚的美的集团在根治"大企业病"上堪称典范。10年前，美的集团董事长何享健就提出要转变美的的经营模式，以利润最大化、投资价值最大化为根本目标，并在管理、经营、市场和区域四个方面进行组织结构调整。

在这场涉及全公司的轰轰烈烈的"精兵简政运动"中，何享健将美的股份公司本部精简为行政管理部、财务部、投资企划部、法务审计部和市场部五块，人员精简至120人，减少了40多人。在职能部门中，只保留了总裁、业务部长、业务经理、办事员这几个层级，比以前至少精简了两个层级。这些措施大大提高了基层的工作效率，并使管理层的决策能够很快传达下去。精简后的美的公司甩掉了庞大的组织结构包袱，很快就显示出了短小精悍的优势。据了解，到目前为止，美的投资的家电项目是投资一个成功一个，从未失手。

其实不仅是美的，很多成功的大企业都会遇到类似的问题，这时就要看管理者是否能站在一个战略的高度上发现并正确解决问题。

联想集团的杨元庆在做出集团改制的重大决定后，仅仅用了2个月时间就将有关电脑的所有职能剥离出来集中在电脑事业部，300多人干的事精简到125人来完成。这场精兵简政成就了联想日后快速发展的组织保证。

飞利浦公司全球总裁兼CEO柯慈雷为了适应市场竞争趋势，

摆脱严重亏损的现状,对飞利浦的组织结构也进行了大刀阔斧的调整,并将相对复杂的多元化部门裁减、重组。最后,飞利浦把一个体态庞大、部门繁多的臃肿机构缩减为 5 个部门,并将涉足的领域集中在医疗保健、时尚生活、核心技术这 3 个行业,集中力量实现效益的最大化。飞利浦的成功瘦身使其在危难关头成功翻身,并为日后的崛起打下了坚实的基础。

美菱集团的张巨声为了提升员工的工作效率和忧患意识,将原来 4 个实体店 27 个部门调减、归并为 12 个,新任部门经理、副经理、车间主任全部实行公司内部招聘,并通过竞聘,按照"能者上、庸者下"的标准进行人员精减。美菱集团还根据市场竞争要求和企业发展趋势对组织结构和薪酬制度进行了改革。改革后,集团结构调整为 3 个管理层、9 个职能部门和 11 个独立核算的业务单位,以市场为中心设置企业运作机构。美菱集团的精兵简政减少了管理层,减轻了人员负担,使得企业能够在以后的发展道路上阔步前进。

由此可见,要想更有效率、更有活力,就必须给企业"减肥"。国内这几年一些"井喷式"发展的企业后来之所以"雪崩式"倒下,除了战略制定上的失误,在战略实施中组织结构调整的严重滞后及现行组织结构本身的缺陷也难辞其咎。不少企业的组织规模、经营领域、产品种类、市场范围等,随着新战略的实施已发生重大改变,而企业的组织结构却变化缓慢甚至一成不变。这种"旧瓶装新酒"的做法,往往使企业的管理无效。其典型的症状包括:过多的管理层级,过多的人参加过多的会议,过多的经理将主要精力用于解决部门间的冲突,控制范围过于宽广,有过多的目标未能实现等。

企业组织结构的调整,并不是为调整而调整,而是要寻找、选择与经营战略相匹配的组织结构,切不可生搬硬套。企业是按产品设置组织结构,还是按职设置组织结构;是按地理区域设置分公司,还是按用户设置分公司;是建立战略事业部制结构,还是采用更为复杂的矩阵制结构,一切必须以与战略相匹配为原则,以提高企业沟通效率、激励员工参与为目标。

在理想的企业结构中,思想既自上而下流动,又自下而上流动。思想在流动中变得更有价值,员工主动参与和对目标的分担比经理的命令更重要。对特定战略或特定类型的企业来说,都应该有一种相对理想的组织结构。尽管特定产业中成功的企业趋向于采用类似的组织结构,但对某一企业适用的组织结构未必一定适用于另一家类似的企业。因此,创建与企业战略相匹配的组织结构是战略顺利实施的重要保障。

企业的组织模式必须符合企业与时俱进的发展要求,以便应对同业竞争和市场现状。公司的组织模式在时效性的基础上,更要能够引领企业走在其他企业前面,并符合时代潮流发展方向。如果组织结构不能引领企业的加速发展,甚至落后于行业发展水平,那么就必须进行调整和变革。

当代企业面临的最大问题之一就是机构臃肿带来的管理成本增加,有时管理成本甚至会超过交易成本。而机构臃肿更会带来另一个问题——公司不能灵活地采取行动。在信息技术不断发展的背景下,已经到开始减少中层管理者人数的时候了,就像发胖的人要控制体重一样,否则就会影响整个身体的健康状况。

2011年以来，我们对249家公司进行了调查，结果表明，成功公司与不成功公司的最大区别在于"单纯与否"。只有单纯的组织才最适合销售复杂的产品。在企业实践中，公司管理层如果较少，就会更多地在实际工作中去解决问题，而不是在办公室里审阅报告。在简单的企业结构和组织形式中，很少的员工就可以完成工作。

精准划分部门和职权

部门划分是根据企业目标任务的需要，把工作和人员分成若干管理单元并组建相应的机构。这是建立企业组织结构的首要环节和基本途径。部门划分的实质，是对管理劳动的分工，即将不同的管理人员安排在不同的管理岗位和部门，通过他们在特定环境和特定相互关系中的管理工作，使整个管理系统有机协调地运转起来。部门划分的过程也是组织结构建立的过程，在这个过程中，应该遵循如下原则：有效达成组织目标，即部门的划分必须以有利于企业组织目标的实现为出发点和归宿；按专业化分工，将相同或相似的职能、产品集中到一个部门；按照现代工作设计的原理，努力使企业组织成员的工作实现扩大化、丰富化，尽可能使其满意自己的工作。遵循以上原则进行部门划分，通过规定各部门的工作内容和上下级的关系来明确权利和责任，有利于整个组织内部的沟通、交流和控制；通过对不同的部门规定不同的政策，可以使其成员根据各自不同的情况，主动、灵活地开展工作。

在实践中，企业组织内部门的划分主要有以下几种方法：

按人数划分部门。这是最古老也是最简便的一种部门划分方法。在一个组织中，因人数较多，为便于管理而进行部门划分，各部门的大小均以人数的多少为标志。这种部门划分的前提是各部门的工作内容完全或大致相同。最典型的是军队中传统的班、排、连、营的划分和学校中某一年级不同班级的划分。一般来说，工作的类似性越强，按人数划分部门才越适用。工作的类似性多存在于组织的基层，而越到组织的高层，工作的类似性越弱，因此，按人数划分多适用于基层。

按职能划分部门。这是许多组织广泛采用的一种方法。它是根据产业专业化的原则，以工作或任务的性质为基础划分部门。例如，在工业企业内就可以划分为技术部门、营销部门、财务部门等。按职能划分部门有许多优点：一是按职能划分活动类型从而设立部门是最自然、最方便、最符合逻辑的方法，有利于强化各项职能；二是符合业务专业化的原则，能提高职能部门的专业化程度，有利于提高工作效率；三是有利于强化专业权力的集中，有利于专业人员的培训和交流，有利于领导者加强对组织整体活动的控制。

按业务（产品）划分部门。随着组织规模的扩大和组织业务的多样化，有必要按业务分工对组织进行改组，根据业务（产品）来划分部门。这种部门划分方法适用于业务有差别的组织，能使组织多元化经营和专业化经营结合起来。当然，这种部门划分方法由于组织总部和各分部中的职能部门可能重叠而导致管理费用的增加，并且由于各部门的负责人具有较大的决策权，可能会过分强调本部门的利益而影响组织的统一指挥。

按地区划分部门。对于业务空间范围很广的组织,把一个特定地区的业务活动集中起来形成一个部门,有利于各部门根据各地区的社会文化特点来开展业务;同时可以减少费用;还可以通过分权给各部门,调动各部门的积极性,改善各部门内各种活动的协调难度。

按工艺流程划分部门。这是许多生产型企业组织科学管理的一个重要措施,它是按照生产技术工艺特点把完成任务的过程分解成若干阶段,按各阶段来划分部门。这种划分部门的方法最符合专业化的原则,可充分利用专业技术和特殊技能,提高设备利用率,简化培训,提高工作效率。当然,这要求最高领导者严格控制、加强协调,因为一旦衔接出现问题,将直接影响组织整体活动过程。因此,各部门的工作要同步进行,整个组织要建立起具有良好的监督、沟通、反馈、指挥、控制和协调功能的系统。

按服务对象划分部门。在社会生活中,许多组织为了满足不同顾客的需要而提供不同的服务,因为不同的服务对象对服务的内容、质量与价格有不同的要求。为了提高工作效率,可以按服务对象的不同来划分部门,这有利于更好地满足不同服务对象的各种特殊要求,有利于提高工作效率、减少培训费用。

按时间的不同划分部门。在一些需要不间断工作的组织中,常常按照时间来划分部门,如轮班作业的组织。这种部门划分方法有利于提高设备的利用率,组织的安排既简便又易于操作。

此外,还有其他许多划分部门的方法,如按产品销售渠道划分部门等。在更多的情况下,常常采用混合的方法来划分部门,即在一个组织中或在同一组织层级上同时采用几种不同的部门划分方法。随着组织规模的扩大、企业业务的不断扩展,只有这种混合划分的方法才有利于更好地实现组织目标。

要善于结合企业实际适度减少职能部门的数量和权力。职能部门如果太多干涉业务部门,势必造成业务部门的不满,影响员工的心情。合理定位职能部门的职责,一定程度地弱化职能部门的权力,开发通畅的沟通渠道,有利于企业内部的竞争环境和绩效考核的公平性。职能部门权力过大会造成办公室政治,这是人力资源管理中最头疼的问题,缺乏监督的绩效考核不利于发展良性的办公室文化。

要保持扁平迅速

一般情况下,在企业组织职能设计完成后,就可以进行组织结构的安排。组织结构的内容包括纵向层次结构、横向部门结构和组织体制,基本要求就是保持扁平迅速。

纵向层次结构。企业组织结构中的纵向层次一般有三个,即高、中、基三层管理职位。高层管理职位负责制定组织的总目标及实现目标的方针政策;中层管理职位负责根据组织总目标制定具体目标,执行上级的政策,协调下级的活动;基层管理职位则负责落实上级的各项决定、政策,协调本单位的工作,因地制宜地开展活动。

横向部门结构。企业组织结构中的横向部门结构包括五个部分,即决策机构、执行机构、参谋机构、监督机构和反馈机构。

在组织的运行中,这些机构相互联系,形成一个系统,使管理活动成为一个不断更新的连续完整过程。

组织体制。企业组织体制是组织结构中各层次、各部门之间组织管理关系化的一种表现形式,一般有首长制、委员会制、等级制、职能制、集权制和分权制等形式。科学合理的组织结构和体制可以协调组织内的人际关系,充分调动组织成员的积极性、创造性,提高企业组织的整体效率与效益。

企业组织结构的形式是组织结构设置的具体模式。组织职能设计完成后,通过组织纵向结构设计解决了层次划分问题,建立起领导隶属关系;通过组织横向结构设计解决了部门划分问题,建立起分工协作关系;然后通过明确机构、职位、职权、职责之间的相互关系形成不同类型的组织体制。

企业在进行组织结构安排时,要重视行政隶属关系的安排。通过企业内部的部门设置、岗位设置以及它们的隶属关系,明确上级是谁,下属是谁,谁是领导者,谁是被领导者。它体现的是一种传统的管理思想:领导者在控制一切,推动一切,承担一切。现在,它的负面作用已经十分明显。实际上,企业管理是一个整体,接收订单→生产计划→采购物料→入仓发料→车间加工→成品出货是一个完整的链条,不可割裂,不可独立,前后左右影响之深,牵制之大,远胜过上下之间的关系。相互关联促使我们改变管理思维,将注意力从关注上下之间的控制转向前后左右之间的控制。

许多中小企业恰恰是在这个地方犯了错。企业组织没有在部门间、岗位间形成相互制约、相互支持的流程关系,导致很多问题不能在平行部门间、岗位间得到沟通、协调与处理,而要借助领导者的力量来解决,但领导者管事的结果往往是粗而不细,管而不控,强势而不强效,导致很多规定不能有效落实。有些企业也成立了计划发展部,但并没有发挥经营管理的统筹作用,虽然制定了计划,部门和车间却根本不按计划走,自己想怎么做就怎么做,物控员制定了物料需求计划,但采购员可以不按进度执行。为什么?因为你不是他的上级。他们只认人,不认制度。这也就是企业制定了完善的制度、流程,但这些文件、制度难以有效执行的原因。

要使企业管理细节受控,就必须进行企业流程再造。除了流程的细化与完善,更重要的是要对企业的职能进行重新分配,同时,要在企业中导入一种冲突与博弈文化,在部门间建立起控制与被控制、管理与被管理的关系,让"人人都管事,事事有人管"成为可能,使任何一件事都接受三方制约。只有这样,才能加强部门间的工作协作,使工作落到实处。

优化企业组织结构要注意两个关键点:一是权利与责任匹配;二是岗位与职能分工。优化企业组织结构的基本原则是精简、统一、自主、高效。

精简是指企业各类机构的组建应同企业的经营规模和经营任务相适应,精简管理层级,压缩管理人员编制。因此,企业要在服从经营需要的前提下,因事设机构、设职,因职用人,尽量减少不必要的机构和人员,力求精兵简政,以达到组织结构设置的合理化,提高工作效率。同时,还要求企业各级机构具有明确的职责范围、权限,以及相互间的协作关系;具有健全和完善的信息沟通渠道；制定合理的奖惩制度，以有利于员工发挥主动性和积极性，全力投身工作。

统一是指企业的各部门、各环节必须是一个有机结合的统一组织体系。在这个组织体系中，各层级的机构形成一条职责、权限分明的等级链，不得越级指挥与管理。实行这种指挥的优点是：谁命令、谁执行都很清楚，执行者负执行的责任，指挥者负指挥的责任，自上而下地逐级负责，层层负责，保证经营任务的顺利进行。

自主是指企业等级链上的各部门、环节、机构都在各自的职责和权限范围内，独立自主地履行职能，充分发挥各级机构的主动性和积极性，提高管理工作的效率。上级对下级在其职权范围内做出的决定不能随意否定。由此可见，自主原则是统一领导和分级管理、原则性与灵活性相结合的要求。

效率是建立组织结构必须遵循的根本原则，是验证组织结构合理与否的准绳。组织结构必须以完成经营目标和任务为准绳，必须具有管理工作的高效率和经营的高效益。因此，必须讲求科学分工，明确职责，实行责、权、利的统一，以提高管理效率和全员劳动效率。

上述各项原则是企业建立健全组织结构时应当遵循的基本原则。但是每个企业在具体实践中，要根据本企业的具体情况和特点有所侧重；同时，还要正确处理相互之间的一些关系，如统一指挥与分级管理、集权与分权、综合管理与专业管理、领导者与被领导者的关系等。

从我国企业管理的实际来看，企业组织结构发展呈现出新的趋势，其特点是：重心两极化；外形扁平化；运作柔性化；结构动态化。团队组织、动态联盟、虚拟企业等新型组织结构形式相继涌现，具有这些特点的新型组织结构形态具体如下。

横向型组织。横向型组织结构弱化了纵向的层级，打破了刻板的部门边界，注重横向的合作与协调。其特点是：组织结构是围绕工作流程而不是部门职能建立的，传统的部门界限被打破；减少了纵向的组织层级，使组织结构扁平化；管理者更多地授权给较低层级的员工，重视运用自我管理的团队形式；体现顾客和市场导向，围绕顾客和市场的需求，组织工作流程，建立相应的横向联系。

无边界组织。这种组织结构寻求的是削减命令链，成员的等级秩序降到最低点，拥有无限的控制跨度，取消各种职能部门，取而代之的是授权的工作团队。无边界是指打破企业内部和外部边界。打破企业内部边界主要是在企业内部形成多功能团队，代替传统上割裂开来的职能部门；打破企业外部边界则是与外部的供应商、客户包括竞争对手进行战略合作，建立合作联盟。

企业组织的网络化和虚拟化。无边界组织和虚拟组织是组织网络化和虚拟化的具体形式，企业组织的虚拟化既可以是虚拟经营，也可以是虚拟办公空间。

企业组织设计与职能配置是一个动态的过程，也就是说，对于管理者来说不是一劳永逸的。随着管理条件和环境的变化，企业组织结构和规则制度等必须相应地进行变革和调整。因此，管理者必须承担企业组织改革甚至再组织的职能。

第八章

领导：原则性与灵活性的统一

领导者和管理者都是在组织中拥有权力的个体，在企业中都处在举足轻重的位置，随着管理环境的变化，管理者向领导者转型正成为趋势。领导是管理工作中唯一以个人为对象的，为此，领导必须做到原则性与灵活性统一，才能提高领导行为的有效性。

服务是领导的核心

领导是管理领域一种基础性管理方式。组织一切规模较大的直接生产经营活动，都或多或少地需要指挥，以协调个人的行动，并执行生产总体的运动，就像一个乐队需要一个乐队指挥一样。领导就是合群共事、率众达标、协力创业的实践过程。它决定做什么事是正确的，并使别人把正确的事情办成。在企业中，领导职能的核心就是服务，就是为企业创造绩效提供服务。

领导是一种有目的的社会行为。一个流落到荒岛的人，尽管为了生存而进行各种自觉活动，但并不涉及与他人进行协调，是孤立的行动，不具有社会性，因而也就不存在领导行为。领导是一种动态、有序的行为过程，具有有序性和过程性。领导不是简单地发号施令，而是一种复杂有序的行为过程，具体包括：研究现状，确立目标；收集信息，准备方案；分析方案，制定决策；组织机构，知人善任；实施方案，进行评估等环节。同时，领导活动受到领导者、被领导者、客观环境等多种因素的影响和制约，是各种因素相互影响、相互作用的动态过程。

领导是高层次的管理活动。就像乐队指挥并不是对每个演奏者进行个别细琐的指导，而是就整个乐队进行总体行为控制一样，领导活动就是把整体的意志集中到指挥者身上，并由他在总体上组织群体成员协调运作。因此，领导活动与一般管理活动不同，领导着眼于全局、基础和长远，侧重于谋划和决断；管理则着眼于局部、策略和眼前，侧重于执行与落实。领导具有管理的一般属性，但又高于管理。

各类领导活动既有各自不同的特殊职能，又有共同的基本职能。各类领导活动存在于各不相同的领域和层次，各具特点。我们这里重点讨论领导活动的共同基本职能。

在决策方面。决策是领导者的基本职责，提高决策质量要求领导者必须善于提炼、归纳、总结，也就是要具备较强的概括能力。如果有 10 个决策方案提交领导者选择，高明的领导者往往不会选定其中之一，而是提炼 10 个方案的精华，将每个方案的独到之处归纳起来，加以整合，再造一个高于原有 10 个方案的更为理想的决策方案。这样做既能吸纳所有的好思想、好观点，使选定的决策方案真正是集体智慧的结晶，又能避免制定方案者因为落选而产生失败感、挫折感，让他们看到最后的方案中有自己的贡献而感到自己也参与了。当然，这还有利于集体决策被更多的人接受，有利于集体决策更好地贯彻落实。所以，概括能力是领导者的基本功。领导决策一般采取"听多数人的意见，与少数人商议，然后拍板定案"的过程。决策的内容一般包括做什么事（定方向）、把事做到什么程度（定数量）、谁去做（定责任人）、什么时间做（定时机）、从什么角度做（定价值）、按什么顺序做（定次序）六大方面。

在用人方面。用人是一门艺术，闪现着领导者的智慧之光，往往成为领导过程的神来之笔。知人善用是用人之本，不浪费一个人才、不误用一个庸才也许过于理想化，但把合适的人用到合适的位置却是基本功。这一点汉高祖刘邦的心得最深，"夫运筹帷幄之中，决胜千里之外，吾不如子房；镇国家，抚百姓，给馈饷，不绝粮道，吾不如萧何；连百万之众，战必胜，攻必取，吾不如韩信。三者皆人杰，吾能用之，此吾所以取天下者也"。从刘邦得意洋洋的炫耀中不难看出，对张良、萧何、韩信三人的知人善用是刘邦的制胜法宝，刘邦一生的经典之作就是用对人、用好人、用活人，成功的管理者概莫如是。

在战略方面。所谓战略,通常就是指决定全局性、方向性、根本性、长远性事项的设想与谋划。柳传志曾说,企业家要有长远战略,就是吃着碗里的看着锅里的,像开汽车一样,用拐大弯的方式应对未来。柳传志所做的最精彩的事情,是以"拐大弯"的策略用整整 8 年的时间解决了联想的股份制改造问题。这并不是一件简单的事情,有多少与柳传志同时创业的企业家,才能并不逊于他,却最终在这个问题上折戟。因此,制定战略是领导工作最主要和最基本的职能之一,越是高层领导者越是如此。制定战略,首先要把握大系统的目标方向;其次要查清子系统的实际条件;最后要认清市场形势的客观要求。在此基础上分解目标,研究措施,统筹兼顾,制定规划。领导者必须有战略性思维,基本要求就是"站得高,看得远,熬得住",这三个要求同时具备才叫战略性思维。

在组织结构方面。为了保证战略目标的实现和总体任务的完成,无论哪种类型的企业,都必须组建一套科学、合理、有效的组织结构。职责清楚、分工明确、相互配合、协调一致、便于指挥和管理的组织结构,是领导工作存在的前提和赖以进行的载体,包括纵向层次结构和横向部门结构等。领导工作通过组织结构实施指挥协调的职能。设计和安排组织结构是领导者的重要任务。

在建制度方面。要使各个机构协调一致地正常运转,必须建立一套科学、合理、完善的制度与规则,作为全体人员的行为规范和准则。科学合理的制度与规则,应该是一套相互配合、结构严密的网络系统,不给不法之徒留有任何可乘的空隙。既然是面向全体人员的，就必须坚持"制度面前人人平等"的原则。规制是否能发挥其应有的作用，关键在于是否科学合理，是否能排除干扰，严格贯彻执行，真正做到"有法必依，执法必严，违法必究"。其中关键是有关领导者和执法者对规制的认识和态度，尤其是能否严肃、认真、坚定地顶住来自各方面的冲击和人情等的干扰。否则，条文再好也只能是一纸空文。领导者是企业制度的发起人、组织者和守护者，所有制度领导者都必须全力执行。

在企业发展过程中，领导方式经常发生改变。小型企业和创业企业在创业初期，领导方式的共同特点就是凭借个人的知识、经验和智慧等，发挥领导才能，即经验型领导。随着规模扩大和逐步进入成长、成熟阶段，企业不仅规模大、分工细、联系广、发展快、功能多，而且结构复杂，因素多变，往往"牵一发而动全身"，因一两个环节不慎失误而祸及全局。仅凭传统的经验型领导越来越不够，现代集体的科学领导成为必然趋势。

领导是管理行为的转型

领导与管理有着密切的联系，同时又有明显的区别，而且随着企业组织化程度提高，领导与管理的区别更加明显。准确地区别二者的特征，对做好领导工作和管理工作具有重要的意义。我们认为，领导是从管理职能中分化出来的相对独立的管理行为，与其具有不同的功能和特点。二者的高度统一和密切配合是提升企业效率的保证。

领导与管理具有高度的互补性、相容性和复合性。首先，在企业组织中,领导活动的目标只有通过有效的管理才能实现,而管理也只有在正确的领导下才能产生效益;其次,企业负责人常常是双重身份,既从事领导工作也承担管理工作,对上级他以管理者的角色出现,对下级他以领导者的角色出现。对于企业无论是领导不力还是管理不力,都会产生严重的后果,因此,两种行为和职能的分工与合作是企业取得成功的必备条件。

领导与管理也有着本质的差别,随着社会化程度的提高,这种差别将会越来越大,只有深刻理解这种差别,才能真正达到加强领导和强化管理的目的。领导与管理的差别表现在许多方面,它们的任务、职能和作用是不同的。作为管理活动的主体,领导者和管理者处事待人的风格以及眼光、胆略也是不同的,两者的区别主要表现在以下几个方面。

在工作范围方面。首先,从领导者方面来说,领导者提供的是方向性的东西,需要从宏观上把握企业的发展方向,为企业制定长期规划,而且要时刻思考如何打破固有秩序,不断创新,通过创新活动来进行组织变革。领导者要解决的是企业发展中的根本性问题,同时要对企业的未来进行一定程度的预测。总的来说,其工作具有概括性、创新性、前瞻性。其次,从管理者方面来说,管理者要做的是具体化的东西,需要在已有规划指导下做好细部工作,为企业日常工作作出贡献。管理者要研究的不是变革,而是如何维持目前的良好状态,因此,有时管理者会进行一些重复性的工作。管理者对待问题不需要过分追本溯源,他们要做的是将已出现的问题很好地解决。总的来说,其工作具有具体性、重复性、现实性。

在自身素质方面。领导者在活动中主要运用的是个人魅力，好的领导者用个人魅力影响其下属，使他们愿意听从领导者，遵照领导者所说的去做。管理者似乎更倾向于运用组织上赋予的权力去做事，管理者用权力树立威严，让下级惧怕，不得不听从其指挥，按其指示去做事。领导者要求做正确的事情，知道如何做，有关于任务的愿望，习惯从外向内看事情，喜欢深入第一线，对生活充满热情，靠目标驱动，关注对的事情。管理者要求正确地做事情，知道做什么，有关于任务的看法，习惯从里向外看世界，喜欢得过且过，行动保守，靠约束驱动。领导者积极、大胆，具有开拓创新精神，喜欢讨论且性格随和，善于搞好人际关系、安抚员工，认为工作是一种乐趣，对待工作主观性较强。管理者相对于领导者而言较为保守、冷静，喜欢守成多于开拓，独立自主性较强，与员工划清界限，把工作看做完成任务的过程，为工作而工作，工作似乎成为一种生活状态，对待工作冷静、理智、客观，随意性较少。好的管理者是可以通过学习培养出来的，而好的领导者更倾向于天生的。

在工作侧重点方面。领导者看重的是结果是否符合他的预期，不过多关注过程。而管理者强调的是完成目标的过程是否符合要求、有无偏差。领导与管理虽然都对效率和效益有追求，但手段不同。领导者通过人与文化运作，因此是柔和而温暖的，管理者则以阶层和系统运作为主，所以是刚硬而冷酷的；领导者关注人，管理者关注生产；领导者提出问题，管理者解决问题；领导者强调有机的情感而非逻辑，管理者强调机械的效率逻辑。

在工作方法方面。领导者工作较为随意，灵活性强，不按常理出牌，工作方法与领导者的个性有很大关系，强调较强的艺术性。管理者以冷酷无情的形象示人，把规章奉为信条，更具客观性和科学性。领导者在下属犯错时可以法外开恩，管理者却遵章办事；领导者倾向于运用激励，通过调动组织成员的积极性来达到目的，管理者倾向于运用控制，按照给定的条件和预定的目标，对受控对象施加主动影响。

  韦尔奇告诫我们："要领导，不要管理。"这句话通俗地理解就是要像领导一样去管理，这是值得我们重视的理念。韦尔奇为了实现他对通用电气的领导，顶着巨大的压力对企业进行了大规模改造，同时身体力行地与中高层管理者沟通，培养良好通畅的交流氛围。韦尔奇对自己工作的描述是：分配资源、金钱与观念，开发员工潜能，砸碎束缚他们的脚镣。

  由此可见，领导与管理的区别是深刻而广泛的。领导具有务虚性，注重目标和方向；管理具有务实性，注重贯彻和落实。领导具有全局性，注重整个组织和社会的利益；管理具有局部性，注重某一局部和某项工作的利益。领导具有超脱性，不管具体事务；管理具有操作性，必须事无巨细。领导具有战略性，注重组织长期和宏观目标；管理具有战术性，注重短期和具体任务的完成。领导的功能是推进变革，管理的功能是维持秩序。领导者善于激发下属创新，管理者习惯告诉下属按部就班；领导者乐于追求风险，管理者往往回避风险；领导者富于感情，管理者注重平衡；领导者善于授权和扩张，管理者乐于限定和控制；领导者善于思考并产生新的思想，管理者善于行动并进行新的验证性实践。

美国著名学者史蒂芬·柯维曾形象地做了这样一个比喻：一群工人在丛林里清除低矮灌木，他们是生产者，解决的是实际问题。管理者在他们的后面拟定政策，引进技术，确定工作进程和补贴计划。领导者则爬上最高的那棵树，巡视全貌，然后大声嚷道："不是这块丛林。"韦尔奇也以其丰富的领导实践和人生感悟，形象地指出："把梯子正确地靠在墙上是管理的职责，领导的作用在于保证梯子靠在正确的墙上。"这种描述十分形象地揭示了领导与管理之间的差异。

在实践中清晰地区分领导与管理的差异，并正确地判定负责人在某一项工作或某一个岗位上是领导者还是管理者，有着十分重要的现实意义。因为不同的角色定位，决定了不同角色的思想方法和行为方式，而不同的思想方法和行为方式对领导环境中的其他人员将产生重要影响。当以领导者的身份出现时，必须学会高瞻远瞩、宣传动员、引航导向；必须学会给人们确定目标；必须学会以全局的眼光观察和处理各种问题。当以管理者的身份出现时，则必须学会脚踏实地、贯彻落实、周密仔细；必须学会按部就班、一步一个脚印地做事。一个领导者如果不能始终清醒地知道自己该做什么，那么可能是该做的事没有做、不去做，不该做的事情却乐此不疲，结果什么工作都没有做好，自然这样的领导者也当不好领导者。

管理者向领导者转换

在我国企业的实践中，普遍存在领导不足的现象，为了提高管理效率，必须大力推进管理者向领导者的角色转换。管理者向领导者转换，主要从如下六个方向着力。

从专才向通才转换。要想具备领导企业的能力，管理者需要从专才变成通才，即要对各个职能部门都有足够的了解。所谓足够，主要体现在：必须能够做出有利于全局的决定；必须能够分门别类地评估人才。为此，作为领导者要了解财务、营销、运营、人力和研发这些部门解决业务问题的不同方式，了解每个部门使用的管理工具。领导者要通晓各个部门的语言，并在必要时为他们翻译。领导者必须懂得提出正确的问题，了解正确的人才评估和招聘方法，知道如何管理自己不擅长的领域。领导者还要善于通过直接投入，在每个部门建立起标准化的评估体系，确保新领导者更快掌握局面。如果公司没有这类系统，聪明的领导者可以与其他部门、同事建立起关系，从中学到有用的洞见，从而开发出自己的模板。

从辨析者向整合者转换。管理者的主要职责是专注于具体业务的分析，而领导者的职责是领导和统筹职能部门中的各种知识、解决重要的组织问题。因此，领导者要让自己变成对各类知识都懂一点的通才，这样才能解决相互冲突的问题。但是，只有分析能力远远不够，还要知道如何做取舍，就自己的决定给出合理的解释。领导者除了切实做出决定之外没有其他退路，只能从结果中去吸取经验教训。

从战术家向战略家转换。领导者角色的一个核心要求是具有战略意识和战略性思维。要做到这一点，他需要忽略细枝末节，把思想和时间都解放出来，用于关注更高级别的事务。曾以战术见长的管理者锤炼战略性思维需要培养三种技能：水平切换能力、模式识别能力以及思维模拟能力。水平切换能力是能从容地在不同分析层面之间来回切换的能力，即知道何时关注细节、何时关注大局，以及二者之间的关系；模式识别能力是在一项复杂业务中，能区分出偶然联系和重要模式，即把有用信号和无用噪声区分开来；思维模拟能力是能够预料到外部各方（竞争对手、监管者、媒体、公众）对你的行为作何反应，通过预测他们的行动和反应，找到最佳的应对办法。领导者培养的一个悖论就是，那些能够晋升到高层的人往往都擅长实战，而具备战略性思维的人在基层时往往不得志，因为他们不太关注细节。如果公司不通过制定一些明确的政策，在早期就发现并在一定程度上保护这些人才，这些人用不了多久就会被排挤出晋升通道。

从管事向管人转换。管理是把事情做好做快的科学，而领导是取得人心、带领团队完成任务的艺术。一些管理者作为领导者表现不太好，这是很常见的现象。作为管理者，成功与否完全取决于自己，你的表现以及为公司所作的贡献足以决定事业的成败。但是作为领导者，决定你是否成功的因素变了，变成是否能够有效组织、驱动和帮助其他人完成任务。必须让那些为你工作的人变得更聪明、更能干和更勇敢。你所做的任何事都不再是一个人的事，必须培养和支持所领导的团队，帮助团队成员建立自信。换句话说，作为领导者，你的成功并不取决于做了什么，而是和整个团队所取得的成绩息息相关。这是一个巨大的转变，毫无疑问也是非常艰难的一次转变。为此，领导者必须关心下属，发自内心地去关心每一位员工的工作表现和进展。向下属传递对他们的评价,这并不仅限于年中和年底的业绩考核,还包括在每一次会议、演示和拜访客户之后与他们沟通。要利用每一个重要的机会教育指导手下的员工,告诉他们你对其工作表现以及争取上进方式的评价。你的所作所为会影响身边的每一个人。

从被动者向主动者转换。很多管理者具有高超的问题解决能力,但作为领导者不应满足于仅仅扮演被动救火者的角色,而要把更多的精力放在组织应该解决的问题上,即主动发现火情。要做到这些,领导者对业务面临的全部机会和威胁都要做到洞若观火,然后将团队注意力聚焦到最重要的事情上,所谓好钢用在刀刃上。还要能发现"空白地带",即那些无法清晰归入任何一个部门,但对业务至关重要的事情,比如一些例外事项。

从践行者向倡导者转换。从某种程度上说,各级管理者都扮演着榜样的角色,但作为领导者,影响力将会被放大,因为无数双眼睛紧盯着,希望从领导者那里寻找愿景、灵感和关于"正确"行为及做事态度的线索。不论好坏,领导者的个人风格甚至怪癖均具有感染力(不论是员工直接观察到的,还是通过领导者发布指令传递出去的)。这种感染力不可避免。但是,领导者可以通过控制言行,使得这一影响不过分随意,比如花一些时间去了解下属的想法等。

管理者转变为领导者的基础是要了解自己。要善于真诚坦率地检讨自己的缺点和偏见,正视自己好的一面与不足的地方,发现自己的能与不能。既不要掩盖自己的错误,也不沉迷于毫无意义的自责,公正、不带偏见地正视自己。人们表现出的其实并不总是真实的一面,都戴着面具,表现得像别人希望的那样,总是做一些自己并不愿意做的事。一段时间以后就会失去自我，失去特点。在企业工作一段时间后，人们会变得与身边的同事越来越像，越来越远离真实的自己。回归自我是领导者至关重要的能力，要善于跳出长时间工作留下的思维模式的烙印。既然一个人今天的想法是其过去的产物，那么就更应该跳出这种思维模式，更好更合理地思考。最后，要明确到底变成什么样的领导者。这需要彻底思考，包括完全切割与过去的联系。要求深刻反省：一个人是、要成为，以及一个人要成为、实际上能够成为什么样的领导。

必须再次强调，管理者向领导者转换的核心是角色的转变。当你作为管理者时，主要任务是管事，即把事情做好；而作为领导者时，必须通过别人把事情做好，引导企业成员发挥各自的才能和潜力，为实现企业目标作出贡献。

牛根生的领导力

蒙牛创业成功可以说是一个奇迹。1999—2007年，蒙牛以每年平均365％的速度飞速增长，在香港上市之后，其股票市值迅猛上涨，创造出数名亿万富翁、数十名千万富翁和数百名百万富翁。纵观蒙牛的发展过程，必须思索两个问题：蒙牛成功最重要的原因是什么？牛根生对蒙牛所产生影响力的源泉又是什么？

有一次，北京大学高级管理人员工商管理硕士（EMBA）的部分同学到呼和浩特对蒙牛公司进行实地考察，并与牛根生进行了面对面交流。当问到蒙牛公司成功的秘诀时，牛根生简要总结出三点：第一，蒙牛的发展离不开国家经济发展的最好时机（天时）；第二，蒙牛地处内蒙古自治区，是发展奶制品的最佳地方（地利）；第三，蒙牛聚集了一批聪明能干、事业心强的人才（人和）。

《孙子兵法》说，上下同欲者胜。天时、地利、人和，关键在于人和。牛根生在经营蒙牛的 10 年中，最伟大的成就是他对同事下属所产生的巨大影响力和亲和力，乃至 100 多名原伊利经理和员工跳槽到蒙牛。领导力不等同于权力，领导力就是影响力。拥有权力者往往通过法律制度和行政安排对下属发号施令，不管你是否心甘情愿。而影响力与权力最根本的区别是领导者通过自己的行为、思想、品格和魅力去感染、激励、影响下属的行为、理念、态度，并使其自觉自愿地达成组织的目标。牛根生身上的影响力就具备这个特点。

那么牛根生的影响力的源泉是什么？随着时间的推移，社会对牛根生的认知越来越深刻。总体来讲，牛根生的影响力主要来源于三个方面。

一是超前的思想意识和超人的聪明智慧。有思想的人具有很大的内在感染力，视野宽阔、眼界高明、思维睿智的人总是受到同事和下属的敬佩，往往能够在危急时刻做出正确的决策。古今中外，有思想的伟人身后往往有成千上万的追随者。牛根生在创业的过程中能够及时把握中国和世界乳制品业的发展趋势，提出蒙牛未来发展的各种大胆设想，制定出"先建市场，后建工厂"的经营战略，其"大胜靠德，大智靠学，大牌靠创"的哲学思想，对蒙牛吸引优秀人才起了巨大作用，蒙牛的突出业绩由此很快为全国所瞩目。

二是专业知识的力量。领导者掌握专业知识的程度对下属也有巨大的影响力。我们所熟悉的著名医生、教授、工程师、科学家、企业家等，都会给下属从内心带来巨大的影响力，因为人们都愿意相信专家的指点和观点。牛根生出身贫寒，早期就与牛结缘，父亲养牛送奶38年。他在1999年创办蒙牛时已在伊利工作10多年，积累了十分宝贵的经验，对中国乃至世界乳业的特征、内涵、竞争特点、规律摸得清清楚楚。创办蒙牛之后，牛根生又不断走访国内外几十家著名奶制品企业，对世界乳业的发展趋势、技术含量、产品性能、营养成分等均有深刻的体会和独特的理解。专业知识是牛根生对下属产生重大影响力的源泉。

三是卓越的品格和品质。一个人的品格魅力涉及诚实、正直、坚忍不拔的毅力、尽职尽责的精神、换位思考的态度、宽容仁爱的胸怀、勇担责任的境界等。领导者的这些品质是下属追随的重要原因。牛根生身上有很多突出的品格和品质，他生性好强，不屈不挠，勇敢顽强，坚忍不拔，"敢想、敢干、敢探索"。牛根生对下属十分关爱，因为牛根生的人生哲学是"散财聚人，财聚人散"。在伊利和蒙牛的经历中，牛根生出手大方，多次为生活上困难的同事解囊相助，他的行为感染、激励了大批下属。

最后，必须认识到，牛根生的思想、知识和品格与他多年从事乳业工作的丰富实践经验和复杂的个人家庭经历有密切关系。可以说，没有牛根生小时候的苦难经历，没有十几年伊利工作所带来的丰富工作经验和磨炼，就没有蒙牛创业的成功。

牛根生成功创办企业的关键就在于他的影响力，这种影响力使企业的利益相关者都对他产生高度信任。在他的影响下，员工无怨无悔地跟着他创业，不讲条件，不计报酬；在他的影响下，金融机构通过信誉贷款的方式提供资金支持；在他的影响下，供应商采取赊销方式提供配套产品；还是在他影响下，市场上的消费者在众多奶制品中选择蒙牛的产品。

由此可见，领导者的影响力既可以影响内部，也可以影响外部。目前，以格力电器董明珠为代表的企业领袖正通过各种方式塑造影响力，如广告代言、高层论坛演讲等。也可以预见，未来企业领导者的影响力将成为企业重要的无形资产。

领导力来自影响力

在现实生活中我们发现，同样的领导职位、同样的体制机制，不同的领导者会出现不同的领导行为和领导结果。我们有时对此百思不得其解，总认为是体制不成熟的现象，对人的依赖程度过高，是体制的作用发挥不够充分的表现。纵观世界，无论国家还是企业，乃至足球队，在困局中换了领导者都会出现面貌一新的局面。毫不怀疑，领导者个人的魅力具有关键作用。

领导力主要体现在"跟我来、看我的、一起干"三个关键词上。"跟我来"反映的是领导者以令人信服的远见卓识来吸引跟随者。如果没有远见卓识，搞不准方向就可能南辕北辙，适得其反。"看我的"是对不同的问题作出正确的反应，关键时刻站起来，生死关头豁出来，起表率作用，带人先带心，得民心者得天下。"一起干"是领导行为产生令人信服的精神力量。

一般情况下，领导影响力主要来自职位权力和和非职位权力两方面,但非职位权力作用更大。

职位权力是在组织中担任一定的职务而获得的权力,主要有三种:合法权、奖赏权和惩罚权。合法权指一个人占据了组织等级中正式职位而拥有的权力,代表一个人通过组织正式层级结构中的职位获得的权力。奖赏权就是领导者决定提供还是取消奖赏的权力。奖赏权是与惩罚权相反的一种权力。人们服从于一个人的愿望或指示是因为这种服从能给他们带来益处。惩罚权是通过威胁或惩罚迫使人们服从的权力,建立在惧怕的基础上。

非职位权力是指与组织职位无关的权力,主要有专长权、个人魅力、背景权和感情权等。专长权源于专长、技能和知识,人们往往会听从某一领域专家的忠告,接受他们的影响。知识与专长实际上就是一种权力,谁掌握了知识和专长,谁就拥有了影响他人的专长权。个人魅力是一种无形的、很难用语言来描述或概括的权力,建立在对个人素质的认同及人格的赞赏这一基础之上。领导者的个人魅力也构成了他的权力,激起了追随者的忠诚和热忱。背景权是指那些由于辉煌的经历或特殊的人际关系背景、血缘关系背景而获得的权力。感情权是指一个人由于和被影响者感情融洽而获得的一种影响力。人格权威建立在个人魅力、知识、才能、资历等要素之上,带来的是被领导者的自觉服从和主动追随。

职位权力是一种法定权力,是由领导者在组织中所处的地位赋予的,并由法律、制度明文规定,领导者必须用权得当,才能得到下属的理解和支持。下属对职位权力的服从是领导者建立权威的前提。非职位权力是一种自然影响力,是由于领导者个人的品德、才能和成绩而带来的对他人的心理和行为影响力，在相当程度上属于威信范畴。一个领导者如果在品德或作风上有缺陷，不但不会产生积极影响，还往往会起反面作用。因此，要建立有效的领导权威，构成权威的两种权力都不能忽视。

领导的影响力主要体现为实现组织目标的同时尽可能满足组织成员的需要，具体表现在以下几方面。

指挥引导。领导者是领导活动的主体，对领导活动的成败起着决定性作用。领导活动启动的标志是领导目标的确定，而领导目标及其实施方案主要是领导者提出和在其指导下制定的。有了明确的方向，就可以在领导者的领导下，为实现目标而努力奋斗。领导者是领导活动的组织者和指挥者。在领导活动启动后，要把领导目标和实施方案变成现实，必须通过被领导者的实践活动，充分发挥人的能动性和首创精神，这就需要领导者进行组织和指挥，统一思想和行动，形成一股强大的合力，以顺利实现领导目标。

协调作用。领导协调是指领导者为实现领导目标，采取一定的措施和办法，使其所领导的组织同环境、组织内外人员等协同一致，相互配合，高效率地完成工作任务的行为过程。简单地说，领导协调是实现领导活动中人与人、人与事、事与事之间的协调配合，发挥最佳整体效能的活动。领导协调的本质在于解决各方面的矛盾，使整个组织和谐一致，使每个部门、单位和组织成员的领导目标保持一致。领导协调一般由四个要素构成：领导者、协调对象、协调手段和协调目标。通过协调可以减少内耗、增加效益，实现组织巩固、人员团结，同时有效调动员工的积极性。

激励作用。领导激励是指领导者通过科学的方法来激发人的动机，开发人的能力，充分调动人的积极性和创造性，使被领导者焕发出旺盛的工作热情的活动过程。领导激励的过程包括满足需要、激发动机、鼓励行为、引导目标四个方面。

我们以格力电器董明珠为例进行说明。2010年起，董明珠连续6次跻身"中国最具影响力的25位商界女性"榜单，并拿下了3次榜首。作为格力电器的女掌门，外界舆论有时尊她为"家电女王""铁娘子""霸王花"，有时又会亲切地称她为"董小姐"或是"董阿姨"。不了解她的人称其为偏执怪人，而与她相熟的记者私下却说她是相当罕见的和蔼可亲型采访对象，但同时也是个十足的"狠角色"。

董明珠到底凭什么成为中国最具影响力的商界女性？

首先，她率先为格力电器代言，开创了知名企业家为自家品牌代言的先河。近两年来，要问格力电器的广告代言人是谁，非董明珠莫属。电视上、报纸上、户外、地铁里，甚至是格力电器的网上商城，随处可见她的身影。格力电器"让世界爱上中国造"的整版广告出现在《纽约时报》上，这环环相扣的布局着实让董明珠赚足了注意力。此后，以董明珠为形象代言人的格力电器广告每天准时登上中央电视台，先是董明珠与王健林搭档，此后则是董明珠一人披挂上阵。一时间，董明珠为中国制造代言的形象深入人心，格力电器的品牌影响力更是不断扩大，刷新了中国企业家的大众知名度。

其次，坚持靠技术创新打天下。面对轰轰烈烈的互联网经济，董明珠曾犀利地指出："脱离了实业的互联网什么都不是。"近年来，在"掌握核心科技"的理念引领下，格力电器投入巨资建成了7个研究院，创立了一支拥有8 000多名技术人员的研发团队，并不断取得技术突破，1赫兹变频技术、R290环保冷媒、双级变频压缩机、光伏直驱变频离心机等革命性技术相继诞生，让"更舒适、更高效、更节能、更智能"的空调走入千家万户。格力电器累计申请技术专利19 000项，其中申请发明专利近7 000项。2015年至今申请专利近5 900项，平均每天有17项专利问世。格力电器还获得了英国RAC颁发的年度国际成就大奖。该奖项不仅让格力光伏直驱变频离心机在推行环保节能理念的家电市场上增添了含金量，而且为格力电器开拓国际市场、实施全球化战略提供了重要支撑。董明珠及其率领的格力团队早已在全产业链上开启了互联网化的布局，包括生产环节的自动化、产品的智能化、售后服务的大数据化以及销售渠道的电商化。

董明珠的影响力对于企业来讲，是组织系统功能体现出的影响力，对于个人而言是领导者的职位及其威望所形成的影响力。

培育领导影响力

要提升领导力，就要培养领导影响力。这就必须从领导者的权力因素和非权力因素入手，不断提高领导素养。

完善职业道德。每个人不论从事哪种职业，在职业活动中都要遵守基本道德。职业道德不仅是从业人员在职业活动中的行为标准和要求，而且是本行业对社会所承担的道德责任和义务。职业道德是社会道德在职业生活中的具体化。领导者首先必须具有高尚的职业道德，在管理活动中以德服人。有时，高尚的道德甚至比专业知识更重要。第二次世界大战后，日本的美克德公司重用具有高尚道德和伟大人格的野村先生，使公司很快地从战后的废墟中建立起来的事例足以证明这一点。美克德是唱片公司，野村先生是这一行业的外行人，但是公司在他的带领下，具有专业技术的人能发挥长处，公司员工能团结一致，共同努力实现共同的目标。因此，领导者要提升自己的影响力，必须先提升自身的职业道德修养和人格魅力。

充实文化知识。领导者要增强学习意识，不断更新已有的知识，吸收一切有利于推动和改进工作的新理念、新观点、新知识和新方法，永远保持一种职业的敏感和渴望。领导者所要加强学习的内容必须具有一定的高度、深度和广度，要有选择地进行学习。领导者加强学习必须具备良好的学习态度，每天都应心态归零，对周边环境的变化要有足够的敏感度，切不可沉迷于眼前的成功。领导者加强学习还应注重学习方法的运用，不但要从书本中学习，还要从现实工作中学习，更要注重理论联系实际，活学活用。领导者只有不断加强学习，才能不断提高自身的知识水平与能力，持续增强自身的素质。而只有不断地充实自己、提高自己，才能更好地提高自身的影响力，对组织成员施加影响，推动各项工作的开展，促使组织目标以最快速度实现。

提高综合素质。领导者的素质是领导者进行领导活动的基础条件，是潜在的领导能力。领导者要提高素质，必须提高管理素质、知识素质、能力素质和身体素质。这里重点讲讲身体素质的重要性。人要更好地工作就需要有较好的身体素质，因为领导者的工作是艰巨和繁重的，如果没有良好的身体素质，就会心有余而力不足，无法胜任繁重的工作。健康的身体又是领导者具有敏捷思维、旺盛精力的基础。万科公司的王石就是一个鲜明的例子，他每次在公共场合露面，都是健康美好的形象，总能给人以一种无形的震撼力。所以领导者要保持良好的身体素质，除了坚持身体锻炼，还应合理安排工作和休息，使生活有规律、有节奏，永远以健康美好的形象出现在公共场合。

树立良好形象。首先要有良好的领导作风，良好的领导作风既是无形的命令，又是有形的榜样，能潜移默化地树立起威信，产生极大的影响力，对个体行为起到极大的激励作用。在领导作风中，切忌四个问题。一忌专横傲慢，盛气凌人，当了领导后，踌躇四顾，顿感天下英雄舍我其谁，于是骄傲之心油然而生，对待下属工作人员和前来请示工作者要么颐指气使、呼来唤去，要么爱理不理、冷若冰霜，稍有不顺便怒目相向、严责痛斥，令人畏而远之。二忌主观武断、拒纳良言，凡事只从自己的经验、知识、直觉乃至好恶出发，一旦打定主意便断然拍板、一锤定音，不进行科学研究和周密考证，更谈不上展开讨论、集思广益。相反，倘若有人提出不同意见，必视其心怀异志，故而冷落压制。面对有理有据的劝谏，虽然明知自己当初的指示欠妥，但为了维护权威的神圣不可侵犯，宁愿违背社情民意，拂逆下属的良苦用心，也要硬着头皮，将错就错。三忌头脑发热、好大喜功，已经取得的成就使自己的信心无限膨胀，对自身、形势、事业发展的走向缺乏理智的判断，混淆了远大志向与好高骛远的界限，以为无坚不摧、无往不胜、心想事成,提出一些超出实际的要求和不可能实现的目标、口号,做出某些基于凭空想象的决断,以致在实施过程中始则勉为其难,继则举步维艰,最终不了了之,自食其言,失信于人。四忌文过饰非、贪图虚荣,权威树立起来以后志得意满,期望自己负责的工作尽善尽美,无懈可击。但是事实却非如此,使得不明真相的人赞叹不已,而彼此熟悉的人嗤之以鼻。合格的领导者必须树立勇于开拓的创业者形象、清正廉洁的公仆形象、亲善随和的师者形象。

抓好常规管理。管理是领导者对组织内的群体与个体施加影响的主要渠道,管理水平、管理艺术如何是衡量一个领导者素质高低的标准。这也直接或间接对领导者的影响力起着作用。一是要善于统筹。企业领导者必须明确自己的职责就是促进企业发展,并协同与社会大系统的关系而筹谋、筹划,不断设计规划未来,谋求更大的社会效益和经济效益,推动企业乃至整个社会的进步。二是要善于调控。为了使领导活动始终围绕确定的决策目标运转,保证领导目标的实现,领导者必须对动态的领导过程进行不间断的监察和及时有效的全程调节、控制。三是要有绩效观。领导工作必须提高实绩和效益,每个领导者必须时刻不忘领导工作的根本目的,创造出更多更好、最终可见的实绩和效益,为社会作出有价值的贡献。

郭士纳的原则性领导

郭士纳出生于美国纽约长岛的一个贫穷家庭,在一所教会中学度过了少年时光,哈佛大学商学院毕业后在麦肯锡咨询公司实践磨炼13年,成为一名光芒夺目的商界奇才。

1993年4月,郭士纳从前任埃克斯手中接过IBM的权力之柄,担任董事长兼CEO。在纽约希尔顿饭店举行的新闻发布会上,人们对他充满了好奇,让一位外行来执掌全球最大的计算机公司,这事还发生在极为官僚和保守的IBM实在不可思议。贯穿整个发布会,郭士纳的发言主题就是:我是新来的,别问我问题在哪儿或是有什么解答,我不知道。但是我的学习速度很快,而且有勇气采取严厉措施。实际上,在那一天他已明白无误地发出了改变IBM的信号:他与众不同地穿着蓝色衬衫。

会后郭士纳走进了阿蒙克总部三楼东南角的办公室,这里是IBM的最高权力中心。当然,他坐在这个位置上也并不轻松,许多人对依靠经营香烟和快餐起家,对计算机行业纯属门外汉的郭士纳担任此要职冷嘲热讽,戏言他要为IBM"收尸"。

众所周知,IBM长期以来执世界计算机产业之牛耳,被视为美国科技实力的象征和国家竞争力的堡垒。进入20世纪90年代后,这位蓝色巨人却变得步履蹒跚,甚至到了崩溃的边缘。1992年,郭士纳上任前IBM亏损达50亿美元。郭士纳接掌IBM这个计算机制造业的龙头企业时,IBM面临被肢解的危险,郭士纳上任后的第一年IBM亏损达81亿美元。

面对企业内部和外部的批评指责,郭士纳坚持采用休克疗法,大幅削减成本,并成功地说服董事会进行结构重组。在排除异己方面,郭士纳毫不手软,即便是他的哥哥也不例外。郭士纳对其兄迪克的处理曾在IBM内部引起不少争议。作为一个热情、善于社交、广结人缘的高级主管,迪克算得上是 IBM 传统的代言人。1960 年,迪克进入 IBM 担任工业工程师,后晋升为 IBM 亚太区总裁。1988 年,他受命负责处理纷繁复杂的个人电脑业务。然而就在他走马上任之前,因患莱姆关节炎不得不离职,尔后又因公司一项为期 3 个月的咨询项目重返 IBM,此时正值郭士纳接掌 IBM 之际。作为 IBM 内守旧势力的代表,迪克最终在与郭士纳进行了一次会谈后离开 IBM。

郭士纳没有让对他有所期待的同仁失望。在 9 年任期内,郭士纳做出了两个最为重要的决策:一是否决了拆分公司的提案,而是使 IBM 的触角向全球扩展,业务更加多元化,从而使 IBM 免受高科技产业萧条的影响;二是改变了 IBM 的经营模式,使其经营重点从硬件制造转向提供服务。在郭士纳的领导下,IBM 的全球服务成为效益增长最快的一个部门,并且占全公司销售总额的 43%。

郭士纳领导 IBM 时期,秉持的领导方法就是原则性领导。郭士纳认为,所有高绩效的公司都是通过原则而不是程序来进行领导和管理的。为此,1993 年 9 月,郭士纳起草了 8 条原则,并将之作为 IBM 的核心支柱,在整个公司进行推广。

市场是公司一切行为的原动力。当今时代不是企业主宰市场,而是市场主宰企业。IBM 不能再按自己的想法来满足顾客的需求,而要从顾客的需求中产生自己的想法。市场和顾客的需求是公司进行一切活动的指南。

追求高品质的科技。科技对于电脑行业的重要性不言而喻。在当今的市场竞争中,技术优势相当重要。郭士纳认为,IBM 最大的优势就是科技，公司所要做的最重要的事情，就是把这些技术转化成能满足顾客需要的产品，这样公司才能生存和发展，公司的所有部门以及员工才会受益。

客户满意和实现股东价值是公司最重要的成功标准。不要被营业额、利润增长等数据迷惑，财务指标是十分重要，但一个公司如果不能让客户满意，它就不会在财务上取得成功。

做具有创业精神和创新精神的公司，尽量减少官僚习气并永远关注生产力。最具有创业精神的公司，会扩展老业务，开拓新业务，接受创新，敢于承担风险，追求成长。

绝不要忽视战略性愿景规划。公司的方向在哪？公司要到哪里去？这两个问题就是企业的战略性愿景规划。一个成功的企业，必须有明确的方向感和使命感。明确了愿景，就明确了自己应该做什么，什么才是最重要的。

思想和行动要有一种紧迫感。"重在行动"。在很多事情上，"先人一步"比"姗姗来迟"要好。"我们都长于调查、研究、开会以及讨论，但是，在这个时代，速度往往比洞见更有用。"因此，郭士纳提出，要形成"建设性的不耐烦"。

杰出、献身、团结，是员工无所不能的前提。郭士纳强调，要终结IBM的内讧和窝里斗，形成真正的团队，支持并奖励公司期望的行为，遏制不期望的行为。

关注所有员工的需要以及支撑公司业务的所有社区的需要。给员工以个人发展的资源和空间，员工必须与企业的发展同步，在企业成功的同时自己也获得成功。作为开放的系统，企业离不开社区的支持，公司业务的开展要使所涉及的社区变得更美好。

为了使原则性领导落到实处,郭士纳强调个人魅力的重要作用。他有句经典名言:伟大的组织不是管理出来的,而是领导出来的。而伟大的领导者能够在企业文化、战略规划、工作方式以及工作态度上表现出与众不同的魅力。任何组织都会闪现出领导者的影子,所以原则性领导至关重要。

郭士纳全力推进原则性领导法则。IBM 2001 年的销售额高达 860 亿美元,利润总额高达 77 亿美元,在技术产业界仅次于微软。IBM 当之无愧地入选了《财富》世界 500 强前十名。郭士纳在 IBM 推行 10 年的原则性领导法则终成正果。

一般的领导原则

讲原则是工作所需、事业所需、发展所需,也是领导者成长的必然要求,作为领导者,必须坚守为人做事的基本原则。现实生活中,当谈到一个干部是否合格时,往往把是否有原则性作为基本标准。

原则是所整理出来的经过长期检验的合理化现象。触碰原则性问题,即指做人、做事侵犯了国家法律、道德底线或公众共同认知的理念,侵害了国家、集体利益,冒犯了个人尊严、基本人权等。也可指做人、做事侵犯了某个人处事的态度底线(如宗教信仰、对某事物的偏好等)。触碰原则性问题通常是不可逆、无可挽回的,是不被原谅、不被饶恕的,是要被严肃处理的。

领导离不开原则。如果离开了原则,领导就会偏离方向,领导目标就无法实现，领导就失去了它应有的本质。

领导原则性的意义十分重大，任何一个有作为的领导，为了实现其领导目的，保持正常的领导秩序，都要确定一系列原则，用来引导、约束和规范领导行为。原则性领导是提高领导行为有效性的重要方法。由于领导是以人为对象的活动过程，因此，领导行为具有动态复杂性，在极为复杂的动态系统中，如果没有基本原则，没有基本底线，面对不断出现的新问题、新情况，就会束手无策，疏于处理，耽误时间，影响效果。在企业管理中，一般的领导原则有如下方面。

沟通原则。作为一个领导者，最重要的是要懂得沟通——语言的沟通、心灵的沟通。沟通能让员工更好地理解领导者的想法，了解该想法的目的，以及该想法对工作的积极作用；让员工更好地理解后按照对应的思路去做事。心灵的沟通则更为重要，它可以拉近与员工之间的距离，这样才能与员工更好地协作处理工作。心灵的沟通还可以化解一些尴尬或矛盾，具体表现在心平气和、将心比心地交流，多站在对方的立场想想，多关心下属员工平时的生活等。

愿景原则。愿景就是公司对自身长远发展和终极目标的规划和描述。缺乏理想与愿景指引的企业或团队会在风险和挑战面前畏缩不前，它们对自己所从事的事业不可能拥有坚定、持久的信心，也不可能在复杂的情况下，从大局、长远出发，果断决策，从容应对。处于成长和发展阶段的小企业可能会将更多精力放在求生存、抓运营等方面，但即便如此，领导者也不能轻视愿景对于凝聚人心和指引方向的重要性。对于已经发展、壮大的成功企业而言，是否拥有一个美好的愿景，成为该企业能否从优秀迈向卓越的重中之重。

信念原则。每一个企业的领导者都应当把坚持正确的信念、恪守以诚信为本的价值观放在所有工作的第一位，不能只片面地追求某些数字上的指标或成绩，或一切决策都从短期利益出发，而放弃最基本的企业行为准则。相比之下，正确的信念可以带给企业可持续发展的机会；反之，如果把全部精力放在追求短期指标上，虽然有机会获得一时的成绩，却可能导致企业发展方向的偏差，使企业很快丧失继续发展的动力。

团队原则。企业中的任何一级领导者都应当将公司的利益放在第一位，部门利益其次，个人利益最后。好的领导者善于根据公司目标的优先级顺序，决定自己和自己部门的工作目标以及目标的优先级。当公司利益和部门利益或个人利益产生矛盾时，领导者要有勇气做出有利于公司利益的决定，而不能患得患失。如果你的决定是正确、负责任的，就一定会得到公司员工和上级领导者的赞许。此外，领导者应该主动扮演团队合作协调者的角色，不能只顾突出自己或某个人的才干，而忽视了团队合作。

授权原则。领导者需要给员工更多的空间，只有这样才能更加充分地调动员工本人的积极性，最大限度地释放他们的潜力。很多领导者追求对权力的掌控，习惯于指挥部下，并总是将部下努力换来的成绩大部分归功于自己。这种"大权在握""命令为主"的领导方式很容易造成以下现象：领导者身上的压力过大，员工凡事都要请示，等待领导者的命令；团队过分依赖于领导者，团队的成功也大半取决于领导者个人能否事无巨细地处理所有问题；整个团队对于外部变化的应对能力和应对效率大幅降低，因为所有决策和命令都需要由领导者做出，员工在感知到变化时只会习惯性地汇报给领导者。

公平原则。在企业管理的过程中，由于分工不同、员工所作出的贡献不同，这种事实上的不平等的存在，容易导致领导者放弃公平原则。只有坚守公平原则，才能营造出积极向上、同心协力的工作氛围。公平的第一个要求是重视和鼓励员工的参与，与员工共同制定团队的工作目标。这种鼓励员工参与的做法可以让员工对公司的事务更加支持和投入，对领导者也更加信任。虽然并非每位员工的意见都会被采纳，但如果亲身参与决策过程、自己的想法被聆听和讨论，即使意见最终没有被采纳，他们也会有强烈的参与感和认同感，会因为被尊重而拥有更多的责任心。第二个要求是领导者要真心地聆听员工的意见。领导者不要认为自己高人一等，事事都是对的，应该平等地听取员工的想法和意见。在复杂情况面前，领导者要在综合权衡的基础上果断地做出正确的决定。

原则性领导修炼

有这么一个故事：一个热气球里面坐着三个人，一个是环境保护科学家，他可以保护地球的生存环境；一个是核专家，他可以防止地球发生核战争；一个是粮食科学家，他可以把荒漠变成桑田。当热气球飞到高空之后，由于过重，必须扔下一个人。应该扔下谁？许多成年人都是围绕这些人的身份及其与需要之间的关系进行讨论，总是认为要把最不重要的科学家扔下。最后有一个孩子回答说，应该扔下最重的那个人。这里，孩子抓住了关键，只有减重才能保全其他人，科学家的身份并不是关键。因此，确定原则的关键就是要根据实际情况找到关键的底线。这个底线不是一成不变的，可见，原则性领导的成长不是背诵几条原则，而是要修炼原则性领导的基本能力。

原则性领导的核心是度，修炼原则性领导就是修炼适度能力。从哲学的角度来讲，度是事物保持自己质的限度、幅度、范围，是和事物相统一的数量界限。领导艺术的适度，就在于把握质与量、变与不变的上限与下限的合理区间，找准区间中的最佳点，即最佳适度。领导工作中的适度问题是一个相对稳定并随实践的深入不断发展的问题，对适度问题的认识和把握也有规律可循，这是寻求适度的基础。

在定量与定性方面。度是事物质和量的统一，对事物的分析坚持适度的思想方法，就是要坚持定量分析与定性分析相结合的原则。在处理问题的过程中，对于能够量化的问题应该进行量化，并运用科学的方法进行多方面的定量分析，从数量分析上看是不是适度，进而明确数量界限。同时，应该结合实际情况对问题做定性分析，确定适度处理问题的办法和具体方案。方案确定以后，还要注意火候，把握时机，积极推进，适时予以实施，努力实现所要达到的预期目标。

在理论与实践方面。理论是实践的指南，实践离不开科学理论的指导，要使科学理论成为行动指南，就要处理好理论和实践的关系。在工作实践中既要重视理论，又不能唯理论；既要重视从实际出发，又要使理论结合实践。因为科学的理论本身就是与时俱进的，需要在实践中得到丰富和发展。如果理论与实际相脱节，甚至把理论当成教条，就会贻害无穷。相反，也不能只注重实践经验，而忽视科学理论的学习、指导和研究。只有理论与实践相结合，领导工作才能驾轻就熟、左右逢源。

在集权与放权方面。组织行为学中最讲究层级制，作为领导者，要正确把握领导层级，上级领导者不要越俎代庖，包揽一切。适当地集权可以提高工作效率，但是，如果一味地上收权力，搞个人独裁与专制，就会影响下级的工作积极性和创造性，不利于下级开展工作。作为上级要适度放权，给下级创造良好的工作条件，做到疑人不用、用人不疑，真正调动下属的主观能动性、积极性和创造性。

在动与静方面。动是指事物矛盾发展变化的状态，静是指矛盾发展相对平衡的状态。动与静是事物相互依存的两种状态，它们是对立统一的关系。动与静的摆布工作方法符合事物发展过程的辩证法。领导者应该随着事物发展的阶段性，进行动与静的阶段性摆布。如果事物已经变化而不去采用新方法，就会导致僵化；如果事物还没有转变为另一形态就去改变它，就会破坏事物的规律性。所以，领导活动既不能搞绝对的高节奏，一浪高过一浪，也不能一味求稳怕乱。领导艺术的运用正是在动中求静、静中有动，在动与静的正确把握中见绩效。

在刚与柔方面。刚柔相济是一种高超的领导艺术，也是树立领导者形象和威信的重要方面。刚就是在原则上坚定、决策上果断、行动上坚决；柔就是在策略上灵活、作风上民主、待人上谦和。作为一名领导者,必须具备刚与柔的心理素质,娴熟地运用刚柔相济的领导艺术,在处理问题时,刚中有柔,柔中有刚,刚柔相济,按需索取,做到刚强而不固执,刚毅而不刚愎。柔不是滑头、投机取巧,而是民主意识和耐心的体现。领导活动在刚柔中见艺术,运用领导艺术要把握好刚与柔之间的度。

在恩与威方面。恩就是恩德,柔顺,仁慈;威就是刑威,刚毅,严厉。在领导活动中,这两个方面都需要,缺一不可。恩威并施是一种有效的领导控制方法,是一种高超的平衡艺术,只施恩不施威难免会纵容部属,使其难以驾驭。然而只对部属施以高压的淫威,则会引起其心理和行动上的对抗,难以取得有效的管理效果。所以只有将两者有机结合起来,恩威并施,才能既使领导者服众,部属心悦诚服,又使领导者拥有较高的权威,确保管理活动有序进行。

在冷处理与热处理方面。所谓冷处理,就是在情况不明、是非不清而又矛盾激化在即的时刻,先暂时"冷却""降温",避免事态扩大,然后通过细致的工作和有效的策略,妥善解决利益冲突。所谓热处理,就是指领导者面对利益冲突或矛盾,采取果断措施进行处置,迅速控制事态,最大限度地减少利益冲突导致的消极影响和破坏。什么事情需要热处理,什么事情需要冷处理,值得每个领导者认真思考。一般来讲,对于看准了的事情应当采取热处理的方式,快速办理,用最短的时间去完成;对于一时拿不准、看不清的问题则应采取冷处理的方式,先进行调查研究,摸清底牌,为解决问题积累有利因素,创造有利条件,待条件成熟后再处理。冷处理与热处理都是高明的领导者经常运用的高超管理艺术。领导者要善于审时度势，该冷时则冷，该热时当热，把握分寸，掌握火候，冷热有度。

为了确保原则性领导法则的实施，领导者要充分认识企业自身的实际状况，避免脱离实际而走偏。例如，企业在创业初期灵活性要多些，成为大型企业时原则性要多些。企业各级管理人员在实施原则性领导法则时，因为层级不同，考虑问题的角度不同，所以要特别强调实施过程中的针对性与有效性。

领导者要专心经营公司

毫无疑问，领导者对于企业成败有着直接的关系。长期以来，强势的企业领导者仿佛就是公司的化身，他们决定了公司的盛衰。虽然也有许多人不太同意这样的观点，其理由是企业是由资本决定的。前一阵子上演了一场大戏，老牌的上市公司万科在遭遇宝能公司举牌成为大股东后，掌握资本的"大侠"们随即提出全部撤换董事会、监事会等议案。其理由之一就是董事长王石长期游山玩水，没有尽到企业领导者的责任。不管这一动议最后能否付诸实施，其本意已经开始关注企业领导者的行动方式与作用。其实对公司而言，大概没有什么事比选择和支持适当的人选担任企业领导者更为重要了。

宁波百慕品牌管理有限公司是由爱法贝（中国）有限公司投资的品牌运营管理公司。于2007年进入中国市场的爱法贝品牌，在全国已拥有300多家优质实体店，2012年入围中国榜样童装品牌名单，并位列榜首，成为中国童装界的领导者。2014年，公司又着力推出了意大利时尚童装品牌 U-jar，再次获得市场热捧。该公司的成功得益于公司总经理江海润。

企业没有灵魂，就没有生命力。这是江海润一贯的经营理念，而百慕的灵魂就是"积极、阳光、快乐，坚持目标，拥抱改变"。"这或许跟我的性格有关。"江海润说。设计师出身的她并不喜欢太多条条框框，崇尚简单和自由。公司走道的墙上、办公室的墙上，都可以见到江海润创作的油画。江海润相信，只有在轻松自由的文化氛围下，好的创意和点子才会源源不断地产生。

喜欢"玩"，并不表示可以没有责任感。事实上，每一位新员工进入百慕时，都会收到江海润写给新员工的一封信。信中，江海润言辞诚恳地告诫新入职者，希望他们能学习日本人的踏踏实实、德国人的一丝不苟。叶伟红是百慕的一名优秀员工，凭借自己的务实与努力，很快从一名普通拣货员晋升为出货仓组长。"刚刚加入百慕时，海润跟我说了很多，告诉了我什么是责任，也让我懂得如何去担当。"在江海润的影响下，高度的执行力、高度的责任感，成了百慕每一个员工的工作作风。

自爱法贝品牌进入中国，江海润就担任品牌总监。她用热情与理性、永续与专注相结合的企业家精神，打造出了百慕凝聚力最强也最活泼可爱的团队，同时也让"积极、阳光、快乐，坚持目标，拥抱改变"的文化理念融入到爱法贝的品牌内涵中，使得爱法贝的品牌影响力不断扩大。如今，百慕重磅推出了又一高端童装品牌 U-jar，该品牌已先后在中国一类商场进驻。

"爱法贝和 U-jar 就像我的两个孩子，我需要付出足够的心血去培养它们、教育它们，让它们成为人见人爱、全面发展的孩子！"在江海润看来，专心、专注、专业是企业家不可或缺的一种精神。"市场不是轻轻松松就可以赢得的，但如果做到极致，做得足够好，就算外部环境再怎么改变，你都不会被轻易击垮。"经过9年深耕，百慕已成为江北唯一一家专注童装的服装企业，在未来的日子里，百慕也将继续深挖儿童产业链，通过整合国内外资源，打造强大的儿童产业帝国。

成功的企业领导与员工之间总是呈现出紧密的关系。在传统层级分明的企业里，员工往往只能与直接上级接触，高层领导层是遥不可及的人物，他们的面孔只出现在办公室的标语上和网站上。对员工而言，高层领导者只是一些故事性的角色，这些故事从公司的某一层级逐级往下流传，来源不明。普通员工还会在公司的文件中感受到领导者的存在，这些决策性文件会直接影响到公司员工和领导者之间的心理距离，影响到员工如何认识高层所做的决策以及自己的工作感受。如果企业领导者尝试消除与员工之间的距离，愿意跟层级较低的员工交流沟通，甚至愿意彻底改变公司各层级间的关系；如果高层领导者能经常在员工面前展现有血有肉的真实一面，表现得像员工的同事，而不是高不可攀的人物，他们就能够培养员工积极正面的态度，从而有助于提高公司的整体效率。

隶属美国西方电气公司的霍桑工厂，虽然有着较好的工作条件和较高的福利待遇，工人却缺乏积极性，生产效率一直比较低下。为探求原因，从1924年到1933年，在著名管理学家梅奥的主持下，美国国家研究委员会在该厂开展了以社会因素、工作条件与生产效率之间的关系为课题的一系列试验研究，结果发现工作条件对生产效率的影响不大。而其后 2 年多的谈话却收到了意想不到的效果。由于专家在与工人多达 2 万余次的谈话中，耐心倾听工人对厂方的各种意见和不满，任凭工人发泄，使得工人心情舒畅，干劲倍增。霍桑工厂的生产效率也大幅提高。实验表明，生产效率的提高主要是改善对员工的态度和理顺人际关系所致。梅奥据此提出了人际关系学说，并将这一结果命名为霍桑效应。

领导目标主要不是依靠领导者的个人奋斗直接实现的，更多情况下是通过调动下级的积极性，率领下级工作而间接实现的。所以领导者能否顺利开展领导活动，进而获得较大的社会效益和经济效益，在很大程度上取决于是否善于调动下级的积极性。为此，要在领导艺术方面抓好以下几个环节：首先，认真剖析自己周围各种类型的领导形象，努力把自己塑造成一个最受欢迎的领导者。在现实生活中，领导者大致有强制命令型、依赖下属型、培植心腹型、耍弄权术型、信赖下级型。其次，准确了解下级希望有一个怎样的上级，他们希望从上级那里得到什么帮助，然后尽力使自己"接近"他们心目中的理想上级，树立起良好的形象。任何领导者都有过当下级的亲身经历，并且还在和更高层级的上级打交道，因此，要想准确了解下级的想法并不困难，只需要设身处地想一想，倘若自己作为下级，将希望遇到怎样的上级，并且希望得到什么帮助，就会领悟到应该怎样去做一名上级的诀窍。最后，针对下属的心理特征和情绪变化，因势利导，不断进行科学的反馈、调节。一方面，绝大多数下属在接触上级时，具有一些共同的心理特征。作为领导者，只需设法满足他们的心理需要，就能调动他们的积极性和创造性。另一方面，领导者应积极观察下属的情绪变化，尽早帮助他们排除各种不利因素的困扰，使他们走出情绪低谷，投入到工作中去。

第九章

控制：执行与结果的统一

控制是企业管理的一种手段，是保证企业目标实现必不可少的管理方式。控制通过纠正偏差的行为与其他管理方式紧密结合，有助于管理者及时了解企业环境的变化并对环境变化做出迅速反应，确保执行结果与计划目标一致。只有按照企业目标和计划要求，对企业的运行状况进行检查、监督和调节等控制活动，才能得到预期的结果。

执行力就是控制力

杰出与平庸的差距就是控制力和执行力的差

距,在一定程度上看,企业管理的控制力就是执行力。从一定意义上说,企业管理的过程就是控制的过程,因此,控制既是企业管理的一种重要方式,又贯穿企业管理的全过程。

某公司是一家制造企业,2000年公司高层就认真研讨过企业的发展战略,他们确定了公司的使命、价值观及愿景,制定了财务及非财务战略目标。公司高层意识到实现这些战略目标的关键是:公司能否在三年内成功实现市场战略转型,即从原来的低端市场成功进入高端市场。该公司拥有一支有很强能力的管理与技术团队,且大部分都是职能管理或技术领域的专家。就是这样一支让人羡慕的团队,由于缺乏有效的控制来引导他们执行战略,导致在运营执行和公司战略之间出现了重大偏差。

首先,各个职能部门的运营执行与公司战略转型的要求出现了裂痕。如销售部没有根据战略转型的需要编制部门的销售计划,总是习惯性地要求销售人员围绕"如何在现有的低端市场中获得更大的市场份额"展开,并且不断要求公司降价,因为低端市场的重要竞争要素就是价格。研发中心总是强调研究成果的先进性与学术代表性,却没有根据高端市场的产品需求特点来编制产品化计划,总是搞一些不切实际的学术性研发。其次,生产部门的生产与质量管理也不适应高端市场对产品质量的要求,因为公司的质量管理体系及生产能力没有提升,致使公司市场战略转型的计划成为泡影。

该公司此类问题的直接诱因就是控制力缺失。公司没有建立有效引导执行的控制体系,缺乏必要的目标责任机制,使得各部门失去实现目标的动力,分配制度也没有与公司战略目标相对接。销售部简单执行按照销售收入计算销售提成的奖金制度,这实际上诱导销售部人员一味追求产品销售,而不重视客户结构改善;研发错误的原因也是研发责任机制不明晰,虽然把研发计划列入年度经营计划之中,但是分配制度与其脱离,使得研发人员没有实现产品转化目标、开展产品转化的动力。正是这种控制力的缺乏,导致企业执行力不佳。

由此可见,控制是企业管理过程的监视器和调节器,对于企业计划的有效执行具有重要的保证作用。一般来说,企业管理中的控制工作是指管理主体为了达到一定的企业目标,运用一定的控制机制和控制手段,对管理客体施加影响的过程。主要内容包括:为了确保企业目标以及为此而拟定的计划能够得以实现,企业各级管理人员根据事先确定的标准或因发展需要而重新拟定的标准,对下级的工作进行衡量、测量和评价,并在出现偏差时进行纠正,以防止偏差继续发展,杜绝再度发生;根据企业内外环境的变化和发展需要,在计划执行过程中对原计划进行修订或制定新计划,并调整管理工作程序。因此,控制工作是每个管理者的职能。

在企业实践中,管理者常常认为控制工作是上层主管部门和中层主管部门的事。实际上,无论哪一层企业管理者,都不仅要对自己的工作负责,还必须对整个计划实施目标的实现负责,因为他们的工作是计划的一部分,他们下级的工作也是计划的一部分。各级企业管理者,包括基层管理者必须承担实施控制这一重要职能的责任。企业控制管理的重要性是显而易见的,可从以下两个方面来理解:

其一，控制方式渗透在企业活动的方方面面。世界上没有一个不使用任何控制的企业，这是因为即便在制定计划时进行了全面、细致的预测和安排，考虑到了各种实现目标的有利条件和影响因素，但由于环境条件是变化的，管理者受到自身素质、知识、经验、技巧的限制，预测不可能完全准确，制定的计划在执行过程中也可能会出现偏差，还会发生未曾预料到的情况。这时控制就起到了执行和完成计划的保障作用，以及在控制管理中产生新计划、新目标和新控制标准的作用。通过控制工作，能够为管理者提供有效的信息，使之了解计划的执行进度和执行中出现的偏差、偏差的大小，并据此分析偏差产生的原因。对于那些可以控制的偏差，通过组织机构追究责任，予以纠正；而对于那些不可控制的偏差，则应立即修正计划，使之符合实际。

其二，控制在管理的四种方式中处在底线地位。控制通过纠正偏差的行动与其他三种方式（计划、组织、领导）紧密地结合一起，使管理过程形成了一个相对封闭的系统，没有控制，就不会形成一个有效的管理系统。在这个系统中，计划工作选择和确定了企业的目标、战略、政策和方案以及实现它们的程序。然后，通过组织、领导等工作实现这些计划。为了确保计划目标能够实现，就必须在计划实施的不同阶段，根据计划制定的标准检查计划的执行情况。这就是说，虽然计划工作必须先于控制活动，但其目标不会自动实现。一旦计划付诸实施，控制就必须穿插其间。它对于衡量计划的执行进度、揭示计划执行中的偏差以及指明纠正措施等都是非常必要的。同时，要进行有效的控制，必须制定计划，必须有组织保证，必须给予正确的领导。控制存在于管理活动的全过程中,它不仅可以维持其他工作的正常运转,而且在必要时可以通过采取纠正偏差的行动来改变其他管理活动。有时这种改变可能是很简单的,例如在指导中稍作变动,但在许多情况下,正确的控制可能导致确立新的目标,提出新的计划,改变组织结构,改变人员配备,以及在领导方法上作出重大变革。

不能随心所欲

控制管理包括两个方面的内容:对工作的控制(检查和纠正工作中的偏差)和对人员的控制(对下属员工表现的考核和评估)。控制的本质就是随机地处理问题,但这种随机并不意味着没有前提条件,也并非以管理者的主观想象为前提条件。企业管理者要想做好控制管理,必须时刻考虑以下三个前提条件。

一是计划前提。要制定一套科学、切实可行的计划。控制的基本目的是防止工作出现偏差,需要将实际工作的进展与预先设定的标准进行比较,因此控制之前必须制定相应的评价标准,即计划。计划不仅为实际工作提供了行动路线,也为后续的控制工作奠定了基础。在制定计划时不仅要考虑其实施问题,还要考虑后续控制工作的需要。计划越明确、全面、完整,控制越容易,效果越好。任何企业的计划都是在确定计划前提条件的基础上制定的,控制可以补充与完善期初制定的计划与目标,以有效减少环境的不确定性对企业活动的影响。

二是组织结构前提。要有专司控制管理的组织机构,即控制机构。在开展控制工作之前应明确界定负责评价和纠正偏差工作的机构、岗位和个人。这样不仅明确了职责，也澄清了相互之间的监督关系。企业的内外部环境都充满了不确定因素，一个企业只有不断适应变化的环境，才能更好地生存和发展。而通过完善的控制机构，可以及时了解环境变化的程度和原因，进行实时纠正，从而采取有效的调整行动，在一定程度上防止偏离扩大，使得企业与环境相适应，避免和减少管理失误造成的损失。

三是信息沟通前提。应建立起相对完善的信息沟通网络。控制本身是一个信息交流的过程，管理者需要不断收集相关信息，及时判断实际工作的进展。有效控制的关键在于企业信息系统是否完善，信息反馈是否灵敏、正确、有力。灵敏、正确和有力是一个控制制度或管理职能部门有充沛生命力的标志，这就是管理理论中的反馈原理。要"灵敏"就必须有敏锐的"感受器"，以便及时发现变化着的客观实际与计划目标之间的矛盾。

控制管理在上述三大前提基础上，还需要实施有效的例外管理，例外管理也是实施有效控制的重要法则。

据《汉书·丙吉传》记载，汉宣帝时有位宰相叫丙吉。一日丙吉出巡，路遇杀人事件，并没有理会。但当他看见一头牛在路边不断喘气时，却立即停了下来，刨根究底地询问。随从都觉得奇怪，问他为什么人命关天的大事情不理会，却如此关心一头喘息的牛。丙吉说，路上杀人自有地方官吏去管，不必我去过问，而牛喘气异常，则可能是发生了牛瘟，这种事情地方官吏一般不太注意，因此我必须亲自过问。

这个故事史称"丙吉问牛",在管理学中常被引用为例外管理的经典案例。例外管理告诉我们,杀人事件的处理属于制度化、常规化、流程化的事务,且有专门的机构负责,而牛喘气异常却属于例外事件,例外事件因为没有纳入日常管理的范围,更容易被忽视甚至造成严重后果,这就需要进行例外管理。作为上级要注重例外管理,但这并不意味着可以放弃常规管理,而是要将例行化、流程化的工作予以放权,把一般的日常事务授权下级管理人员去管理。

例外管理是由科学管理理论的创始人泰勒最先提出的。他指出,企业不能只依据职能原则来组织管理,还需要运用例外法则,即企业的高级管理人员把处理一般事务的权限下放给下级管理人员,自己只保留对例外事项的决策权和监督权,如企业基本政策的制定和重要人员的任免等。为此,管理者应该注意一些重要的例外偏差,也就是说把主要注意力集中在那些超出一般情况的特别好或特别坏的状态,这样控制会更有效。

例外法则必须与控制关键点原则相结合,即要多注意关键点的例外情况。例外在任何企业都会发生,在多变的市场环境中,某些例外(如需求例外)是不可避免的。例外管理的法则强调的就是领导者应将主要精力和时间用来处理首次出现、模糊随机、十分重要且需要立即处理的非程序化问题。而对于反复出现、决策者已有固定或例行程序来处理的问题,即常例,由于在意料之中、控制范围之内,因此往往可以把处理办法程序化,授权下属去处理。程序化决策与非程序化决策的界限不是绝对的,程序化决策在一定条件下可能转化为非程序化决策,管理者需要善于分辨事件是否常例，或是否在意料的度之内，在此基础上采取相应措施进行决策。

企业有效的管理特别强调要把工作做细做实，其目的是促成企业的专业化、规范化和职业化，从而达到组织和流程运作的高效有序，促进公司核心竞争力的全面提升。专业化、规范化、职业化的过程实际上也是持续不断地将例外事件例行化、流程化的过程，从这个意义上讲，重视例外管理是实现管理规范化、职业化的必然。

注重例外管理和管理能力的培养也是相辅相成的。例外管理所包含的另一个思想是将例行化、流程化的工作予以放权，交给下属去做，而自己则专注于例外事情的处理，这一做法实际上就给下属提供了更多的机会、更大的空间，同时也给予下属更多的信任。丙吉对杀人事件置之不理，也就是将流程内事件的处置权按流程赋予地方官吏，自己不做无谓的干预，既体现出对下属的放权，又体现出对下属的信任，这对于一个成功的领导者来说，是很重要的。

例外管理是控制管理的延展和补充。每个人在工作时都应培养例外管理的思想，现有的不一定就是最好的，要善于打破常规，经常换一个角度、一套思路去看问题，充分理解丙吉问牛的高超管理智慧和工作思路，只有这样，才能把管理及其他工作中随意、模糊的东西变得有序、清晰，使管理在规范化、职业化的进程上走得更快、更远。贯彻例外原则，可以使企业领导者减少对日常重复性工作的指挥，集中精力抓大事，同时可使下级管理者增强独立工作的能力和负责精神。

控制的前提条件和例外法则是有效推进控制管理的两大主要助手。没有前提条件，控制无法有效开展；没有例外管理，则会使控制陷入大量日常事务中，分散管理者的精力，导致管理效率低下。

控制风险就是消灭死亡

任何一家企业在发展过程中，都会遇到不同的困难和阻力，企业管理者处理危机的态度和手段就显得极其重要，它直接关系到企业的生死存亡。面对危机，企业管理者只有积极、主动、坦诚地处理和控制，才能让企业渡过难关，推动企业继续成长。

1993年6月10日，西雅图一家电视台报道，当地一对夫妇在一个百事可乐罐中发现了一个注射器针头。24小时内，在全美国各地发现百事可乐罐中有针头的消息见诸各种媒体。媒体的报道引起了公众的紧张，例行的调查、公众对针头已被感染的恐惧使百事公司面临前所未有的挑战，其商标及声誉受到严重威胁。在这场危机中，百事公司实施了危机小组反应方案，决心终止丑闻和重建公众信心。针头风波在7天之后平息了（调查表明，这起事件是一些居心不良的人制造的，旨在向百事公司索取赔偿，他们依法受到了惩处）。尽管危机使百事公司的销售额下跌，损失了2 500万美元，但到夏季开始复苏，并在季末取得了5年来的最高销售额，比上年同期增长了7%。

联想集团也曾经险遭大风大浪的颠覆。1994年，联想遭遇上市的第一次危机。在中国香港联交所上市的联想控股第一次出现亏损，面对众多中小投资者、债权人、银行、基金和中国香港联交所的责问，柳传志的管理团队面临巨大压力。危难关头，柳传志挺身而出，主动承担起了所有责任。他带着主管财务的副总裁直接到中国香港，拜会所有利益相关人，既实事求是地坦然面对企业存在的问题和困难，又实实在在地拿出改进经营管理的具体措施。

通过坦诚恳切的交谈，联想取得了方方面面的理解和支持，为企业顺利渡过难关赢得了宝贵时间和资金支持。1995年，联想抓住市场有利时机，在个人电脑市场上一举击败曾经占据中国90%市场份额的洋品牌，为企业快速成长奠定了基础。

其实很多企业在经营过程中都会遇到百事和联想这样的重大危机，而这时，企业采取何种危机控制方法将直接决定企业能否起死回生。企业要构建危机管理体系，就要制定危机管理计划，建立一个完善的预警系统，以提供重要信息，帮助企业做出准确的危机预测和分析。具体处理危机时，领导者应表现得有条不紊，冷静处理好以下几个阶段，不能眉毛胡子一把抓。

第一阶段：危机的预防。华为掌门人任正非这样说："十年来我天天思考的都是失败，对成功视而不见，也没有什么荣誉感、自豪感，全是危机感。也许正是这样才存活了十年。"人之"生于忧患，而死于安乐也"。因此，对危机的预防是必要的。首先应建立一套规范、全面的危机管理预警系统。比如，进行危机管理的定期模拟训练；将所有可能对商业活动造成麻烦的事件一一列举出来，考虑其可能的后果，并估计预防所需的花费。其次是采取谨慎和保密的态度来处理机密信息，以防范某些商业危机,比如由于在敏感的谈判中泄密而引起的危机。

第二阶段:危机的确认。这个阶段危机管理的问题是感觉真的会变成现实,公众的感觉往往是引起危机的根源。以发生在1994年年底的英特尔公司奔腾芯片的痛苦事件为例。引发这场危机的根本原因,是英特尔将一个公共关系问题当成一个技术问题处理了。随之而来的媒体报道简直是毁灭性的,英特尔的收益损失了4.75亿美元。更可笑的是,当公司愿意更换芯片时,很少有用户来更换。估计仅有1%~3%的个人用户更换了芯片。可见,人们并不是真的要更换芯片,只要知道有权更换就行了。这个阶段的危机管理通常是最富有挑战性的。经验告诉我们,在寻找危机发生的信息时,管理人员最好听听公司中各种人的看法,并与自己的看法相互印证。

第三阶段:危机的控制。危机到来时,组织内部不能自乱阵脚,而应该兵分两路:一路仍旧维持组织内部的正常运转,不能捡了芝麻丢了西瓜;另一路则组成临时危机处理小组,应对危机引发的各种问题。也就是说,在CEO的危机管理小组与一位高级经营人员领导的经营管理小组之间,应当建立一个"防火墙"。

任何危机的发生都会使公众产生猜测和怀疑,有时新闻媒体也会有夸大事实的报道。因此处于危机中的企业要及时与新闻媒体沟通,掌握舆论的主导权,尽力以企业发布的信息作为唯一的权威性来源。另外,要慎选企业发言人,他应当具有足够的权威,对企业各个方面和危机事件都十分清楚,同时应头脑清晰、思维敏捷。

第四阶段:危机的解决。某段时间,连锁超市雄狮食品突然受到公众瞩目,原因是美国某电视台的直播节目指控它出售变质肉制品。公司股价暴跌。雄狮食品迅速采取行动,邀请公众参观门店,在肉制品制作区竖起玻璃墙供公众监督,改善照明条件,给工人换新制服,增加员工培训,并大幅打折,通过这些措施将客户重新吸引回来。最终,美国食品与药品管理局对它的检测结果是"优秀"。此后,销售额很快恢复到正常水平。可见,解决危机的关键是要让公司的利益相关者和社会公众了解公司的真实情况,构建对公司的信任和信心。

第五阶段:危机的总结。首先要调查,对危机产生的原因和预防及处理的全部措施进行系统的调查;其次要评价,对危机管理工作进行全面评价,包括对预警系统的组织和工作内容、危机应变计划、危机决策和处理等各方面的评价,并详尽列出危机管理中存在的各种问题;最后要整改,对危机涉及的各种问题综合归类,分别提出整改措施,并责成有关部门逐项落实。

危机是企业发展过程中的一把双刃剑。要让这把双刃剑扬长避短,最大限度地使它向有利于自己的方向转化,必须坚持以下原则:当危机发生时,将公众的利益置于首位。要想得到长远利益,公司在控制危机时应更多地关注消费者的利益,而不仅仅是公司的短期利益。当危机发生时,局部利益要服从组织的全局利益。危机可能由局部产生,但危机的影响是全局性的,因此在危机处理中要有全局观念,要懂得从全局的角度考虑问题。当危机发生时,组织应立即成为第一消息来源,掌握对外发布信息的主动权。如果是第二或第三消息来源,则会陷入被动。

四大控制模式

控制模式是在一定的管理理念指导下构建的,由控制模型、控制制度、管理工具、管理程序组成的控制行为体系结构。不同的控制模式在控制特征、控制目标、控制优势、控制障碍和控制环境方面有所区别,各具特色,但都强调有效性。一般的控制模式有四大类。

一是制度控制模式。即为实现一定目标通过规章、准则等形式规范与限制人们的行为。管理控制中的制度控制是指为实现企业目标,通过规章、准则等形式规范与限制企业中各级管理者与员工的行为,以保证管理活动正常开展以及企业战略目标的顺利实现。制度控制作为控制管理的一种模式,应具备控制管理模式的基本要素和基本程序。从控制程序或控制环节角度看,包括制度制定、制度执行、制度考核及奖惩几个环节。制度控制的目标从总体上应与战略控制目标相一致,即保证战略目标的实现。具体目标是按规章制度做事,做不违背企业目标的正确的事。因此制度控制的作用在于使管理者及员工明确哪些事能做,哪些事不能做。制度控制的优点表现在:企业行为规则明确;操作简单,便于全员执行;制度控制建立的环境与条件限制较少。制度控制的缺点表现在:限制了管理者及员工的主观能动性;定量控制不够,缺乏与企业目标的直接衔接。制度控制适用于所有企业,尤其对于管理基础较差的企业,应加大制度控制模式的建设。

二是预算控制模式。即通过预算的形式规范企业的目标和经营行为过程，调整与修正管理行为与目标偏差，保证各级目标、策略、政策和规划的实现。预算控制作为控制管理的一种模式，应包括预算计划、预算控制、预算评价和预算激励几个环节。预算控制的目标从总体上应与企业管理目标相一致，即追求经营效率和效果。具体目标是以预算控制标准为依据，完成经营过程中各自负责的量化目标。预算控制的优点表现在：企业行为量化标准明确；企业总体目标与个体目标紧密衔接；突出过程控制，可及时发现问题、纠正偏差。预算控制的缺点表现在：预算制定比较复杂；在某种程度上限制了管理者及员工的主观能动性；预算标准刚性使控制不能随着环境变化而变化。与制度控制相同，预算控制模式适用于所有企业。但对于管理环境和基础较差的企业，建立与执行预算控制难度较大；对于管理环境和基础很好的企业，预算控制相对容易，但过分强调预算控制可能束缚员工的主观能动性。

三是评价控制模式。即指企业通过评价的方式规范企业中各级管理者及员工的经营目标和经营行为。评价控制强调的是控制目标而不是控制过程，只要实现各级管理目标，企业的战略目标也将得以实现。评价控制作为控制管理的一种模式，应包括战略计划、评价指标（指标选择、指标标准、指标计算）、评价程序与方法、评价报告、奖励与惩罚几个环节。评价控制的目标应从总体上与管理目标相一致，即追求经营效率和效果。评价控制的优点表现在：既有明确的控制目标，又有相应的灵活性，有利于管理者及员工在实现目标过程中发挥主观能动性。评价控制的缺点表现在：缺少程序或过程控制，不利于随时发现与纠正偏差。

相对于预算控制和制度控制,评价控制是一种较高层次的控制,适用条件与范围比较窄。企业在选择、应用评价控制时,需要管理者及员工具有较高的素质。

四是激励控制模式。即企业通过激励的方式控制管理者的行为,使管理者的行为与企业战略目标相协调。激励控制作为控制管理的一种模式,包括战略计划、激励方式选择、激励中的约束(合约)、业绩评价几个环节。激励控制模式的基本特征是利益导向,将利益相关者的目标协调起来。激励控制的优点表现在:将管理者的利益与所有者的利益相联系,通过利益约束机制规范管理者的行为;管理者可根据变化的环境及时调整目标和战略,保证企业价值最大化目标的实现。激励控制的缺点表现在:具体目标不明确,对企业文化、管理者素质要求较高。激励控制模式是一种高层次、灵活性的控制模式。应用激励控制模式时,要求企业具有较高的管理水平和良好的经营环境。

对以上四种控制模式的比较说明,它们既是独立的又是统一的。所谓独立,是指它们各自可作为独立控制模式进行运作,如有的企业可采用制度控制模式,有的企业可采用预算控制模式等。所谓统一,是指同一企业又可同时采用两种或以上的控制模式,分别从规则、过程、目标和利益等角度进行控制。如一个企业可以采用以预算控制为主,其他控制为辅的管理控制模式,这种模式的特点是,公司采用预算控制模式,分、子公司可根据各自环境特点分别采用制度控制模式、评价控制模式或激励控制模式等。

管理控制模式的有效实施,要求企业管理者和员工都要清楚自己在企业中的作用,以及在控制中的位置和角色。控制模式的设计、执行、评价应该完全符合企业的特点,是一个多层次全员参与的过程。企业的每一位管理者和每一位员工,都要熟练掌握控制管理知识和技能,确保企业既有一个好的战略目标,又有一个好的管理团队和员工队伍,并按照既定的目标,为企业利益相关者发现并创造价值。

树立明确的结果意识

控制过程包括五个相互联系的要素,它们源自企业的经营方式,并与管理过程紧密相连。在控制过程中要树立明确的结果意识。

在内部环境方面。控制环境决定了企业的基调,直接影响企业员工的控制意识。控制环境提供了内部控制的基本规则和构架,是其他四要素的基础,具体包括:员工的诚信度、职业道德和才能;管理哲学和经营风格;治理结构、机构设置与权责分配;企业文化、人力资源政策、内部审计机构设置、反舞弊机制等。

在风险评估方面。每个企业都面临诸多来自内部和外部的有待评估的风险。风险评估的前提是使经营目标在不同层次上相互衔接,保持一致。风险评估识别、分析相关风险以实现既定目标,从而形成风险管理的基础。由于经济、产业、法规和经营环境不断变化,需要确立一套机制来识别和应对由这些变化带来的风险。

在运营流程方面。运营流程的目标是针对整体目标和阶段性目标制定详细的运营计划并付诸实施。为确保阶段目标的实现,运营计划要制定出详细的分解计划,包括生产计划、销售计划、人力资源计划、新产品开发计划、财务计划、如何进行成本控制等内容,以及保证这些分解计划得以顺利执行的方式方法和一系列制度措施。执行力的关键是执行、落实,没有落实,再优秀的计划都是空谈。认真组织实施是目标实现的关键环节。在运营流程中,执行者不仅要负责设定目标,而且要对计划的实施进行跟踪、监督,在情况发生变化时进行应对,并对下属进行指导和培养。

在信息与沟通方面。信息与沟通是及时、准确、完整地收集与企业经营管理相关的各种信息,并使这些信息以适当的方式在企业有关层级之间进行及时传递、有效沟通和正确应用的过程,是实施内部控制的重要条件。信息系统产出涵盖经营、财务和遵循性信息的报告,有助于经营和控制企业。信息系统不仅处理内部产生的信息,还包括与企业经营决策和对外报告相关的外部事件、行为和条件等。有效的沟通从广义上说是信息自上而下、横向以及自下而上的传递。所有员工必须从管理层得到清楚的信息,认真履行控制职责。员工必须理解自身在整个内部控制系统中的位置,理解个人行为与其他员工工作的相关性。员工必须有向上传递重要信息的途径。同时,与外部客户、供应商、管理层和股东之间也需要有效的沟通。

在监督方面。监督检查是企业对其控制管理的健全性、合理性进行监督检查与评估,形成书面报告并做出相应处理的过程,是实施控制管理的重要保证。监督检查主要包括对建立并执行控制管理的整体情况进行连续性监督检查,对控制的某一方面或者某些方面进行专项监督检查,以及提交相应的检查报告、提出有针对性的改进措施等。企业控制自我评估是控制管理监督检查的一项重要内容。持续性的监控行为发生在企业的日常经营过程中,包括企业日常管理和监督的行为、员工履行各自职责的行为。独立评估活动的广度和频度有赖于风险预估和日常监控程序的有效性。控制管理的缺陷应该自下而上进行汇报,性质严重的应上报最高管理层和董事会。

这五项要素既相互独立又相互联系,形成一个有机统一体,对不断变化的环境自动作出反应。控制管理与企业的经营行为紧密相连,因基本的商业动机而存在。控制管理成为企业内部构架的核心部分和基本理念时最为有效。这时控制管理可以支持经营质量提升和主动授权,避免不必要的花费,并对环境的变化迅速作出反应。

控制管理关注结果,并想尽一切办法获得好结果。在控制的过程中,管理者必须对任何"借口"说不,控制管理只在意是否做了正确的事情,而不愿意花费精力和资源来为不能达成积极结果找理由。

有这样一个故事。一位出租车司机拥有自己的房子,两个孩子皆在大学读书。一天,一位乘客上了他的车,发觉他心情不佳,通过交谈知道最近他老婆炒股亏了20万元。这位乘客吓了一大跳,以一般开出租车的收入而言,实在很难想象能有此余钱去炒股。乘客于是好奇地追问:"您是如何赚这么多钱的?"

司机笑笑说:"其实很简单,从 30 年前开始开出租车,我就有一个习惯:每天早上 8 点出门,一定得收入超过 300 元才回家休息,而且每天还要回家看晚上 8 点的电视节目。因为知道必须达到什么结果,所以我控制着不将时间用在与其他朋友闲聊或午休方面,一心只想赚到 300 元这个结果。由于专注于结果,效率自然高于一般同行,不仅收入尚可,生活正常,30 年来也未曾想过更换职业。"

出租车司机将每日获得 300 元以上的收入作为自己必须达到的目标,驱使他提升工作效率。可见,过程只是工作的程序,我们不能以生活休闲的方式来对待过程,将其作为生活旅途中的风景来欣赏,而必须以结果作为控制的主要目标,保证其实现。一定要重视"苦劳"心态的控制方式,如每年年底,一些人在总结工作时由于计划兑现率不高,习惯于用没有"功劳"也有"苦劳"来安慰自己。正是这种阿 Q 式的自我安慰,才导致对控制结果的漠视。

严守标准不断纠偏

在整个管理活动过程中,控制的主要任务就是检查工作是否按既定的计划、标准和方法进行,发现偏差,分析原因,进行纠正,以确保企业目标的实现。

控制要具备规范的措施。重点是要确定控制管理这一系统的边界,也就是要明确控制的范围。因为一个经营过程有多个环节,要控制的自然也涉及多个环节,每个环节都需要控制,所以控制要明确范围。例如，造酒厂对投入进行控制，其控制范围就是造酒投入的原料、时间、温度，并对这个过程各阶段抽样化验；对产出的控制，就是要把控好酒的储存。在控制过程中必须识别所要获得的信息种类。若建立正式控制过程，需要较早地确定以下内容：能够测量的特性是什么；获得与所期望目标相关的每个特性信息的成本如何；是否每个特性的变化都影响子系统达成目标。在识别所要测量的特性后，就要把那些能够测量的特性挑出来。这时，选择原则或帕累托定律就很有帮助。帕累托定律认为，在任何一群被控制的元素中，少量的元素总是能解释大量的结果。比如造酒过程中，影响酒质量的因素很多，但主要因素是水、温度、时间，这三个因素控制好了，就能最大限度地保证酒的质量。

控制要制定标准。标准是衡量实际工作绩效的依据和准绳。标准最好是定量的、能量化的。如果有些不容易定量，例如工作作风、态度等，仍然应该提出一些标准。如果没有标准，就无法进行控制。例如上班考勤控制，上班的具体时间（比如北京时间8:30）就是控制的标准，界定迟到与否就以此标准，迟到到什么程度就扣减当天的工资也需要有标准界定，否则考勤控制就无法进行。

控制要善于运用数据。MS 公司是一家医药保健品营销公司，属于私营企业。在公司发展初期靠广告炒作起家，重广告投放、轻内部管理是 MS 公司的天生弊病。由于监管部门的调控，MS 公司不可能再继续使用广告炒作的模式，因此急需一种能化解管理困局的办法。MS 公司属于粗放式管理的公司，老板一支笔，主观上的经验管理必然导致公司成为绩效考核体系不够完善、人事管理体系不够完善、数据分析制度不够完善的"人治"公司。要想化解困局，首先要做的就是建立数据分析制度，一切以数据说话才能使考核有理有据，才能保证营销决策的科学性。数据分析在公司管理中起着不可替代的作用。数据代替了人情，一切以数据说话。管理层为了得到高质量的数据与信息，可以建立专门的部门来从事该工作，例如审计部门、统计部门等。要针对目的来收集数据，不同部门根据分工收集数据的目的也不同。

要随时诊断与更正。诊断包括估计偏差的类型和数量并寻找产生偏差的原因。诊断后，应采取措施来更正实际工作结果与标准之间的差异。并不是任何偏差都需要采取更正行动，也不是任何人都能采取更正行动。只有在偏差较大又影响到目标时才需要采取行动，也只有被授予权力的人员才能采取行动。产生偏差的原因可能是复杂多样的，所以在采取更正行动之前必须仔细分析，找准原因，对症下药。

企业的利益相关者都无比关心组织的绩效，为了维持或改进一个企业的整体效果，管理者应该重视控制。衡量一个企业的效果要使用一系列指标，比如生产率、效率、利润、员工士气、产量、适应性、稳定性以及员工旷工率等。但是，其中任何一个指标都不能衡量企业的整体绩效。一个企业的绩效要通过系统方法来进行控制，例如企业目标法，即以企业最终达成目标的程度而不是以实现目标的手段来衡量其效果；又如战略伙伴法，即假定一个有效的企业能够满足顾客群体的各种要求，并获得他们的支持，从而使企业得以持续地生存下去来进行综合评估与控制。

联想集团有个很有名的理念:"不重过程重结果,不重苦劳重功劳。"这是写在《联想文化手册》中的核心理念之一。在这个手册中还明确记录到:这个理念是联想公司成立半年之后开始格外强调的。联想为什么会着重强调这一理念?这一理念的提出源自柳传志早年刚创建联想时的一段经历。

联想刚刚成立时,资金只有几十万元,由于轻信他人、缺乏控制机制,资金被骗走了一大半。而且,骗他们的人还是个很有背景的人。这样一来,公司元气大伤,甚至逼得员工要去卖蔬菜来挽回损失。毫无疑问,刚刚创立时大家都有对事业拼命的干劲和热情。但是,光有干劲和热情,并不能保证财富的增加与事业的成功。不仅如此,商场如战场,如果缺乏智慧和方法,光有善良、热情、好心等品质是远远不够的,极有可能给企业造成巨大的损失。经过了这一教训,联想的全体员工后来做事不仅越来越冷静、踏实,而且特别重视控制策略和控制方法,并注意随时诊断和更正企业发展的问题。

麦当劳的控制系统

麦当劳公司以经营快餐闻名遐迩。1955年,克洛克在美国创办了第一家麦当劳餐厅,其菜单上的品种不多,但食品质量高、价格廉,供应迅速,环境优美。连锁店迅速发展到美国各州。1967年,麦当劳在加拿大开办了首家国外分店,之后国外业务发展得很快。在40多个国家和地区,每天都有1 800多万人光顾麦当劳。麦当劳金色的拱门承诺:每个餐厅的菜单基本相同,产品、加工和烹制程序乃至厨房布置都是标准化的,严格控制。

麦当劳公司主要通过授予特许权的方式来开设连锁分店。其考虑之一,就是使购买特许经营权的人在成为分店经理人员的同时也成为该分店的所有者,从而在直接分享利润的激励机制下把分店经营得更出色。特许经营使麦当劳公司在独特的激励机制中形成了对其扩展中业务的强有力控制。麦当劳公司在出售其特许经营权时非常慎重,总是通过各方面调查后挑选那些具有卓越经营管理才能的人作为店主,而且事后如发现其能力不符合要求则撤回这一授权。

麦当劳代表着一种快餐文化,它的出现影响了整个世界。麦当劳的发展速度如此之快,原因在于其标准的流水线运作体系,并打造了一条高质量的生产链。麦当劳通过品种选择、厨具革新、工艺改进和流程重组等手段,保持产品特色与高效率生产,这是其快速发展和良性运作的关键。

为了降低人力成本支出,麦当劳近99%的员工都是计时工(包括临时工),人员流动性相当大。通过招收临时工,麦当劳大大降低了人力成本。餐馆对厨师的依赖性相当强,这使得餐饮连锁在扩张过程中受制于"人"。如何快速地将人员培训到熟练,并能保质保量地为顾客服务,麦当劳的诀窍就是建立控制系统。

首先,采取分工操作,减少学习内容。在麦当劳发展初期,食品制作的规范程序是,安排一人烤汉堡包,一人整理、包装,一人准备"泡沫牛奶",一人准备炸土豆条,一人计价收款。这是第一次将工厂装配线的原理应用到了商业化的厨房里。这种新的劳动分工意味着一个工人只需要习惯承担一种职务,再也不需要技术高超而高薪的快餐厨师了。

其次，减少食品种类、工种划分，通过厨房设备革新来缩短对员工提供某种服务的培训时间。新员工能在 30 分钟甚至更短的时间内学会提供店堂服务。

再次，通过成熟的培训教材，如书面、音频培训教材等，不断对员工进行培训，全面提高培训效果。

最后，让设备操作傻瓜化，使员工犯错时设备能自动提醒和报警，甚至自动转到安全模式下，进一步减轻了对员工熟练程度的要求。

麦当劳对选料也进行了严格的标准化控制。刚开始选择的是最基础的原料，如今则是浅炸过的土豆丝、裹好面粉的鸡腿、切好的生菜叶等，这些半成品都由麦当劳的供应商提供。为了能够更好地控制生产质量，麦当劳制作薯条时，对土豆的品种以及糖分、淀粉等成分都有量化的规定，甚至对种植土豆的土壤、气候等也进行规范；在制作炸鸡腿时，对鸡的品种、养育时间、饲料成分等进行了限制和规范；在选择生菜时，对品种、种植气候、采摘时间等方面也进行了限制。

同样，麦当劳对提供的品种数量也十分重视，有针对性地对少数品种进行深入研究，通过不断优化品种，深入研究原料成分对最终产品质量的影响。由于加工原材料比较稳定，在加工工艺稳定的情况下，产品的质量也是稳定的，这就减少了服务过程中的不确定性，可以更加有计划地对流程进行梳理，以提高服务效率。

麦当劳还特别重视加工工艺流程的优化重组。它在经过多年的研究和总结后，在加工工艺上，特别是针对加工的过程环节，例如加工的材料、配料、温度、时间及程序等方面，提炼出了一套相当完美的方案。为了缩短店面食品提供的时间，麦当劳将食品制作过程进行了流程重组，把许多食品预处理的环节放在机械化大工厂生产（通过外包生产及冷藏库周转），只在门店进行可迅速成熟的环节，这就保证了服务的高效化。

店堂服务作为一种产品不能进行库存，但是，对于一些不涉及顾客的服务环节，例如餐饮制作前的过程，甚至是餐饮制作过程中的某些环节则可进行店面外的预处理。以土豆丝的"二次油炸"这个环节为例，原来麦当劳的薯条炸制环节中对土豆（基础原材料）进行的削皮、浸水、晾干、油炸等诸多环节都在店面完成；如今，麦当劳店面所需要做的只是将预先炸制（第一次油炸）过的薯条再油炸一次即可。而这个二次油炸就是因为将制作过程异地、分时操作后才产生的。这样的好处很明显，可以将店面员工从食品准备工作中解放出来，专注于服务；同时，效率也提高了很多，有效减少了店面员工的数量。而食品制作的前面环节，如清洗、削皮、切条、第一次油炸等，都放在了机械化大生产的环节完成，生产效率当然比手工操作高，而且高出了不知多少倍。

革新制作工具也是麦当劳实施有效控制的重要手段。制作工具，也就是麦当劳店面服务的厨具。从1948年麦克唐纳兄弟将菜单上的项目取消了将近2/3开始，麦当劳就对制作方式和制作工具进行了梳理和选择。麦克唐纳兄弟去掉了所有必须使用刀、勺或叉的食品，唯一出售的三明治就是牛肉或鸡肉汉堡包；同时取消了盘子和玻璃餐具，代之以纸杯、纸袋和纸盘子。去掉使用刀、勺或叉的食品，就不用为顾客提供相关的就餐工具，顾客用手来操作效率也会高出很多。

麦当劳还将原本制作薯条、汉堡包、奶昔的设备进行定量化改革，增加了温度控制、时间控制等设备。重点将设备操作傻瓜化，只要操作人员设定了操作条件，食品加工好后会自动通过声控、灯控等设备提醒操作人员，将食品取下。通过不断更新和完善，麦当劳的专用性厨具和相关工艺完美地结合起来。

在厨具革新和工艺完善的同时，麦当劳的生产流程也在优化。麦当劳将把食品准备工作分成几个独立职务，采用简单、重复的流水作业方式制作食品，由不同的工人承担，最终加快了服务速度。

如今，麦当劳在食品供应上，由收银员负责提供饮料类产品（碳酸水和奶昔）及薯条的装盛和发送，并负责收银和找零；而汉堡包、鸡腿和薯条的炸制由专人负责；当然，在某些时段，汉堡包、鸡腿和薯条的炸制都是一个人完成的。在参照了工业流水线和商业厨房的基础上，一种新式快餐诞生了；伴随着它的出现，一种新的生活方式也随之向全美各地蔓延，以至于后来影响整个世界。后人称之为"麦当劳文化""快餐文化"。由此可见，控制系统在日常管理和战略管理中占据极其重要的地位。麦当劳的成功就是控制系统的成功。

控制系统是指一种管理过程中形成的权责结构，这种权责结构相应地表现为一定的决策结构、领导结构和信息结构。控制系统框架一般由制度控制系统、文化控制系统、预算控制系统、激励考评控制系统、激励控制系统、风险防范控制系统六个子系统构成。

合理利用制度控制系统规范内部运营行为。制度规范是组织管理过程中借以约束全体组织成员行为,确定办事方法,规定工作程序的各种规章、条例、守则、标准等的总称。制度控制是以制度规范为基本手段协调企业组织集体协作行为的内部控制机制,一般包括制度的制定、执行和考核。

利用企业文化进行思想引导和控制。企业文化是在一定社会历史条件下,企业在物质生产过程中形成的具有本企业特色的经营管理方式、文化观念、文化形式和行为模式,以价值量和时间量为标准。

通过激励控制系统,建立公平的激励与约束机制。激励控制是指企业通过激励的方式控制管理者及员工的行为,使管理者及员工的行为与企业目标相协调。激励控制强调的是通过激励调动管理者及员工的积极性和创造性。激励控制包括激励方式的选择、激励中的约束和业绩评价等事项。

加强预算控制系统,明确员工奋斗目标。预算控制系统的突出特点是通过量化标准使管理者及员工明确自身目标,实现企业总体目标与个人目标紧密衔接。预算控制突出过程控制,可在预算执行过程中及时发现问题、纠正偏差,保证目标任务的完成。

风险防范控制系统。企业在现代市场经济环境下,会不可避免地遇到各种风险,风险防范控制应成为企业内部管理控制系统中的重要组成部分。企业的风险防范控制系统一般应包括风险预警与辨识系统、风险评估系统和风险预防系统。

管理控制体系要有综合性,是企业各项管理工作的基础,是企业持续健康发展的保证。管理实践证明,控制贯穿企业的一切管理工作过程;企业的一切决策都应统驭在完善的控制体系之下;企业的一切活动都无法游离于控制之外。

着眼于整个企业控制成本

成本是影响企业生产和发展的关键因素之一,成本的高低往往决定着企业的兴衰成败,成本控制对每个企业来说都是管理的重点和难点。

如果我们只是削减成本而没有建立恰当的成本控制体系,几年后肯定会重新出现多余成本,因为成本绝不会自动下降。成本控制要求逐步提高每一项工作的效率,有效的成本控制是企业在激烈的市场竞争中获得成功的基本要素。成本控制不仅要开源节流,最重要的还是形成一个体系,并把它当作长期策略坚持下去。

加强成本控制重要的并不是成本控制的方法,而是成本控制的理念。企业能不能有效地控制成本,取决于领导者和管理者建立了怎样的成本理念,绝大多数成本问题都是观念上的认识差距造成的。

在企业管理中,试图少花钱做根本不应该做的事情是没有意义的。也就是说,企业管理者要敢于剔除毫无意义的经营活动或环节,以快速达到成本控制目的。控制成本要着眼于整个企业。如果不这样做,在削减某一部门成本的同时,将会造成其他部门成本的增加。降低成本不是某一部门的事情，有效的成本控制要求着眼于整个企业，否则就会使成本有所偏废。

格兰仕在成本控制方面堪称奇迹。创业以来，格兰仕一直在巨大的压力下高速发展，其成功的法宝就是运用整合思维，在企业的各个环节上把成本降到最低程度。格兰仕将企业内部的成本管理分为几大块：采购成本、技术成本、质量成本、消耗成本、能源成本、财务成本和人工成本等。

格兰仕认为，企业要有效成长，必须着眼于整个企业来控制采购成本。他们自创了一大绝招：阳光下的采购——把一切采购环节都摊在阳光下，绝不允许任何违规行为存在。依仗阳光下的采购，格兰仕采购成本连续多年每年降低10%，采购回来的原材料还一直保持高质量，令人称奇。

此外，格兰仕对采购有三个要求：价格、质量和服务——要拿到最低的供货价格，保障一流的质量，还必须及时送货。阳光下的采购对管理人员要求非常严格。格兰仕不允许拿回扣，不允许依靠裙带关系做采购，完全杜绝了采购人员的腐败问题。格兰仕从高层抓起，杜绝管理人员利用职权为自己谋利益，自总裁梁庆德开始，各级管理人员都必须以身作则。

格兰仕减少技术成本，并不意味着克扣研发成本，而是反对超越自身实力去搞研发，理性地根据企业的发展需要，从利润中拨出合适的比例来进行研发。

质量成本也是如此。格兰仕的财务结构很简单，没有融资，2000年前甚至没有银行贷款，不用付银行利息。对他们来说，主要是买原材料付钱、卖货收钱，去掉一切成本后算出纯利，发工资、分红、投入再生产。这么简单的结构，使格兰仕的财务成本极低。

在一般制造企业中，人工成本所占比例很高。格兰仕认为，降低人工成本，关键是消除一切没有效率、没有质量的工作，不要无效劳动，而不是去降低、克扣员工的工资——拼命压低工人工资来降成本是管理水平低下的表现。由于生产组织好，工作效率高，格兰仕在珠江三角洲地区，与周边其他著名企业比，其基层工人的工资不但偏高，且每年上涨。一方面是提高员工工资，员工的工作积极性很高，企业工作效率很高；另一方面是通过科学的成本控制，使产品在市场上始终具有价格优势，成本领先永远是企业成功的核武器。

要控制成本必须对成本进行分析，在每个重要的成本中心区域筛选出重要的成本点，同时找出影响成本的关键因素——哪些方面的成本大，降低成本的有效措施在哪些方面可以真正地产生效果。要把整个企业视为一个成本流，根据成本的基本特性分类，使成本控制流程合理运行。

有效的成本控制具有以下几个前提条件：一是不同的成本必须使用不同的控制方式。这是由成本在性质上存在巨大的反差决定的。二是必须考察和了解企业所有成本系统，而不能靠增加其他方面的成本实现某一方面成本的降低。例如，为了减少存货的成本，企业将无法控制、起伏不定的成本推给了制造环节；为了降低制造环节的成本，企业又将成本的负担推给了发货和仓储部门，这样并不会带来成本的根本改善。三是降低成本唯一真正有效的方法是完全砍掉某一项活动。降低成本就要放弃幻想，把不该做的事情放弃。

有效控制财务隐患

在企业发展过程中，如果对财务缺乏足够的关注，同时又没有正确的财务控制体系，企业就有可能遭遇危机。对于迅速成长的企业更是如此，企业发展越快，财务基础越不稳固，所隐含的危机就越大。究其原因，企业面临的财务危机不外乎三种：缺少流动的资金，没有企业扩张所需的资本，企业的开销、库存和应收账款失去控制。

财务危机曾经让许多知名企业轰然倒下，或受到重创而放缓脚步。曾经名噪一时的地产黑马顺驰地产，鼎盛时其老总孙斌甚至叫板王石的万科地产，后来因为大面积购地，遭遇地产"寒冬"，没有资金支撑新开发的楼盘而土崩瓦解；赵新先的三九胃泰曾经传遍大江南北，却因盲目多元化导致资金危机，其竖立在纽约曼哈顿广场的巨幅广告牌被悄然拆除；巨人集团的史玉柱因为高估当时企业和市场的大好形势投资建设巨人大厦，结果因资金不足，不仅大厦没有建起来，还拖垮了其他业务。

事实上，任何一个企业的生存和发展都需要一套健康、有效的财务控制体系来维持和支撑。改革开放初期，教育行业因为需求增加，增长速度飞快，引来众多企业的目光，使得竞争异常激烈，淘汰率也非常高。赫赫有名的南洋集团是从太原起家的，后来经过快速扩张，成为我国民办教育界的翘楚。南洋集团的发迹应该归结为该公司的"教育储备金"这一财务杠杆。其内容是如果学生家长一次性交一笔8万~20万元的储备金,此后就不需要交纳任何学费和伙食费等费用。等学生毕业之后,储备金将全额不加利息如数返还家长。所收取的储备金,学校则用来扩大规模,开设新学校,快速发展。

1998年亚洲金融危机爆发,受其影响,国内需求严重不足。中国人民银行为了鼓励消费连续8次降息,这使得靠"教育储备金"的集资方式运作的民办教育成为高危群体。2005年秋季,南洋集团到期的各校教育储备金无法兑现,各地形成挤兑风潮。2006年,南洋集团由于储备金挤兑而全面崩盘。

同样是民营培训学校,新东方的资金链问题也曾引起社会关注。2006年新东方上市,更加重了人们的猜测:新东方上市是不是因为缺钱?俞敏洪就这些问题发表了看法,他说,新东方不缺钱,也无须圈钱。为什么还要上市?真实原因之一就是希望用严厉的美国上市公司管理规则来规范内部,以制度控制公司,避免出现人情和利益纠葛。他还说,那些学校垮掉有两个原因:一是资金链问题,一是模式问题。南洋集团采取储备金模式,学校收取学生高额储备金,承诺学生毕业时返还,只收取利息用来办学。这在早些年利率高达10%以上的环境下还行,但后来国家降息,低到只有不到4%,学校就难以为继,不得不动用学生的储备金,倒闭是迟早的事。

事实上,企业一旦出现财务危机,就会出现连锁反应。因为以资金管理为核心的财务系统是企业发展的底限系统。财务出事,企业就可能牵一发而动全身,甚至陷入危机。所以管理者需要未雨绸缪,防患于未然,在企业建立之初就建立起合理的财务制度。

随着市场经济的发展，企业的财务控制不能还停留在仅仅反映事后的账务核算上，而应该在正确核算的基础上更好地发挥监督和决策功能。企业应逐步建立有效的财务监控系统，企业管理者应该转变财务管理观念，更好地发挥财务决策职能。一方面要重视财务管理，树立市场观念、利润观念，以财务管理带动其他管理观念，控制、规划企业经营行为。另一方面要通过科学的财务分析，形成一整套面向市场的财务管理体系，为企业的生产决策提供依据。

中小企业财务管理隐患较多。由于投资和经营规模都较小，投资者在管理层的用人方面都比较精减，大多数企业都没有设立相应的内部管理机构，容易使财务失控。在财务机构设置上，有的独资小企业干脆不设置会计机构，有的企业即使设置会计机构，大多也是层次不清、分工不明，容易导致资金坐收坐支。在会计人员任用上，小企业最常见的做法就是由自己的家属或直系亲属担任出纳，同时聘用外单位的会计或税务代理机构的人担任兼职会计。这些兼职会计一般一个月定期来企业做一次账，他们根本不知道除了进账票据以外的其他情况，做账的目的就是把已有的票据进行汇总，使财务报表试算平衡，按票据反映的销售额及时纳税。这样的账务所反映出来的财务信息对企业的经营管理起不了任何作用。此外，为了节约用人成本，许多企业往往在管理中采用一人身兼数职的做法，从而出现了不相容职务未分隔、岗位之间缺乏相应制约等现象，最后导致职务犯罪和企业资产流失。

健全的财务控制体系可以保证会计信息的采集、归类、记录和汇总如实反映出企业经营活动的实际情况,并及时发现和纠正各种错误、弊端,从而进一步保证会计信息的真实性和正确性。贪污腐败等行为是建立在信息不对称、监督不严密基础上的犯罪行为,会给企业带来资产损失。

健全的财务控制体系能够科学有效地监督和制约财产物资的采购、计量、验收、入库、记录、保管、领用、退库等各个环节,确保财产物资安全完整,避免和纠正损失浪费等问题。同时,要加强财务人员及主要管理人员之间的相互制约,防止有关人员利用职务之便进行违规操作。

健全的财务控制体系能够促使财务人员通过正确核算企业存货,及时盘点存货数量,分析存货情况,对主要材料进行经济订货量的测算,然后根据实际情况进行修正,制定符合市场情况的经济采购计划,从而降低成本,加快资金周转,压缩资金占用量,提高资金利用率。

企业集团如何控制

企业集团具有明显的分合特征。集团内各成员企业本身具有很大的独立性,有着自身独立的经济利益。这一特征使企业集团区别于非集团性企业。企业集团是有组织、有计划的企业群体,通过有组织、有计划的经营,充分发挥各成员企业的优势,回避劣势,形成优势互补、劣势互克的经营系统,从而产生协同效应,以获取最大的整体效益。企业集团中各成员企业通过管理行为的协调一致使集团整体所获利益大于各成员企业简单分散经营所获利益之和，这是企业集团存在的根本理由。

企业集团职能定位决定控制模式，控制模式必须与集团职能定位相适应。常见的集团控制模式如下。

财务控制型。适用于下属企业业务相关性很小的公司。由于企业业务相关性小，企业集团可以将主要注意力集中在财务管理及领导功能上。因此，集团总部一般设计成投资决策中心，其管理手段主要是通过考核下属单位的重要财务指标，来追求企业资本价值的最大化或财务指标的快速增长。

战略控制型。适用于下属企业业务相关性高的公司。公司通过企业战略控制来实现财务目标，因此，企业总部通常设计成战略决策中心和投资决策中心。管理手段主要是通过考核企业经营的重要举措以及重要财务指标，来追求集团战略目标的实现和财务指标的快速增长。在企业集团控制管理实践中，集团战略控制根据集分权程度不同，又划分为战略指导型和战略实施型，前者偏重于分权，后者偏重于集权。

运营控制型（又称操作控制型）。适用于下属企业业务相关性很高的公司。集团总部从战略规划制定到实施几乎什么都管，企业集团通过制定公司战略，统一和优化企业资源，统筹经营，控制集团战略实施，直接管理集团的生产经营活动或具体业务。因此，集团总部不仅是经营决策中心，还是生产指标控制中心。其管理手段主要是通过严格审核分析企业集团所有财务指标和经营表现，来追求企业集团经营目标的实现和企业的快速成长。

在确定企业集团控制模式的诸多因素中，集权分权因素对企业影响很大。一个企业集团究竟选择集权控制模式还是分权控制模式，必须根据其战略地位、资源相关程度以及自身的发展阶段，清楚回答以下三个问题：第一，从战略地位上看，集团总部是否需要对下属单位进行集权控制；第二，从资源相关程度上看，集团总部是否有能力对下属单位进行集权控制；第三，从下属单位自身发展阶段看，集团总部是否应该对下属单位进行集权控制。

企业集团选择什么样的控制模式，取决于对自身所处的内外环境、所具备的资源和能力以及发展战略的正确评估。常见的影响要素如下。

业务发展阶段。处于发展阶段的企业集团，由于刚进入一个新领域，抵御风险能力低，选择集权控制模式有利于发挥集团资源及规模化优势，规避经营风险；而对于那些发展相对成熟的集团公司，更适于选择分权控制模式。

企业文化。如果企业集团文化管理能力较强，员工在企业价值观和行为方式上具有较多的共性，则有利于集权控制；如果集团公司还没有形成统一的企业文化，集权管理的效率则会大大降低。

管理能力。管理能力有集团总部的管理能力和下属单位的管理能力之分。如果集团总部管理能力强，一般可以选择集权控制模式，反之应选择分权控制模式；如果下属单位管理能力强，一般不宜选择集权控制模式，反之应选择集权控制模式。

产业结构。企业集团产业结构按照业务多元化程度可以分为单一、适中、多元化。如果业务单一，利于集团公司实现集权控制；如果业务多元化，则选择分权控制模式比较合适。

集团规模。企业集团规模可以分为小、中、大。当企业集团规模比较小时，选择集权控制模式有利于合理整合资源，形成集团竞争合力；当企业集团规模较大时，其协调、沟通等比较困难，宜选择分权控制模式。

企业集团发展战略。企业集团发展战略可以分为扩张战略、稳定战略和紧缩战略。如果企业集团实施的是扩张战略，为了鼓励下属单位开拓市场，形成新的经济和利润增长点，应选择分权控制模式；在紧缩战略下，企业集团必须高度集权；而在稳定战略下，集团总部必须对下属单位的投融资把关，有关资金运营效率方面的权力可以适当下放。

业务地域分布。业务地域分布可分为本地化经营、区域化经营和跨区域经营。如果下属单位分布区域比较单一，有利于集权控制；如果是跨区域（国家）经营，则应倾向于分权控制。

资源关联度。资源关联度是指企业集团总部所掌握的资源与下属单位经营业务之间的关联程度，通常可分为低、中、高。如果资源关联度高，宜采用集权控制模式；如果资源关联度低，则宜采用分权控制模式。

信息化水平。企业集团总部掌握企业内外部信息的能力，是衡量竞争能力的重要因素。一般来讲，企业集团信息化不仅有利于集权控制，也有利于分权管理。但是，对于发展中的集团公司，信息化水平越高，越有利于集权控制；反之不利于集权控制。

当然，影响企业集团控制模式选择的因素很多，每个集团公司都有自己的具体情况。对企业集团来说，并不存在一个通用、标准或最佳的控制模式。上述企业集团控制模式也不是一成不变的，管理者可借此确定自己的评估因素，从而为企业集团正确地选择控制模式提供指导和借鉴。

结语

我们正处于大变革时代，随着信息时代的到来，信息的丰富性和便捷性不断提高，物质资源的稀缺性越来越明显，管理效率目标的价值越来越大，管理的价值越来越大。中外企业实践告诉我们，管理必须毫不动摇地坚持效率导向。我们预期，随着完全信息化时代的到来、互联网和大数据的全面应用，中国未来20年将进入管理变革的重要时期，唯有通过管理变革才能促进中国经济转型，才能促进中国企业转型。为了实现这一目标，必须把构建战略性商业模式、激励性产权模式和制衡性治理模式作为管理的主要任务。无论是何种性质和何种规模的企业都需要明确管理的三大主要任务。企业发展的理论与实践充分证明了这一观点。同时，还必须将四大基本管理方式具体化，通过计划、组织、领导和控制的新实践，不断提升管理职能的实际功效。信息时代是经济环境多变的时代，唯有回归管理的本义和常识，重新明确三大管理主要任务和创新四项基本管理方式，企业才能立于不败之地。我们希望也期盼本书提出的理念，可以协助企业，特别是中小企业提高管理能力和成长能力。

后记 POSTSCRIPT

从事管理工作近 30 年，写一本管理方面的书一直是我的夙愿，也是许多朋友，包括听过我的课的人对我的希望。本书即将付梓之际，还是有许多感慨。在当下浮躁之风尚未平复的情况下，有一些自己的学术观点，又能让别人读起来不乏味，并且某些方法还具有一定的可操作性，是我对本书的一种追求。当下不是一个书籍缺乏的时代，尤其是管理类的书，但"可读、可思"的书并不太多。但愿本书没有违背我的初心。

今天这个时代，信息的广泛性远远超出了我们的预期。本书是我所写，但我的作用仅仅是对众多管理问题进行思考和梳理，书中的许多内容来自我与企业界朋友多次无拘无束的讨论,与无数听众的交流也为我的思考提供了直接启迪,网络上流传的许多管理经验和教训也成为本书的素材。因此,本书之所以能出版,首先要感谢这个时代。

当然,我还要特别感谢陈东升先生。作为当代中国不多的具有思想的企业家,他慷慨为本书作序,并以自己的管理经历和体验来证实本书的一些重要观点,更加丰富了本书的内涵。我的同事几乎都参与了本书的校对工作,我的家人都无比关心和支持本书的写作和出版。所有这些都使我感激不尽,铭记在心。

感谢所有给予我帮助的人。

胡卫东

图书在版编目（CIP）数据

管理九章：提升效率的常识/胡卫东著．—北京：中国人民大学出版社，2017.2
ISBN 978-7-300-23890-6

Ⅰ.①管… Ⅱ.①胡… Ⅲ.①企业管理 Ⅳ.①F272

中国版本图书馆 CIP 数据核字（2017）第 007124 号

管理九章
——提升效率的常识
胡卫东　著
Guanli Jiuzhang: Tisheng Xiaolü de Changshi

出版发行	中国人民大学出版社		
社　　址	北京中关村大街 31 号	邮政编码	100080
电　　话	010-62511242（总编室）	010-62511770（质管部）	
	010-82501766（邮购部）	010-62514148（门市部）	
	010-62515195（发行公司）	010-62515275（盗版举报）	
网　　址	http://www.crup.com.cn		
	http://www.ttrnet.com（人大教研网）		
经　　销	新华书店		
印　　刷	北京联兴盛业印刷股份有限公司		
规　　格	148mm×210mm　32 开本	版　次	2017 年 2 月第 1 版
印　　张	11.5 插页 2	印　次	2017 年 2 月第 1 次印刷
字　　数	243 000	定　价	49.00 元

版权所有　　侵权必究　　印装差错　　负责调换